外贸单证与实务操作

张宗良　田艳敏⊙主　编

王铭海　刘文莱　武兰玉⊙副主编

中国传媒大学出版社
·北京·

前言 FOREWORD

党的二十大报告明确指出,"加快建设高质量教育体系,发展素质教育"。进一步完善高等教育教学体系,规划并出版以提升专业素质为目标的高校教材,是支撑教育强国建设的重要举措。为贯彻党的二十大精神,适应新时代国际贸易发展对外贸单证业务的最新需求,提升国际经济与贸易及相关专业学生的专业素质与操作能力,本书编者特编写本教材。

国际贸易在一定程度上来讲,就是单证交易。除买卖双方当事人以外,其他外贸关系人也越来越深入地服务于交易,大量交易、服务及履约信息均需要外贸单证进行支撑。其在国际贸易业务中作为结算依据、履约证明、索赔证据等方面发挥着不可替代的作用。因此,熟练掌握外贸单证的相关知识,对于本专业的学生来说至关重要。外贸单证类相关课程,一般作为专业核心课程、专业提高课程,面向高年级学生开设。

高校在开设本课程时,学生的普遍特点是:已掌握了一些国际贸易业务的基本知识,但知识相对碎片化,欠缺在具体的交易环境中运用这些知识的经验。这就需要一些场景,把相关专业知识融会贯通起来,让学生真正去理解和运用所学知识。同时,外贸单证课程的学习,不仅需要了解各类文本的字面意思和专业词汇,更需要掌握文本背后蕴含的相关专业知识,从而确保准确理解单证文本所表达的真实含义。这也直接关系到外贸业务的顺利履行,要避免误解与分歧。因此,我们需要改变传统单证教材中单证理论和单证案例相互分离的情况,避免课程结束后学生仍然无法深入了解各类单证文本的准确内涵。

基于此,本教材致力于打破传统单证教材的章节限制,按照"一中心,两延伸"

的思路，即以外贸文本解读为中心，在文本中延伸出相关重点知识，进行细致讲解；同时根据外贸合同以及相关信用证的要求，延伸出单证缮制的实操业务，从而使教材内容高度概括，大大减少了章节数量。教材分上下两篇，上篇主要围绕制单业务的基础与依据——国际货物买卖合同和跟单信用证文本，进行全面解读和外贸知识重构，从而盘活学生已掌握的相关知识，有力消除学生对合同、信用证等外贸单证文本的陌生感和恐惧感，深刻把握文本内涵，为制作履约过程中的全套单证打下坚实基础。国际贸易报价及运保费核算，作为洽商交易与履约的基本技能，学生理应全面掌握，但该知识点往往是传统国际贸易实务专业课程中被遗漏或被简化处理的部分，不利于学生专业技能的全面提升。因此，本着查漏补缺的原则，本教材专门设置了"国际贸易及单证业务中的核算"一章，全面系统地阐述了国际贸易及单证业务中的核算问题，特别注意提升学生利用电子表格进行核算的能力，有力提升核算效率及准确度。下篇主要围绕制单业务实训展开。鉴于结汇单证在外贸单证业务中的核心地位，教材重点强化学生结汇单证的制作能力，并通过具体的案例引导学生独立制作全套结汇单证，把提升学生的操作能力放在突出位置。非结汇单证以报关单以及其他官方单证为主，除介绍相关填制规范及方法外，还帮助学生弄清这些单证在国际贸易业务环节中的地位和作用，了解这些单证的使用场景及方法。

  本教材由临沂大学于2022年立项资助。张宗良负责教材规划、设计、大纲以及理论部分撰写，田艳敏负责实训部分撰写，各类外贸文本及校正由王铭海承担，刘文莱、武兰玉负责"案例分析与讨论"及"课后测试"的编写。同时，本教材的出版还得到很多专家、同事、企业界人士的大力支持与帮助，在此一一表示谢意！

编者
2024 年 8 月

上篇　课堂精讲

第一章	外贸单证概述 ········· 3
	第一节　外贸单证的含义、分类及意义 ········· 3
	第二节　外贸单证工作的基本要求 ········· 7
	第三节　国际贸易单证适用的法律与惯例 ········· 13
	第四节　国际贸易的基本流程及所需单证 ········· 20

第二章	进出口合同 ········· 39
	第一节　进出口合同商定的法律步骤 ········· 39
	第二节　进出口合同的形式与内容 ········· 50
	第三节　合同范例解读 ········· 59

第三章	国际贸易及单证业务中的核算 ········· 101
	第一节　出口货物成本核算及报价 ········· 101
	第二节　进口货物成本核算及报价 ········· 115
	第三节　外贸业务中运保费的计算 ········· 126
	第四节　其他外贸业务核算 ········· 141

第四章	信用证与相关国际贸易惯例 ········· 153
	第一节　国际结算票据 ········· 153
	第二节　信用证结算方式 ········· 159
	第三节　信用证开证申请书 ········· 167
	第四节　信用证范例 ········· 174

下篇　单据实训操作

第五章	**结汇单证**	**206**
第一节	商业发票及其他类型发票	212
第二节	包装单据	218
第三节	运输单据	221
第四节	保险单据	228
第五节	原产地证书	234
第六节	汇票	246
第六章	**非结汇单证**	**255**
第一节	进出口货物报关单	255
第二节	检验检疫证书	266
第三节	进出口许可证	269
附　录		**275**
参考文献		**276**

上篇 课堂精讲

截至2024年，我国连续8年保持了世界第一货物贸易大国地位。但由于受俄乌冲突、巴以冲突、西方新贸易保护主义等国际重大事件和现象的影响，世界经济复苏乏力，国际市场疲软的态势在短期内难以改变。这导致国际竞争更趋激烈，客观上对外贸从业人员提出了更高要求。从业人员只有全方位提升素质，才能适应国际竞争新形势。

国际贸易区别于国内贸易的典型特征，不仅在于贸易主体分处不同国家或地区，更重要的是越来越多专为国际贸易服务的第三方参与交易，并成为外贸业务履行中不可缺少的角色。例如，专门提供国际物流服务的承运人；提供保险业务、承担运输风险的保险公司；提供结算等金融服务的银行以及提供检验与鉴定的商检机构等。这些第三方参与到国际贸易业务中来并承担相应职责，大大便利了买卖双方交易，实现了当事人不见面就可以签约、验货并收取货款。

其中，外贸单证发挥了重要作用，外贸当事人、第三方通过签发各类具有法律约束力的单证，证明其在整个交易流程中所履行的义务，从而使合同对方当事人了解并确定合同履行的进程及质量信息。因此，现代国际贸易在很大程度上来讲就是单证的交易。一项典型的国际贸易流程，实际包括实体货物的物流和与之相对应的单证流转。实体物流保证了买方最终取得货物，而单证流转则保证了买方提前了解货物、货物所有权的法定转移以及卖方顺利收到货款。在使用提单的场合，由于提单属于物权凭证，单证的转移意味着物权的转移。各类不同单证的结合，更可以反映合同履行全貌。例如，通过查看物流单据，可以明确卖方是否在规定的时间、地点将合同约定的货物交给了指定的承运人；通过查看商检单据，

外贸单证与实务操作

能够了解卖方所提交的货物是否与合同相一致；通过查看保险单据，可了解该批货物的投保信息。

总之，卖方通过外贸单证可以证明合同履行的基本情况，而买方也可以通过分析这些单证，对卖方所交货物是否符合约定、卖方是否存在其他违约行为进行大致判断。因此，对外贸单证知识的掌握和运用成为外贸从业人员顺利履约、提高效率、减少纠纷的必备技能。

鉴于单证工作需要以相关的专业理论为基础，本书以课堂精讲、单据实训操作上下两篇全面阐述外贸单证实务的相关知识。读者通过上篇主要学习在缮制外贸单证前应掌握的基本知识，特别是国际货物买卖合同、国际贸易业务中的计算以及信用证支付。读者通过下篇以实训的形式学习常用的结汇单证和非结汇单证。

本篇主要包括外贸单证概述、进出口合同、国际贸易及单证业务中的核算、信用证与相关国际贸易惯例四个部分。这些内容是学习单证缮制的前提。

第一章 外贸单证概述

学习提示

本章主要内容包括外贸单证的含义、分类及意义，外贸单证工作的基本要求，国际贸易单证适用的法律与惯例，国际贸易的基本流程及所需单证。通过本章的学习，学生应了解外贸单证的概念、分类、使用以及单证工作的意义，掌握对外贸易者在国际贸易活动中应遵守的各类法律、国际公约和国际贸易惯例，弄清国际贸易进出口业务的基本流程，并通过同步实训掌握所学知识。

第一节　外贸单证的含义、分类及意义

一、外贸单证的含义

外贸单证是指在对外贸易中应用的所有单据、文件和证书，主要用于界定和处理国际贸易各参与方的权利和义务关系、办理进出口通关手续。外贸单证主要包括在合同签订以及合同履行过程中的支付、运输、保险、检验、检疫、报关、结汇等环节使用的各种单据、文件与证书，也包括在合同救济过程中所产生的各类文件。

根据交易的具体情况和结算方式的不同，外贸单证制作要求存在较大差异。通常情况下，信用证业务的制作要求最为严格。因此，理解信用证业务，掌握该业务的制单规范，是学好单证制作的最佳途径。

二、外贸单证的分类

对外贸易业务中涉及的单证很多，根据不同的分类标准，可以将其进行分类。

（一）根据贸易主体进行划分

根据贸易主体的不同，单证可分为进口单证和出口单证。

进口单证，指进口业务中由进口方及其履约过程中相关参与方或官方制作和使用的单证。常用的进口单证包括购买合同、信用证申请书、信用证、运输单据、保险单据、进口许可证、进口报关单据等。

出口单证，指出口业务中由出口方及其履约过程中相关参与方或官方制作和使用的单证。常用的出口单证包括销售合同、商业发票、包装单据、货运单据、保险单据、商业汇票、检验检疫单据、原产地证、出口许可证、出口报关单据等。

一般情况下，由于单证主要用来证明卖方的履约情况，所以出口单证数量往往比进口单证多，但每笔交易所涉及的具体情况会有较大差异。例如，买方在办理运输事项时，运输单据属于进口单证；卖方在办理运输事项时，运输单据就属于出口单证。

（二）根据单证的性质进行划分

根据《托收统一规则》的标准，单证可分为资金单证和商业单证。

1. 资金单证

资金单证是指用于资金收付的凭证，如汇票、本票、支票等。资金单证主要用于货款收取，具有货币属性，可以为货币的支付提供保证。国际贸易中使用的资金单证以汇票为主。

2. 商业单证

商业单证是商业发票、包装单据、装运单据、保险单据等非金融型商业机构签发的单证。它也可以理解成一切不属于上述资金单证范畴的单证。商业单证具有商品属性，主要代表货物的品质、数量、包装、产地等。

（三）根据结汇时是否需要提交进行划分

根据结汇时是否需要提交，单证可以分为结汇单证和非结汇单证。

结汇单证是指卖方结汇时需要提交给指定银行或买方的单证。它包括汇票、商业发票、领事发票、海关发票、包装单据、运输单据、原产地证书、保险单据、

第一章　外贸单证概述

检验证书、装运通知、受益人证明、船籍证明、航运路线证明、船长收据、运费收据和电报副本等。这类单证对卖方收款至关重要，尤其在信用证业务中，必须严格按照信用证的要求和专业制单规范进行缮制。

非结汇单证是指除结汇单证以外的其他所有单证类型。非结汇单证的使用一是为了获取结汇单证，如托运单、货物运输保险投保单等；二是为了满足货物通关等国家法令要求，如进出口报关单、进出口许可证等。

三、外贸单证工作的意义

在国际贸易中，外贸单证工作具有合同履行证明等多方面意义。外贸企业要高度重视外贸单证工作，切实维护来之不易的交易成果。

（一）外贸单证是合同履行的直接证明

外贸单证工作贯穿于合同履行全过程，合同履行就是不断制作单证、取得他人单证的过程。例如，只有在办理运输事项并交付货物后，卖方才能取得承运人签发的运输单据。因此，卖方一旦取得了运输单据，则意味着卖方履行了交货义务。同时，买方可以通过查看运输单据中载明的装运信息，确定卖方是否违反了合同。由此可见，单证可作为履约情况的证明。

使用《国际贸易术语解释通则》（International Rules for the Interpretation of Trade Terms，简称INCOTERMS）中的F组或C组术语成交的合同，均属于装运合同。卖方需要提交与货物有关的单证来证明其对交货义务的履行，而买方的付款责任则以收到卖方提交的单证为前提。

（二）外贸单证是国际结算的基本工具

随着国际贸易的发展，一手交钱、一手交货的传统模式，早已不适应现代国际贸易大批量、不见面、专业化的时代要求。如前所述，外贸单证是合同履行的有力证明；合同履行又是国际货款结算的必要前提。因此，以外贸单证作为国际结算的基本工具就成为必然。在当前的出口结算支付方式中，最安全的信用证支付，是将实际商品的买卖转化为单证买卖。卖方交单意味着已经交付了货物，而买方付款后的赎单则意味着可以获得所购买的商品。双方的结算摆脱了以货物为中心，而转变为以代表货物单证为中心。单证流和货物流的"双流同行"原则，已成为当前国际贸易的一般原则。由此可见，在出口业务中，正确、完整、及时地缮制单证，可以保证安全、及时收汇。不规范的外贸单证可能会给企业和国家带来经济和信誉上的双重损失。

（三）单证是企业经营管理的重要环节

单证是买卖双方顺利完成进出口交易各环节的证明。通常，托运、保险、报检、报关、结汇等交易过程中诸多业务上的细节，最后都要在外贸单证集中体现。因此，单证工作既是为贸易全程提供服务的工作，又是为争取企业安全、迅速收汇而进行的细致而烦琐的工作，直接涉及企业能否安全收汇和企业的经济效益。单证工作不仅包括单证的缮制、获取和组合，还包括妥善地处理各种相关问题，解决各环节之间的矛盾。

外贸单证是企业对进出口业务进行有效监管的有力工具。通过外贸单证，管理者不仅可以了解每笔业务的履约情况，还可以判断特定业务的走向或特定客户的业务潜力。外贸企业经营的好坏与单证工作组织管理能力关系密切。加强外贸单证管理、提高外贸单证质量，不仅可以有效地防止业务差错事故的发生、弥补经营管理上的缺陷，还可以节约各种费用、为企业增加收入。从这个意义上说，单证就是外汇。

一个外贸企业的制单水平，可以反映从业者的业务水平，体现企业经营管理水平和企业形象。正常情况下，一个外贸企业应结合经营实际，建立本单位外贸单证工作的具体规范。从业人员制作同类外贸单证应格式统一、项目齐备、填制规范。任何不专业的制单行为都可能导致客户产生疑虑和不信任，最终影响后续购买意向向订单的转化。因此，单证虽然是商务文件，但能起到企业对外宣传的作用。优美、整洁、清晰的单证，能展现企业高品质的业务素质，为企业塑造良好的形象。反之，粗劣、杂乱、错误的单证则必然给企业带来负面效应。

（四）单证是避免和解决纠纷的依据

对于正常经营的外贸公司而言，不断拓展新客户，巩固老客户群体，避免和减少纠纷，保证公司业务顺利展开，是公司经营的重要目标。在避免和减少纠纷

第一章 外贸单证概述

方面，外贸单证能发挥独特的作用。单证内容包含合同履行的细节，是合同履行情况的直接证据。因此，为了避免争端的发生，合理规范地制作单证、及时获取第三方单证就显得十分必要。例如，单证制作的时间要符合正常逻辑，单证中载明的商品名称应与对应的合同相一致，各单证使用的数字应保证保留相同的小数点位数等。只要坚持科学的单证管理，把单证规范制作摆在业务的重要位置，认真、谨慎地制作各类单证，就能起到良好的纠纷预防作用。

在当今普遍以单证作为交易中介的背景下，交易任何环节的单证出现问题，纠纷都可能随之产生。一旦纠纷产生，单证是解决纠纷的直接证据。交货品质可以参考品质证书；交货数量可以参考数量证书；交货时间地点可以从运输单据获得。单证中完整的信息呈现，将有利于当事人解决纠纷。当货物出现货损、货差时，也需要验残证书等文件作为残损证据，以支撑当事人的索赔立场。因此，为维护企业自身利益，确保纠纷时能出具有力证据，外贸企业均需加强对单证的质量监控，最大限度地避免和减少争端发生。

第二节 外贸单证工作的基本要求

一笔交易中外贸单证的质量如何，不仅关系到出口企业能否安全、迅速收汇，也关系到进口企业能否顺利接收货物。显然，外贸单证不能随意缮制，制单必须符合有关商业惯例、法律法规及业务需要。在制单业务中，尽管每类单证都有自己鲜明的特点和制作规范，但就整体制单业务而言，仍有一些共同规范需要遵守。具体来讲，制单人在进行各类单证制作时，应该做到正确、完整、及时、简洁、清晰。这五项要求看似简单，但在制单业务中，具有丰富内涵。

一、正确

正确是单证工作的前提，否则就不能安全结汇。因为无论是托收还是信用证业务，单证不正确，买方或相关银行都有拒付货款的权利。若背离该原则，不仅会削弱单证的整体效力，还可能引发不良后果，其他几条要求也无从谈起。这里所说的正确，至少包括两个方面：

（一）相符交单

所谓相符交单，即在信用证业务中，当事人向银行提交的单证应做到"四个相符"，即单据与信用证相符、单据与单据相符、单据与贸易合同相符、单据与货物相符。信用证业务具有三大性质：银行信用、法律独立性、单据买卖。对该性质的充分理解与认识，是理解信用证业务，也是理解"四个相符"的关键。

信用证是银行信用，这使交易中本来由买方承担的付款责任转移到了开证银行。这一转移，一方面使银行参与到实际付款中；另一方面银行并无兴趣参与整个交易过程，需要将付款业务与买卖过程中的其他业务区分开来，从而专注于付款。这一区分是通过对信用证业务的两项设计来实现的：一是将信用证业务界定为独立于买卖合同之外的单独交易。将信用证开立依据设定为信用证开证申请书而不是买卖合同，从而确保了信用证的独立性。通过该界定，保证了银行只需要处理信用证业务，而无须处理交易中的其他业务。二是将信用证业务界定为单纯的单证买卖，银行只处理单证，而不是实体货物。这为银行处理信用证业务带来了极大便利。通过这些界定，银行在自己的办公场所就可以完成信用证业务。由此，信用证业务就和单证业务建立了天然的密切联系。上述"四个相符"原则即信用证业务处理的基本原则。

对于银行来讲，信用证业务是单纯的单证买卖，因此，银行在审单时只注重两个相符：单据与信用证相符和单据与单据相符。受益人向收单行提交的单据只要符合上述两个相符，银行就应根据信用证条款承担付款责任。然而，对于实际的卖方而言，一项完整的交易不仅要做到上述两个相符，还要做到单据与贸易合同相符、单据与货物相符。

如果当事人已经做到了单据与信用证相符，单据和合同还可能不相符吗？答案是单据与合同依然可能不相符。这是因为，信用证是依据开证申请书而不是合

第一章 外贸单证概述

同开立的,而信用证开立申请书仅是由开证申请人单方面填写并向开证银行提交的,因此,信用证的开立机制无法确保信用证与合同内容相一致。这也是信用证业务中受益人在接到信用证后必须进行审证的原因。在制单时,当事人还必须保证单据与贸易合同相符。单据与货物相符是信用证业务中能够进行单证买卖的前提,也是外贸单证得以正常流转的基础。

在信用证以外的其他结算方式下,当事人也需要遵守单据与单据相符、单据与贸易合同相符、单据与货物相符。

(二)单证必须与有关法令和贸易惯例的规定相符

在制作单证时,制单人必须遵守买卖双方共同选择的特定国家法律制度,同时还必须遵守相应的国际贸易惯例。例如,在信用证业务中,一般都会在文本中注明按照《跟单信用证统一惯例》进行解释。银行在审单时,也会以该惯例作为审单依据。因此,在受益人缮制单证时,应注意避免与该惯例相抵触,否则,相关责任方有可能被银行拒付。

此外,在缮制单证时,制单人还应注意进口国对单证或货物有无特殊规定。有不少国家对进口的单证都有特殊的规定,如果出单时,制单人忽视了进口国的这些规定,货物就可能遭到进口国海关的查禁。

二、完整

所谓完整,包括单证类型完整、单证内容完整和单证份数完整三个方面。在信用证方式下,受益人只有满足单证完整的条件,相关银行才会履行付款责任。

(一)单证类型的完整性

在贸易结算业务中,卖方所交付的单证一般都是成套的。除销售凭证以外,其他所交单证的类型主要根据贸易术语、结算方式等具体交易情况,由信用证或合同条款加以约定。例如,在成本、保险费加运费(CIF)交易中,卖方在交单时至少需要包括商业发票、装箱单、海运提单和保险单,一般还包括一般原产地证书或优惠原产地证书等。目前,国外有些地区开来的信用证所列条款日趋繁杂,所需单证类别甚多,除上述列明的主要单证外,还有各种附属证明,如各类

外贸单证与实务操作

检验证书、船舶适航证、船籍证明、装船通知等。这些单证往往需要经过一定手续才能取得。在单证制作和获取过程中，必须密切注意，防止遗漏和误期。另外，根据INCOTERMS的规定，卖方在交货完成后，必须及时向买方发出装船通知。该装船通知的副本也往往是受益人需要提交的单证，一旦缺失，也会导致银行拒付。

（二）单证内容的完整性

单证完整还体现在每一种单证所填内容必须完备齐全。任何单证都有其特定作用，这种作用是通过单证本身的特定内容（格式、项目、文字、签章等）来体现的。如果单证的项目漏填、签章不全，银行不会接受。同时，外贸单证没有固定模板，所谓模板往往是在公司前期业务中形成的，这类模板不一定完全适用于新业务。因此，单证内容的完整性，不能仅仅依靠是否把模板各栏目全部填写作为依据。有时制单人把模板中所有栏目都填写了，单证内容依然不完整；有时模板中有些项目并未填写，却不影响单证内容的完整性。因为单证内容是否完整要结合交易实际情况，特别是信用证或合同要求。例如，信用证文本要求受益人提交的每一个单证都填写信用证号码，但如果单证模板中没有信用证号码栏目，受益人若只按照模板中的栏目进行填写，势必会造成信用证号码缺失，从而导致银行拒付。按照惯例，运输单据不需要体现运费金额，只需表明运费预付或到付即可。因此，在运输单据中，运费栏未注明具体金额，并不意味着该单据内容不完整。但信用证若明确规定运输单据须体现运费金额，则必须标明运费金额。

（三）单证份数的完整性

在国际贸易中，正本单证份数往往不止一份，信用证或合同中要求卖方提交的某一类型单证，也往往既包含一定数量的正本又包括一定数量的副本。在交单时，所提交单证的份数也需要完全满足。在信用证业务中，无论是正本还是副本单证的缺失，都将导致银行拒付。即使单证份数的不足可以通过后期的补交来纠正，但对于受益人而言，既耽误了业务的正常开展，收单银行又会因受益人的不符交单，而向受益人收取一定金额的"不符点费"。因此，单证份数的完整性也

第一章　外贸单证概述

是单证完整性的重要方面。

三、及时

外贸单证的及时性包括出单及时和交单及时两个方面。

（一）出单及时

出单及时是指各种单证必须按时出单。各种单证都有一个适当的出单日期，以确保单证日期之间的逻辑连贯性。在信用证业务中，每一种单证的出单日期不能超过信用证规定的有效期或按商业习惯的合理日期。例如，在整套结汇单证中，一般商业发票的出单日期最早，但也不能早于合同或信用证的开立日期；包装单据作为商业发票的补充，往往和商业发票的出单日期一致。

（二）交单及时

单证的制作不但要确保及时完成，而且在制作完成后需要及时交单。在信用证业务中，交单人必须在信用证规定的时间内交单。在信用证文本中，一般除了信用证有效期之外，还规定了交单期。受益人向银行交单的日期必须满足上述两个日期条件。同时，《跟单信用证统一惯例》还规定了在货物完成装运后最迟的交单期，即必须在货运单据载明日期之后21天内提交单证。交单人交单逾期，银行将拒付。受益人即使在有效期内交单，但如果交单较晚，银行审单发现不符之处，受益人也可能丧失修改单证的机会。因此，受益人应尽早向银行提交单证，保证顺利收汇。

在出口业务中，单证工作不及时，会严重影响其他环节的工作。如物流公司配载托运、船公司缮制舱单舱图、海关监管、港口作业等，都以外贸单证作为纽带，任何一个环节出现问题，都会产生连锁反应，扰乱工作秩序，最终导致经济损失。

四、简洁

在缮制外贸单证时，各项目的具体要求差异很大，我们需要结合具体单证进行分析。总体要求是，各栏目内容要详略得当，力戒烦琐。这要求制单人掌握各类单证制作的基本技巧，明确各栏目填制的基本要求，并在此基础上力求单证的简洁。为避免单证趋向复杂化，《跟单信用证统一惯例》指出，银行应力阻在信用证文本中提出过多的对单证的细节要求。简洁的单证不但可以减少工作量、提高工作效率，而且有利于提高单证质量和减少差错。

近年来，许多国家组织专业力量，研究贸易程序和单证的简化工作，并已作了不少有益的尝试。随着我国外贸业务量的迅速增加，单证工作也日益繁重，如何适应贸易的发展、避繁就简、改革单证工作，是值得研究的课题。

五、清晰

正确和完整是单证的内在质量，清晰则是单证的外观要求。所谓清晰，主要是指单证的表面是否清洁、美观、大方；单证中的各项内容是否清楚、易认，各项内容的记载是否简洁、明了；各栏目的位置是否符合商业习惯、容易查找。单证是否清晰，不但反映了制单人的制单专业水平、熟练程度和工作态度，而且会直接影响出单效果和企业的经济利益。

外贸单证往往没有统一格式，制单人可以结合公司及业务实际自由缮制。但单证的清晰性，客观上要求制单人根据商业惯例制作单证，力求单据的标准化和规范化。单证内容排列要行次整齐、字体字号适中、字迹清晰，重点项目要突出、醒目。对单证内各栏目，也应该按照其主次顺序安排好，切忌喧宾夺主。有时即使单证内容正确，但单证栏目排列过于特殊，也会带来不好的观感。

另外，外贸单证不应出现涂改现象。一旦出现错误，应重新缮制。当无法重新缮制时，制单人要在更改处加盖校对章。

总之，外贸单证工作的技术性强，既有与国际接轨的一面，又要考虑本国国情、本地区特殊性。外贸制单工作是进出口业务中的一项基本工作，其质量高低直接影响到企业的经济效益，从国家的高度来讲，会影响到国家对外贸易的发展。

因此，提高外贸制单人员的专业化水平和业务素质，提高外贸制单质量，是企业获取客户信任、维系客户关系、拓展业务市场的重要方面，也是我国发展对外贸易、建设贸易强国的必然要求。随着计算机的广泛应用，单证工作将逐渐变得简单、迅速。单证设计的标准化、单证制作及管理的信息化，都将对单证的缮制、传递及应用起到积极的作用。无论国际贸易方式和制单工作如何变革，制单工作

第一章　外贸单证概述

都需要人去操作。在制单过程中，对单证的基本要求——正确、完整、及时、简洁和清晰——不会改变。对于外贸制单人员来说，理解并掌握这些基本要求，无论是现在还是将来都是十分重要的。

第三节　国际贸易单证适用的法律与惯例

在国际贸易实践中，有一个非常现实的问题，即国际贸易的双方身处不同的国家，但各国的法律制度相异，法律冲突非常普遍，那么，在国际贸易中买卖双方应遵守哪一个国家的法律规范呢？一旦发生合同纠纷，在法官或仲裁员处理纠纷时，到底应以哪个国家的法律为准呢？这涉及合同中的准据法选择等国际私法问题。一般情况下，外贸当事人在处理该问题时主要应考虑以下原则。

一、遵守各自所在国家的国内法

鉴于买卖双方都是依据经营地的法律成立并开展经营活动的，其经营合法性由经营地法律确认并保障。因此，经营者都要遵守各自所在国家的国内法。即使企业由国外投资人发起设立，在经营过程中，依然需要遵守东道国的法律制度。因为国内法具有强制性的特点，经营者必须依法经营。但由于各国国情不同、价值观不同、法律观念和法律制度不同，各国对调整某一具体法律关系的规定显然也会不尽相同。买卖双方如果都依据本国国内法解释合同履行过程中的各种问题，冲突必然发生，且很多时候买卖双方矛盾不可调和。鉴于此，各国立法机关都制定了解决国家间法律冲突的法律规范，即涉外合同中当事人发生争议时准据法的选择规范。

我国也专门出台了相关法律制度。根据《中华人民共和国涉外民事关系法律适用法》规定，当事人可以明示选择涉外民事关系适用的法律。当事人选择适用外国法律时，一旦发生纠纷将可能面临复杂的国际法律问题，因此，该法又规定，当事人选择适用外国法律的,应当提供该国法律,并由相关司法机构查明。

关于选择准据法的时间,根据《最高人民法院关于适用〈中华人民共和国涉外民事关系法律适用法〉若干问题的解释(一)》,准许当事人在一审法庭辩论终结前协议选择或者变更选择适用的法律。人民法院应当听取各方当事人对应当适用的外国法律的内容及其理解与适用的意见,当事人对该外国法律的内容及其理解与适用均无异议的,人民法院予以确认;当事人有异议的,由人民法院审查认定。

但实际上,很多国际贸易合同中没有涉及合同争议所适用法律选择的条款。在争议发生后,双方当事人也往往由于考虑切身利益,无法就争议所适用的准据法达成一致。这便需要依据法律的补充规定加以确定。根据《中华人民共和国涉外民事关系法律适用法》,当事人没有选择的,适用履行义务最能体现该合同特征的一方当事人经常居所地法律或者其他与该合同有最密切联系的法律。对于"最密切联系",最高人民法院的相关司法解释认为,如买卖合同,适用合同订立时卖方住所地法;如果合同是在买方住所地谈判并订立的,或者合同明确规定卖方须在买方住所地履行交货义务的,适用买方住所地法。同时,司法解释中规定,适用外国法律违反社会公共利益和公序良俗的,该外国法律不予适用。

因此,当事人可以在本国法律授权下自由选择合同争议所适用的法律。这种法律授权下的选择,无论是当事人选择国内法还是国外法,实际上都是遵守国内法的体现。

二、遵守《联合国国际货物销售合同公约》

国际公约是指国际上有关政治、经济、文化、技术等方面的多边条约。公约通常为开放性的,非缔约国可以在公约生效前或生效后按规定条件加入。国际公约的缔约国,实际上是向其他缔约方承诺将在本国政府立场、国内立法、国际事务中保持与公约条款相同的立场。换句话说,如果国内立法的立法精神、原则与所缔结的国际公约不符,就应对国内立法进行修订,否则将被视为没有履行国际义务。因此,一国政府在所缔结的国际公约中确定的基本原则、立法精神将制约

第一章　外贸单证概述

国内立法，其效力优于国内法。

《联合国国际货物销售合同公约》（United Nations Convention on Contracts for International Sales of Goods，简称 CISG），是与外贸业务联系最为密切的国际公约。它由联合国国际贸易法委员会主持制定，于 1980 年在维也纳通过。我国于 1986 年加入该公约。该公约于 1988 年 1 月 1 日正式生效。

截至 2024 年 12 月，该公约共有 97 个缔约国，包括绝大多数发达国家、新兴经济体和部分发展中国家。

和涉外当事人可自由选择适用法律不同，CISG 以默认方式推定适用合同。如果符合 CISG 的适用条件和范围，公约将自动适用于合同。关于 CISG 的适用范围，公约明确规定，公约适用于营业地在不同国家的当事人之间所订立的国际货物销售合同。但这些国家必须是公约的缔约国或可由国际私法规则导致适用某一缔约国的法律。

其中，国际私法是在世界各国民法和商法相互歧异的情况下，以直接规范与间接规范相结合来调整平等主体之间的涉外民商事法律关系并解决涉外民商事法律冲突的法律规范总称。因此，长期以来这一部门法也被称为法律冲突法。国内立法是国际私法的主要渊源。前述《中华人民共和国涉外民事关系法律适用法》是我国最重要的国际私法之一。

CISG 的适用同时也具有任意性的特点，当事人对公约的适用可以通过约定的方式予以排除。公约第六条规定，双方当事人可以不适用本公约，或在第十三条的条件下，减少本公约的任何规定或改变其效力。因此，该公约的适用并非强制的，即使本应适用公约，但如果当事人在合同中约定不适用，并选择了其他法律规范，如规定以特定国家的法律作为准据法，也可以排除公约的适用。

CISG 除序言外，共分 4 个部分、101 条，包括适用范围和总则、合同的订立、货物买卖和最后条款。它是世界各国长期贸易实践的产物，对进出口交易的全过程进行了全面规范。世界上还没有哪一个国家的法律能够专门对国际货物买卖合同进行如此详尽的规定。国内法重点保障合同是否生效、当事人的合法权益及法律救济，因此，在法律保障与救济的领域内，它和 CISG 是一种互补关系。排除该公约的适用,而单纯选择某一国家的国内法作为解决争议的法律规范,并非一种明智的选择。

三、选择适用国际贸易惯例

国际贸易惯例有广义和狭义之分。在国际贸易实践中,所有习惯性做法,在广义上都可以称为国际贸易惯例。但狭义上的国际贸易惯例有其特定内涵,是指在长期贸易实践中,被买卖双方和其他相关方面广泛认可与接受的习惯做法、规则及其解释。这些规则往往由非政府权威机构编纂、发布。这使其有别于依靠国家立法机关制定的具有强制力的国内法以及依靠各国政府间谈判、妥协而达成的国际公约。也正是这种非主权性,极大增强了国际贸易惯例的普遍适用性。目前国际商会是当前主流国际贸易惯例的制定者。其发布的《国际贸易术语解释通则》《跟单信用证统一惯例》《关于审核跟单信用证项下单据的国际标准银行实务》《托收统一规则》等国际贸易惯例,在世界范围内产生了广泛影响,并且保持着不断更新。

国际贸易惯例就其法律性质而言,是一种典型的任意性规范,是以当事人意思自治为基础的贸易规则。其适用于以下三种情况:

(一)在国际贸易合同或其他法律文件中完全引用某项国际贸易惯例

在国际贸易合同或其他法律文件中完全引用某项国际贸易惯例意味着该惯例对当事人产生约束力。这是使用国际贸易惯例时最为普遍的情形。国际贸易惯例对当事人的约束力是通过援引惯例文本作为合同条款的一部分而实现的。将惯例纳入合同条款,该惯例就由普通的任意性规范转变为对当事人具有约束力的条款。例如,在国际货物买卖合同的价格条款中,如果援引INCOTERMS解释合同中选定的贸易术语,意味着INCOTERMS将被视为合同的组成部分。关于贸易术语的相关解释,均以该国际贸易惯例为准,从而使INCOTERMS对当事人产生与合同条款相同的效力。

(二)在国际贸易合同或其他法律文件中引用某项国际贸易惯例,但修改某些条款

在国际贸易合同或其他法律文件中引用某项国际贸易惯例,但修改了该惯例的某些条款,这意味着该惯例对当事人产生约束力,修改部分以修改后的内容为

第一章 外贸单证概述

准。这表明，当事人不但可以引用某项国际贸易惯例作为其权利和义务的补充，而且可以就该惯例中的具体内容进行修改。通常情况下，这种修改是通过在合同中规定与惯例内容不一致的条款来实现的，即使当事人没有明确指出该条款是对惯例特定条款的修改，也不会影响该条款的法律效力。这意味着，如果当事人援引了某项国际贸易惯例，同时又在合同中有意甚至无意地规定了与惯例相抵触的内容，则该合同条款的内容具有优先性，对当事人具有约束力，而惯例中与该条款不符的部分将被视为无效。

由于国际贸易惯例是人们长期贸易实践经验的总结，具有强大的生命力和适用性，当事人在具体业务中一般不会有意对国际贸易惯例进行修改。但有时可能由于当事人专业知识的缺失，造成合同条款与惯例相抵触的情况。在这种情况下，该合同条款依然有效，并将被视为对国际贸易惯例的修改。例如，根据INCOTERMS，船上交货（FOB）这一贸易术语仅适用于水上运输，在使用该贸易术语时，应后接装运港并作为卖方交货的地点。但如果在某合同中规定了使用航空运输，同时使用了FOB这一贸易术语，则意味着当事人把FOB这一贸易术语的适用范围扩展至航空运输。尽管这种修改具有法律效力，但由于FOB是专为水上运输设计的，将其适用于航空运输，势必会造成其他一系列问题。

（三）在国际贸易合同或其他法律文件中排除某项惯例的适用

在国际贸易合同或其他法律文件中排除某项惯例的适用，即该惯例对本交易当事人没有约束力。需要指出的是，由于国际贸易惯例是任意性规范，当事人只有援引某项惯例，该惯例才会对当事人产生约束力。同样，如果当事人在合同中排除了某项惯例的适用，则该惯例对当事人没有效力。随着国际贸易实践的不断发展，国际贸易惯例的发布机构往往不断发布新版本的惯例，但这并不意味着老版本惯例被丢弃。在具体业务中，即使某项国际贸易惯例的新版本已出现，当事人仍可以在合同中援引过去的版本。此时，被援引版本对当事人具有法律约束力，新版本则不会产生效力。这与国内法修订的法律后果明显不同。

因此，国际贸易惯例与CISG明显不同。第一，制定者不同，前者由权威国

外贸单证与实务操作

际或国内民间机构制定；后者是政府间协议，往往需要缔约国立法机关最终批准。第二，适用方式不同，前者需要在合同中明示、援引才能适用；后者通常以默示的方式推定适用。第三，介入合同关系的时间不同，前者属于事先调整，将其作为合同的组成部分，以事先纳入调整的方式介入合同关系；后者属于事后调整，只有在当事人就合同相关问题没有作出约定并符合相应的适用条件时，其才以事后调整的方式介入合同关系，并支配双方当事人。第四，调整的对象不同，前者调整的是合同条款，其本身就作为合同条款存在，调整的是在当事人协商的特定交易方式下双方的权利和义务关系问题；后者调整的是合同争议，主要为解决各种合同纠纷服务，是界定当事人合法与非法的规范。

可见，国际贸易惯例的事先调整和 CISG 的事后调整，共同协调和完善合同制度，从而共同担负起规范和调整国际贸易关系的法律功能。从国际贸易实践上看，当事人在选择 CISG 的同时，通常还要选择某些国际贸易惯例来共同调整合同关系，CISG 本身也在多处强调国际贸易惯例的适用效力。

四、主要国际贸易惯例

鉴于国际贸易惯例是长期贸易实践的总结，具有节约洽商时间和成本、当事人权责分明等优势，因此，在实践中，当事人经常援引或使用国际贸易惯例。常见的国际贸易惯例主要有：

（一）《国际贸易术语解释通则》

《国际贸易术语解释通则》（INCOTERMS）最早由国际商会在 1936 年推出，共解释了 6 种贸易术语，其宗旨是为普遍使用中的国际贸易术语提供一套全面的、统一的贸易规则和解释，以避免或减少各国当事人因对其不同的解释而出现的不确定性。随着国际贸易的发展，该通则也不断更新，在贸易术语的数量、名称和含义方面都经历了很大的变化，至今经历过 1953 年、1967 年、1976 年、1980 年、1990 年、2000 年、2010 年、2020 年 8 次更新，最新版本为 2020 年 1 月 1 日在全球生效的 2020 年版，共解释了 11 种贸易术语。INCOTERMS 2020 主要在以下几个方面进行了修改：在"货交承运人"（FCA）术语项下增添了签发装船提

第一章 外贸单证概述

单选项；在各术语项下专门设置了费用条款；对"成本、保险费加运费"（CIF）和"运费和保险费付至"（CIP）规定了不同的最低险别；将"目的地或目的港的集散站交货"（DAT）术语更改为"目的地卸货后交货"（DPU）术语；在 FCA 和 D 组术语中加入使用自己的交通工具条款；明确每个术语项下的安全要求和辅助成本。

（二）《跟单信用证统一惯例》

《跟单信用证统一惯例》（Uniform Customs and Practice for Documentary Credit，简称 UCP）。它最早由国际商会作为第 82 号出版物于 1933 年推出，目的是消除不同国家之间关于信用证业务方面的规则冲突，创建一个统一规则。该惯例是迄今为止在信用证支付方式下，世界上最具影响力、使用频率最高的国际贸易惯例。它对信用证方式下开证银行、受益人等各当事人的职责、权利和义务，主要信用证单据的填写规范、单据提交要求以及一些有关单据的特殊规定、特殊问题的处理等都做了详尽说明。该惯例对于统一、规范、推广信用证支付业务，起到不可替代的作用。之后国际商会又分别进行了 6 次修订，目前最新版本为《UCP 600》，即国际商会第 600 号出版物，共计 39 条。

（三）《关于审核跟单信用证项下单据的国际标准银行实务》

信用证业务在开证后，其主要工作内容是对所规定提交的各类单据的制备和处理。正确制备、审核信用证项下的各类单据是信用证业务顺利进行的核心。但过去由于没有统一的国际标准，各国银行及当事人对《跟单信用证统一惯例》的理解不统一，致使世界上不少信用证当事人对单据中的同一内容，在判定其"相符"或"不符"上存在很大差异，很多时候甚至会做出截然相反的判定。类似情况的发生，给当事人造成了不必要的损失，也影响了国际贸易和信用证业务的发展。这曾导致信用证在第一次交单时，被认为存在不符点而遭到拒付的比例达 60% 以上。因此，2000 年 5 月，国际商会成立了一个专门工作组对世界主要国家审单惯例加以统一编纂和解释，并以美国国际金融服务协会制定的惯例为基础，收集了世界上有代表性的 50 多个国家的银行审单标准完成了《关于审核跟单信用证项下单据的国际标准银行实务》（International Standard Banking Practice for the Examination of Documents under Documentary Credits，简称ISBP）初稿并向全世界银行征询意见。现行版本《ISBP 745》于2013年正式启用，对于各国正确理解和使用《UCP 600》、统一和规范各国信用证审单实务、减少拒付争议的发生具有重要意义。

该惯例对于有关信用证支付方式下，各种主要单据的标准做了比较详尽的规范和说明。《ISBP 745》规定了信用证单据制作和审核应遵循的一般原则。它包括引言及185个条文，包括先期问题，一般原则，汇票与到期日的计算，发票，海运提单，租船合约提单，多式联运单据，空运单据，公路、铁路或内河运输单据，保险单据和原产地证书等内容。

（四）《托收统一规则》

为统一托收业务的做法，减少托收业务各当事人可能产生的矛盾和纠纷，国际商会于1958年出版了《商业单据托收统一规则》，1995年国际商会对其进行修订，更名为《托收统一规则》（The Uniform Rules for Collection，简称URC），作为国际商会第522号出版物。《URC 522》是在世界范围内统一托收支付方式下各当事人的权利、职责和义务的最重要的国际贸易惯例。它对代收银行的交单条件以及托收行、代收行在履行其托收业务职责时的正当权益及免责事项进行了明确规定。《托收统一规则》共26条，包括总则及定义、托收的形式和结构、提示方式、义务与责任、付款、利息手续费及其他费用、其他规定7个部分。该规则自1996年1月1日起生效。

第四节　国际贸易的基本流程及所需单证

国际贸易业务是以进出口合同为中心进行的。当事人从准备出口或进口一批货物，到完成交易取得货款或收到所需的货物，必须经过各个具体环节和步骤。

第一章 外贸单证概述

不同贸易方式会对国际贸易的基本流程产生重大影响。在一般贸易方式下，我们可以把国际贸易的基本流程分为三个阶段：交易前准备阶段、交易磋商与合同订立阶段、合同履行阶段。

一、交易前准备阶段

在国际贸易中，由于交易双方分属不同的国家或地区，当事人面对不同的社会制度、法律体系、经济制度和贸易习惯，同时在文化背景、价值观念、宗教信仰、民族习惯等方面也明显不同，并且还有语言和文字沟通方面的困难。为了追求自身利益，双方在磋商过程中往往会反复地讨价还价。为了做好交易磋商这项艰难、复杂而又十分重要的工作，当事人事前必须结合购销意图，充分地做好交易前的各项准备工作。

（一）出口交易前的准备工作

1. 国际市场选择与调研

由于消费者的消费水平、消费理念、消费动机等方面各不相同，任何一种商品都有其最适宜的目标区域。作为出口商，首先，应在了解全球消费者对该类商品需求的基础上确定具体的目标市场，并进一步对拟出口国的人口、面积、气候、语言、文化等方面进行调查；其次，应了解相关国家的社会制度等情况，如政治制度、对外政策、贸易政策、社会稳定性等方面；再次，应了解拟出口国的经济与贸易情况，如主要资源能源、经济发展水平、财政金融、进出口贸易、国际支付能力等方面；最后，还需要了解该类产品在拟出口国的生产与消费情况，进一步对出口商品的适应性、竞争性以及市场价格进行分析，为后续工作打下良好基础。

2. 确定目标顾客，建立业务联系

在前期选定目标市场国的基础上，出口商还需要结合调研，确定目标顾客。在既定目标下，寻找目标顾客的方法很多，其中，通过网络获客是目前高效且常用的方法。出口商可以通过网上店铺接受询盘来获取有价值的顾客信息，也可以通过主动浏览相关公司网站或通过社交媒体筛选目标顾客，还可以利用现代信息技术通过数据挖掘等手段获取潜在的顾客信息。如果出口商能够参加线下商品交易会,则往往可以获得更有价值的大客户信息。出口商通过对这些客户的持续跟进不断获取客户的信任,才能真正与客户建立起业务联系。

3. 制定商品出口方案

商品出口方案是为了完成既定商品出口任务而确定的商品出口谈判策略、实施步骤和具体做法。它是外贸业务员在进出口业务谈判工作中的基本遵循。出口方案是公司长期谈判与业务经验的结晶,其是否科学、有效、实用是决定谈判成败的关键。每一家公司都要在集思广益的基础上推敲打磨,形成独具竞争优势的商品出口方案。在方案中,应对需要谈判的问题进行认真梳理,分清主次,合理安排谈判的先后顺序。尽量将容易达成一致的问题放在前面,明确解决每一主要问题应当采用的方法与步骤。此外,还需要做好各种突发事件及意外情况的紧急预案,尽量减少突发事件给谈判带来的负面影响,力争谈判取得成功。

4. 进行出口商品成本核算

商品出口方案能够解决基本的出口策略及工作程序、步骤等方面的方法问题,但每笔交易都有其特定的出口成本。因此,进行出口商品成本核算是每次交易洽商前的必修课。在出口贸易中,由于大多数商品都会涉及出口退税,要进行出口商品的成本核算就必须考虑到该商品是否存在出口退税的问题。如果该商品享受出口退税政策,就需要计算该商品扣除出口退税额后的实际采购成本,并在此基础上再考虑国内的相关费用,最终计算出该商品的出口总成本。因此,了解并实时掌握特定商品的出口退税政策,了解出口退税率的变动情况,对于正确把握出口商品的成本具有重要意义。出口商品成本核算还涉及运费、保险费等费用的计算问题。掌握相关问题的解决方式,及时对出口商品进行报价,是从业人员的必备技能。

(二) 进口交易前的准备工作

1. 进口商品的市场调研

除部分高精尖产品外,对于大多数商品,进口商都可选择不同国家或地区的供应商。为了降低商品的采购成本,进口商在进口商品时需要做足国际市场的调研工作。由于自然禀赋、技术水平及生产规模等多方面的影响,产自不同国家的

第一章　外贸单证概述

同类商品，往往存在品质及价格上的巨大差异。进口商只有进行细致的市场调研，才能够购买到真正物美价廉的商品。在进行进口商品市场调研时，进口商还需要考虑到不同国家贸易政策、关税等方面的限制和影响，其中，需要考虑的重要因素是商品的进口关税。

随着区域经济一体化迅速发展，自由贸易区不断增多。区域内贸易大大降低了商品的进口关税。截至2024年，我国已与东南亚国家联盟的10个国家、韩国、日本、澳大利亚、新西兰、瑞士、巴基斯坦、冰岛、哥斯达黎加、毛里求斯、马尔代夫、格鲁吉亚、秘鲁、智利等20多个国家和地区，通过多边及双边自由贸易协定，形成紧密的区域经济合作关系。中国进口商优先选择原产于以上国家和地区的商品，将享受到相应自由贸易协定项下对该商品的零关税或优惠税率。相关自由贸易协定对部分商品规定了关税减免的过渡期，甚至对部分敏感性商品设置了关税优惠豁免。这就需要进口商认真研究相关协定，在保证商品品质和价格水平的前提下，优先选择原产于上述国家或地区的进口商品。

对于进口商品的市场调研，还包括该商品入境后国内销售前景的调研与预测。一般来讲，商品进口后，国内市场的销售才是对该笔进口的最大挑战。对于外贸企业而言，只有具有强大的国内市场销售能力或拥有稳定的顾客群体，才可以考虑从事进口业务。对于初创公司而言，出口业务是最优选择。

2. 办理进口许可证和付汇手续

为保证国内市场秩序，我国对部分进口商品实行许可证管理。进口商只有取得了相关许可证件，在向海关申报进口时，才能顺利通关。因此，如果拟进口商品是属于限制进口的商品，进口商须提前按照相关规定和程序申请该商品的进口许可证。目前，申请者可以在商务部进出口许可证件申领平台完成注册、申报，并向省级商务主管部门报送书面申请材料。发证机关对申请人提交的申请材料进行审核通过后，会将相关内容上传，从而实现进口许可证联网核查。海关可以凭电子许可证进行信息核验，申请人免于提交进口许可证纸质证书。

在进口付汇业务方面，如果是初创企业，在取得对外贸易经营权后，应当持

外贸单证与实务操作

企业法人营业执照、对外贸易经营者备案登记表等文件,到外汇主管部门办理"进口单位付汇名录"登记手续,并签署进口付汇业务办理确认书。对于不在名录、分类结果为"C类进口单位"以及法律规定的其他特殊业务,进口单位应在付汇或开证前到外汇局办理进口付汇业务登记手续。

3. 制定商品进口方案

商品进口方案是为了完成既定商品进口任务而确定的商品进口谈判策略、实施步骤和具体做法。它是外贸业务员在进出口业务谈判工作中的基本遵循。进口方案源于公司长期进口业务谈判与经验的积累,是进口业务的行动指南,其是否科学、有效、实用,是决定谈判成败的关键。每一家公司都要在集思广益的基础上推敲打磨,形成独具竞争优势的商品进口方案。在方案中,公司应对需要谈判的问题进行认真梳理,分清主次,合理安排谈判的先后顺序。同出口贸易的谈判一样,进口贸易的谈判也需要尽量将容易达成一致的问题放在前面,明确解决每一主要问题应当采用的方法与步骤。由于世界市场多为买方市场,买方在谈判过程中往往更容易掌握主动权。在进口方案中,公司也需要做好各种突发事件及意外情况的紧急预案,尽量减少突发事件给谈判带来的负面影响,力争谈判取得成功。

4. 进行进口成本核算

企业在进口商品时,无论是用于国内销售、自身使用还是加工,都必须加强进口成本的核算,以分析其经济效益并最大限度地降低成本。价格通常是买卖双方谈判的核心问题,只有通过精准的进口成本核算,企业才能在谈判中合理报价。进口成本核算往往比出口成本核算更为复杂。无论采用何种贸易术语,进口商都需要计算商品在长途运输中的运费和保险费,以确定其 CIF 价格。此外,税负也是进口商品的重要考量因素。海关会依据《中华人民共和国进出口税则》征收进口关税,并代征增值税、消费税等。因此,进口商需要根据商品的原产国,查询其进口关税税率和海关代征税税率,从而确定进口商品的最终税负。

第一章 外贸单证概述

二、交易磋商与合同订立阶段

交易磋商，是指进出口双方为买卖某种货物就各项交易条件进行洽商，以求达成一致的过程。它是签订国际货物买卖合同的必要环节，也是确定交易条件的关键阶段，合同中所列交易条件均是在本阶段最终确定的。交易磋商的目的是签订合同，一旦买卖双方对各项交易条件达成一致，双方合同关系即告成立，并受合同约束。随后的合同履行，便以其为中心展开。因此，交易磋商，不但关系到买卖双方能否顺利达成交易，而且关系到该交易的具体交易条件以及企业的经济效益，并从宏观上影响企业的社会效益。

国际贸易交易磋商是一项具有很强政策性、策略性、技术性和专业性的工作。当事人不仅需要具备对外贸易专业知识，还应具备较高的政策水平、丰富的商品知识以及法律和金融等方面的专业知识。此外，当事人还应掌握谈判技巧，善于将原则性与灵活性相结合，运用灵活有效的谈判策略。

交易磋商可通过口头或书面方式进行。口头磋商包括面对面协商或通过电话、网络等媒介进行沟通，其优点是效率高，但当事人可能缺乏理性思考的时间，容易做出情绪化决策。口头磋商形成的交易条件一般还需要证人或录音加以证实，不利于形成合同履行的直接依据。在口头磋商达成交易的情况下，双方一般还应订立书面合同，对达成的交易条件进行确认。书面磋商则是交易双方通过电子邮件、传真、书面信函等通信方式进行的交易磋商。在这种方式下，当事人的交易条件以书面的形式展现出来，一方面可以呈现当事人深思熟虑的结果，另一方面也便于交易双方的理解和研判。随着网络通信的发展，近年来，外贸业务员利用 WhatsApp Messenger 等即时通信软件进行交易洽商的情形越来越普遍。相关软件既可以使用语音，又可以使用文字及图片，大大便利了买卖双方之间的磋商。

磋商内容应涵盖所有关键交易条件，如商品名称、数量、品质、规格、包装、价格、贸易术语、装运、支付、违约与索赔、不可抗力、仲裁等。在双方达成一致后，这些条件应完整写入合同条款。但根据 CISG 第 14 条，买卖双方在达成一致的交易条件后，明确货物名称，并明示或暗示地规定数量和价格，或规定数

外贸单证与实务操作

量和价格的确定方式,这些要素也可以构成一份有效的合同。尽管未涉及的条款可依据公约的相关规定进行补充,但当事人仍应谨慎判断,因为可能由此带来不确定性和潜在麻烦。

从法律效力角度看,交易磋商通常包括询盘（inquiry）、发盘（offer）、还盘（counter offer）和接受（acceptance）四个环节。其中,发盘和接受分别对应我国《民法典》中的要约和承诺,是合同订立不可或缺的两个步骤。简而言之,发盘是提出具体交易条件的行为,而接受则是对发盘条件的同意。一旦接受生效,双方的合同关系即告成立。

三、合同履行阶段

在国际贸易交易中,买卖合同经法定步骤成立后,有关当事人就必须严格按照合同的约定,履行合同规定的义务。认真履约既是法定的义务,又是实现当事人签约目的的重要保证。在合同签订后,一方当事人怠于履行合同义务,给另一方当事人带来损失的,应承担相应的法律责任。在不同的支付方式和贸易条件下,进出口合同的履行步骤存在较大差异。其中,在一般贸易方式下,采用CIF贸易术语和信用证支付的进出口合同的履行最为典型。下面以上述交易条件为基础介绍合同的履行步骤。

（一）出口业务的履行

在履行出口业务时,卖方需要及时做好备货、催证、审证、改证、订舱、报关（报检）、投保、装船和制单结汇等方面的工作。在这些工作中,以货（备货）、证（催证、审证和改证）、船（租船订舱）、款（交单结汇）四个环节的工作最为重要。

1. 备货

在买卖双方签署合同之前,卖方就应明确所交易商品的备货难度、备货时长等方面的问题,并将其作为规定具体交货期限的依据。合同签订后,卖方应及时开展备货工作。备货的重要目标就是在合同规定的交货期内,保质保量地完成合同中指定货物的生产或采购。在卖方需要向工厂采购货物的情况下,备货能否及时完成,是卖方能否按时交货的关键。因此,备货工作是履行合同的基础。选择

第一章　外贸单证概述

优秀的供应商，并与供应商保持良好的沟通关系是保证供货质量、保障卖方顺利完成备货工作的重要前提。

在选好供应商的基础上，备货工作的主要内容就是根据合同以及信用证的约定，向供应商提交采购计划，确认交易标的名称、数量、规格、品质、包装、唛头等信息，明确交货期限，并约定货款的结算方式等问题。

在备货工作中，应注意以下几个问题：

（1）应按照合同中对商品品质的要求，向供应商订货

特别要注意商品品质的相关细节，切实保证货物的品质、规格与外贸合同规定一致。在可能的情况下，卖方要尽可能做到生产过程中的质量控制，防止生产错误、品质不达标等问题的发生。

（2）注意货物数量

应保证货物的数量完全满足合同的规定，尽量在备货时留有一定余地。对于散装货物或易碎易损坏的货物，应考虑到货物在转运途中的货损与货差。

（3）应重视货物包装

包装的材质、包装的大小、包装的方法都必须符合合同规定，同时还必须满足货物运输要求。如果外贸合同中明确规定了货物包装上的唛头等标志，应严格按合同的要求进行处理，包括标志类型、标志内容、标志大小、标志位置等各个方面。

（4）应保证在合同规定的装船期之前完成备货

备货应尽可能地留有一定余地。由于各种原因，供应商并不一定能够在承诺的交货期内完成交货。在现实业务中，工厂订单突然增加、意外减产、未按约定进行生产、生产出的产品规格错误、产品品质不达标、遭遇不可抗力等原因，成为卖方无法按期交货、违约的重要原因。向供应商订货时留出一定的提前量，是保证卖方如期交货的有效方法。

2. 催证

在信用证支付的条件下，在签订合同后及时向银行申请开立信用证，是买方

应履行的合同义务。按时收到信用证也是卖方正常履行交货义务的前提。为了防止买方因疏忽或其他原因导致的延迟开证，卖方催促买方及时开立信用证，是外贸出口业务中的常规工作。特别是在市场行情发生变化、买方资金链紧张等情况下，催证是保证业务正常开展的重要手段。催证也是一种法律步骤，如卖方经催证买方仍不能及时开出信用证，买方应承担延迟开立信用证所产生的一切后果，卖方可由此形成对买方的违约索赔权。

3. 审证

信用证业务是独立于买卖合同之外的交易。信用证的开立依据是信用证开证申请书，而不是作为业务背景的国际货物买卖合同。由于信用证开证申请书由买方独立填制，有可能在客观上造成信用证文本与国际货物买卖合同不一致。因此，卖方作为信用证受益人收到相关信用证后，需要对信用证文本进行认真审核，确保信用证文本的内容与合同的内容一致。只有做到信用证与合同一致，卖方才可能在履行合同义务的同时满足信用证中的相关规定。信用证是一种银行信用文件，开证银行的资信状况、信用证的兑付条件等各项内容都关系着受益人能否顺利取得信用证中规定的款项。受益人对信用证条款进行逐一审核，弄清需要提交的结汇单据，判断是否存在各类信用证软条款，是受益人安全收汇的重要保证。

当然，审核信用证也是通知银行的职责之一，但通知银行着重审核该信用证文本的真实性、开证行的政治背景、资信状况、付款责任和索汇路线等方面的内容。对于信用证的具体文本，需要以出口商的审核为主。

4. 改证

信用证审核无误，对受益人最为有利。但有时信用证经审核后，工作人员发现信用证文本有与合同不一致、额外添加若干附加条件、变更结汇单据的种类及要求等问题，必须及时要求买方对信用证文本进行修改。信用证的修改由买方向开证银行发送信用证修改申请书而发起，开证银行同意后，将通过原来信用证的传递渠道，向受益人发出信用证修改通知书。在接到信用证修改通知书之后，受益人需要对信用证修改通知书进行认真审查。受益人只能全部接受或全部拒绝信

第一章　外贸单证概述

用证修改通知书的内容。受益人在全部接受信用证修改通知书后，该信用证修改通知书与原证一起使用。如果受益人拒绝信用证修改通知书的内容，可要求买方（开证申请人）继续修改信用证，并坚持在收到可以接受的修改通知书后，再履行交货义务。

当然，如果信用证中所涉及的交单种类或条件与合同不一致，但受益人经努力可以实现，为节约交易时间、提高履约效率，受益人也可以予以接受。

5. 租船订舱

在国际货物买卖中，选择不同的贸易术语，办理运输事项的责任会有所不同。在采用 CIF 贸易术语成交时，卖方必须自负风险和费用，与船舶公司或其代理人订立货物运输合同，办理租船或订舱手续。一般而言，除部分初级产品如原油、煤炭、矿石、谷物以及成套设备等特殊规格或者特殊要求的商品需要使用租船运输外，其他货物主要采用集装箱班轮进行运输。因此，集装箱班轮运输是多数外贸企业办理运输事项的首要选择。外贸公司通常会委托专业性较强的货运代理公司办理运输事宜。这类公司凭借其本地化的服务网络、丰富的航班信息以及更优惠的运价等优势，能够有效降低物流成本并简化运输手续的办理流程。其主要步骤如下：

（1）选择合适的专业货运代理公司

一般知名度较高的货运代理公司服务较好，但运输价格稍高，而中小货运代理公司往往以较低的运输价格取胜，但在清关等专业服务能力方面较弱，存在一定的风险。

（2）卖方填制托运单

托运单是托运人依据贸易合同及信用证条款的要求填写的单证，用于向承运人或其代理人办理货物托运手续。卖方在填写托运单时，要综合考虑船期、目的港、货物种类、货运数量、信用证要求等因素，确保所委托的运输事项能够满足合同的托运要求。货运代理公司根据托运单内容，并结合船舶的航线、挂靠港、船期和舱位等条件综合考虑，决定是否接受托运。托运单一般一式多联，以备后续步骤使用，但各承运人设计的托运单各有不同。托运单主要包括集装箱货物托运单（货主留底）、集装箱货物托运单（船代留底）、运费通知、装货单（Shipping Order, S/O）、收货单（大副联）、场站收据、货运代理公司留底、配舱回单（Booking Receipt, B/R）等。

（3）货运代理公司填单

货运代理公司在托运单及各联上编号，填写船名、航次等信息，确认托运人的订舱事项，同时将装货单、配舱回单等单据退还给托运人。

（4）托运人凭货运代理公司签署的装货单到海关办理出口报关手续

经查验并确定对货物放行后，海关将在装货单上加盖海关放行章，这时托运人即可要求承运船舶装货。

6. 报关

包括自由进出口的货物在内，所有进出境的运输工具、货物、物品，必须通过设立海关的地点进境或出境。向进出境海关申报并办理规定的海关手续，是运输工具、货物、物品进出境的基本义务。近年来，我国大力推行通关便利化改革，通过单一窗口、电子口岸等举措，货物出口通关速度明显提升。2018年4月，国家出入境检验检疫管理职责和人员划入海关总署。同年，海关总署实现了关检业务融合申报。海关总署对原报关单申报项目和原报检单申报项目进行梳理、合并，并对申报单证进行了精简，取消了海关可以联网获取以及可以自查的单证，不再要求必须提交纸质文件。目前，外贸企业可以通过"国际贸易单一窗口""互联网＋海关""中国电子口岸"多个平台进行出口报关申报，并按照《海关进出口货物报关单填制规范》上传报关单电子数据及随附单证。海关人员审核申报资料后，对符合规范要求的资料直接予以受理，对不符合规范要求的资料进行退单并一次性告知企业应修正的信息。在一般贸易方式下，企业需提交的单证包括：合同复印件、发票复印件、装箱清单复印件、提运单复印件、代理报关授权委托协议盖章原件等。以上单证，企业均可选择扫描件进行无纸化申报。

7. 投保

如果交易按 CIF/CIP 术语成交，卖方需要根据合同约定的险别，在装运前向保险公司投保。如果合同中没有规定卖方投保的险别，则需要根据 INCOTERMS 的规定办理。同时，无论卖方投保什么险别，均需要按该合同价的 110% 进行投保。超出的 10% 被称为投保加成。投保后，卖方从保险公司取得保险单据。

在 CIF/CIP 条件下，卖方交货后货物长途运输中的风险由买方承担。因此，卖方在向银行交单时，需要通过对保险单的背书，将保险单项下的保险权益转让给买方。为了获得保险公司全面保障，保险单据的出单日期不应迟于装运日期，根据《UCP 600》，银行一般不接受出单日期迟于装船或发运日期的保险单据。

8. 装运

卖方向海关完成出口报关后，凭加盖海关放行专用章的装货单办理货物的装船手续。货物装船后，由副船长（大副）签署收货单（Receiving Note, R/N）并给托运人，用以证明船方已接收到该票货物并已装上承运船舶。收货单又称为大副收据（Mate's Receipt, M/R），是划分船货双方责任的重要依据，也是托运人向船长或其代理人换取已装船提单的凭证。托运人在取得大副收据后，即可向船公司或其代理人换取已装船的正本提单（Bill of Lading, B/L）。

9. 交单结汇

在上述履约流程中，卖方需要根据信用证的要求制作和收集各类单证。备货完成后，卖方即可制作商业发票和装箱单、办理运输事项并获取运输单据、办理保险事项并获取保险单据、向中国国际贸易促进委员会或海关申请原产地证书，同时还可以向独立的检验机构申请检验证书。如果使用议付或承兑信用证，卖方还应出具汇票，并将信用证所要求的单证作为该汇票的随附单证，形成一整套商业跟单汇票，并向银行交单结汇。

以 CIF 术语成交的合同属于象征性交货合同。卖方以提交规定的单证作为其履行交货义务和收取货款的依据，而买方则在审查单证无误后，履行其付款义务。在信用证支付的条件下，开证银行承担第一性付款责任。作为受益人的卖方按信用证要求向指定银行交单，收单银行则需首先对单证进行审查。因此，出口货物装船后，卖方应立即按照信用证的要求，制备各类单证，并在规定期限内送交收单银行办理结汇事宜。在单据与单据相符、单据与信用证相符的条件下，付款银行将兑付信用证金额。此时卖方相当于已获取了相应货款。

10. 国际收支统计申报和出口退税

根据国家现行法规，外贸企业出口收汇，需要根据《国际收支统计申报办法》向外汇管理部门进行申报。按照交易主体申报的原则，申报采取间接申报与直接申报、逐笔申报与定期申报相结合的办法。外贸企业可以通过"数字外管"平台直接进行出口收汇申报，也可通过收汇银行进行间接申报。

为鼓励商品出口，我国对大多数出口产品实行退税制度。出口退税是指符合出口退税规定范围的出口货物在报关出境后，由出口企业凭规定单证，向税务主管部门申请退还出口货物在生产、加工、流通等环节已经缴纳的全部或部分增值税、消费税。在出口退税制度下，出口货物在国际市场上以零税负进行流通，避免了进口国对货物的重复征税，体现了终点管辖权原则、税收国民待遇原则和国际贸易惯例。出口退税制度被许多实行流转税的国家采用。

享受出口退税政策的出口企业，需要在申报出口退税前向主管税务机关申请办理出口退税企业备案事项。近年来，我国为持续深化"放管服"改革、优化营商环境，更好地服务外贸主体，大幅削减并优化了出口退税申报及发放手续。目前，纳税人可通过电子税务局、标准版"国际贸易单一窗口"、出口退税离线申报工具三种申报渠道办理退税。

（二）进口业务的履行

本部分以 CIF 术语和信用证支付的进口合同为例进行说明。合同签订以后，买方应积极履行合同约定的义务，主要包括及时申请开立信用证、审查相关单据、支付货款、办理进口报关并接收货物。同时，买方还要督促卖方按时备货、加强质量控制、申请认证或检验、及时办理运输和保险事宜、在规定时间内交货并及时交单。

第一章　外贸单证概述

1. 申请开立信用证

签订合同后，买方应按照合同规定及时向所在地银行办理信用证开证手续。在向银行申请开立信用证时，应提交信用证开证申请书以及国际货物买卖合同等文件。在信用证业务中，银行仅依据信用证开证申请书开立信用证，银行需要保证信用证文本与开证申请书的内容一致。申请人所提交的国际货物买卖合同仅作为开证银行的参考。

因此，为了合同及相应的信用证业务的顺利履行，买方在填写开证申请书时，其相应条款应与国际货物买卖合同条款一致，如品名、规格、品质、数量、单价、总额、装运期、航线及所需单据等。在实际业务中，开证申请人有时会在信用证开证申请书中对上述某些条款进行细化，以解决合同中某些条款可能存在的歧义。这些细化的条款，如果不过分增加受益人的义务，受益人往往能够接受。但信用证开证申请书的内容不应与合同的内容相矛盾。一旦二者出现矛盾，受益人必然会要求修改信用证。这将导致开证银行收取改证费，并可能使卖方延迟发货，给合同的履行带来诸多不确定性。

开立信用证后，开证银行承担第一性付款责任。这将导致开证银行面临一定的支付风险。因此，银行在收到当事人的开证申请后，会对开证申请人的资信状况进行调查，并根据开证申请人的资信情况对开证申请人收取开证保证金。保证金的征收比例，则由开证申请人在开证银行的授信情况来确定。如果开证申请人在开证银行没有授信额度，一般需要缴纳100%的保证金；如果开证申请人在开证银行已有授信额度，一般需要缴纳10%~30%的保证金；如果开证申请人与银行之间存在良好的业务往来，开证保证金的比例还可能更低，甚至免交保证金。

信用证开出以后，本来应当由买方承担的付款责任，将转由开证银行承担。卖方最终能否获取货款，将取决于其提交的单据是否符合信用证规定。因此，在开证申请书中，对受益人提交单据的要求至关重要。

2. 审单和付款

卖方在接到信用证，经审查无误并在备货完成后，即可办理相应的运输、保险、出口报关、交货等事宜。在交货完成后，卖方应在信用证规定的时间内，向收单银行提交信用证规定的全套单证。在 CIF 贸易术语下，一般包括汇票、商业发票、装箱单、海运提单、保险单、原产地证书、检验证书、装船通知等单据。收单银行在接收到相关单据后，必须依照信用证条款、《UCP 600》和《ISBP 745》等国际贸易惯例的规定，按照单据与信用证相符、单据与单据相符的原则，合理、谨慎地审核受益人所提交的各类单据，以确定这些单证在表面上是否与信用证相应条款相符。如银行审单无误，银行将根据信用证条款中的兑付条件，即期或远期向受益人支付信用证中规定的金额。

在开证银行依据信用证条款偿付议付行等收单银行垫付的资金后，开证银行将通知开证申请人向开证银行付款赎单。开证申请人在付款赎单前，需要依据信用证开证申请书的要求对相关单证进行认真审核。只有在审单无误的情况下，开证申请人才有责任付款赎单。开证申请人审单时，依据的是其向银行提交的信用证开证申请书，而受益人在向银行提交单证时的依据是信用证条款。因此，开证银行需要保证信用证文本与信用证开证申请书的内容一致，否则银行将承担由此带来的一切责任。

开证申请人付款后，银行将代表货物的整套单证交给开证申请人。开证申请人凭单证中的海运提单，在目的港换发提货单（Delivery order, D/O）后进行提货。

3. 进口报关

在买方付款赎单、获取提货单后，等进口货物抵达目的港，买方便可自行或委托代理报关机构进行进口报关。如果该批货物属于限制进口货物，买方还应提前向有关部门申办进口许可证。如果该批货物属于自由进口货物，买方可以直接向海关申报进口。随着"放管服"改革的不断深化，海关也不断推进通关便利化改革，相关报关流程、应提交的单据等事项正处于持续优化中。目前，外贸企业可以通过"国际贸易单一窗口""互联网＋海关""中国电子口岸"多个平台进行进口报关申报，进行无纸化通关。正常情况下，企业无须派人前往海关现场，只需要按照《海关进出口货物报关单填制规范》的要求向海关传送报关单电子数据

第一章　外贸单证概述

及随附单证。如果进口商品列入我国法定检验目录，企业在填写进口电子报关单时，需要勾选相应检验项目。

海关在接受进口货物申报后，将依法进行验关，经现场和/或书面核查，货、证无误，海关即根据我国进出口税则的规定征税，货物将在当事人纳税后放行。放行时，由海关在提货单上签字或盖章放行，收货人或其代理人持海关签证放行的货运单据提取进口货物。未经海关放行的货物，任何单位及个人不得提取。

4.进口索赔

一般情况下，买方通过查看卖方提供的相关单据，基本上可以判定进口货物是否符合合同约定。但如果出现单货不符、货物发生了承保责任范围内的损失或货物在运输途中出现其他损失，买方提货后，可以凭借相关检验证书向责任方提出索赔。该索赔应向责任方发起，主要的进口索赔对象包括：

（1）向卖方索赔

由于卖方不交货，不按时交货，交货的商品在品质、数量、包装等方面与合同规定不符等原因，将构成卖方违约。买方可以根据卖方违约情节、所造成的后果以及给买方造成的损失情况，向卖方提出支付违约金、撤销合同、损害赔偿或继续履行合同等主张。索赔应当依据当事人所选择的准据法以及合同中的索赔条款进行。如果双方无法就索赔事项达成一致，合同中有仲裁条款的，买方可以向指定仲裁机构提出仲裁申请；合同中没有仲裁条款的，买方可以向卖方所在地的法院提起索赔诉讼。

（2）向承运货物的承运人索赔

承运人承担国际物流职责，在运送货物的同时还应承担货物的保管责任。承运人要保证货物的安全运输，如果签发清洁提单的货物在运输途中发生承运人责任造成的残损，或到货后货物数量少于提单所载明的数量，买方则可以向承运人提出索赔。但基于承运人在货运市场的垄断地位，货主在与承运人签订运输合同时，承运人往往会在其格式合同中，罗列较多的承运人责任豁免条款和最高赔付限额。如果货物损失属于这些责任豁免条款或当货物损失金额较大时，货主往

外贸单证与实务操作

往得不到赔付或足额赔付。当然，有些承运人的责任豁免事项，属于保险公司承保责任范围，如果货物所投保的险别覆盖这些损失，当事人可以向保险公司提出索赔。

（3）向承保的保险公司提出索赔

由于自然灾害、意外事故、一般外来原因及特殊外来原因导致货物受损或产生了相关救助或施救费用，如果该项货物运输已投保特定险别，并且上述损失和费用属于该险别的承保责任范围，买方可以向保险公司索赔。由于国际贸易运输途中存在较多风险，通过支付固定保险费用的方式，将这些风险转嫁给保险公司，是通行的做法和明智的选择。

案例分析与讨论

1. 2022年4月28日，某外贸企业以一般贸易方式向海关申报出口清淤船一台，申报商品编号89059090.00，申报FOB总价126,984.00美元。经海关归类，出口货物应归入商品编号89051000.10项下。当事人上述行为构成商品编码申报不实，涉案货物价值810,158.00元人民币，海关对其处以罚款0.15万元人民币。

请结合上述案例，分析海关的处罚依据和外贸企业应汲取的教训。

2. 山东省济南市甲公司业务员老刘与智利乙公司签署了车厘子进口合同。为保证产品新鲜度，在合同中约定采用航空运输方式，使用了"CIF Jinan"贸易术语。实习生小王看到这个合同后，认为CIF贸易术语仅适用于水上运输，且后随地点应为进口国目的港，不应是内陆城市。因此，该合同违反了INCOTERMS，属于无效合同，建议重新修改合同，使用CIP贸易术语，以规避可能出现的风险。

请分析实习生小王的看法是否正确？该合同在法律上是否有效？为什么？

第一章　外贸单证概述

课后测试

一、判断题

1. 外贸单证仅指向银行提交的单证，不包含其他单据。（　　）

2. 商业单据仅指由出口企业签发的单据，海运提单与保险单不属于商业单据的范畴。（　　）

3. 在信用证审单业务中，银行将审查所提交的单据是否"单证相符""单单相符"，不审查是否"单货相符""单同相符"。（　　）

4. 在国际贸易业务中，买卖双方可以自由选择合同履行所适用的法律。（　　）

5. CISG 规定了信用证业务的主要操作规范，是各方当事人处理信用证业务的基本遵循。（　　）

6. 在国际贸易业务中，国际贸易惯例就是法律，买卖双方必须遵守。（　　）

7. 在国际贸易制单业务中，把单据模板上的栏目全部填写完成即可。（　　）

8. 根据《UCP 600》的规定，信用证业务中银行处理的是单据，而不包括实际的货物。（　　）

9. 出口合同履行过程中，卖方必须办理货物的出口清关手续。（　　）

10. 缮制国际贸易单据必须使用统一的模板。（　　）

二、简答题

1. 做好外贸单证工作有哪些意义？

2. 外贸单证工作的基本要求有哪些？

3. 在国际贸易业务中，如何适用相关法律与惯例？

4.《UCP 600》的主要内容是什么？

5. 什么是国际贸易惯例，它有哪些特点？

三、论述题

1. 试述出口业务的基本流程和可能使用到的外贸单证。

2. 试述进口业务的基本流程和可能使用到的外贸单证。

第二章 进出口合同

> **学习提示**
>
> 进出口合同是买卖双方通过交易磋商,就特定商品的交易条件达成一致的书面证明,也是买卖双方当事人履行交易的依据。本章首先对合同商定的法律步骤、书面合同的形式和条款进行介绍,然后对典型的进出口合同的文本进行分析和讲解。通过学习这些内容,学生对进出口合同文本有全面而直观的认识,掌握进出口合同中应包括的主要条款和注意事项,最终具备进出口合同的草拟、撰写能力以及对合同的审查与判断能力。

第一节 进出口合同商定的法律步骤

一项合同的签订,需要买卖双方对货物的各项交易条件达成一致。这就需要合同的商定过程。无论当事人通过什么样的方式就交易条件进行协商,都需要一方当事人主动发起协商或直接提出交易条件,另一方当事人对该协商或交易条件作出反应,或就各项交易条件继续讨价还价,或直接认可相关交易条件,并签订合同。

从合同商定过程中所提出交易条件的法律效力角度看,交易磋商的一般程序可概括为询盘、发盘、还盘、接受四个环节。其中,发盘和接受各自具备特定的构成要素。当这些要素得到满足时,便会形成对相关当事人具有法律约束力的合同关系。在合同商定过程中,必须先由某一方当事人提出有效发盘,然后另一方当事人进行有效接受,合同即告成立。因此,在磋商过程中,发盘和接受是订立买卖合同不可缺少的两个步骤。

一、交易磋商

（一）询盘

交易磋商必须由某一方当事人发起。当某一方当事人计划购买或出售特定商品时，其需要与潜在的交易方进行联系。在国际贸易业务中，我们把当事人向另一方发出探询交易可行性或交易条件的行为称为询盘。由于价格在交易条件中居于支配地位，所以有人也把询盘称为询价。在法律上询盘被称为"要约邀请"，不具有法律约束力。一方提出询盘，并不意味着其必须和对方展开进一步谈判。询盘的形式与内容也较为多样，当事人可以通过任何方式探寻潜在交易的可行性，也可以询问任何交易条件。因此，买卖双方都可以随时提出询盘。询盘一般是交易磋商的起点，但不是所有交易磋商必经的法律步骤，有些交易可以直接由当事人提出发盘而发起。询盘是了解交易对象和市场供求，寻找交易机会和交易伙伴的有效手段，当事人有必要充分利用询盘的功能。

（二）发盘

发盘是指买方或卖方向对方提出某商品的具体交易价格、数量以及其他交易条件，并表示愿意与受盘人按这些交易条件达成合同。发盘在法律上称为"要约"。它可以是对某项询盘的回应，也可以在没有接到询盘的情况下直接向对方发出。发盘一般由卖方发出，既是与交易对方洽商交易条件的必要程序，又可以视为公司营销过程中的一种手段。发盘也可以由买方发出，买方提出具体的采购商品、标准及条件，这时也称为递盘（bid）或订单（order）。无论是卖方发盘还是买方发盘，发盘人都将受发盘内容的约束，并承担按发盘中写明的交易条件和受盘人订立合同的义务。

1. 构成发盘的必要条件

发盘的法律约束力建立在发盘有效的基础上。有效的发盘必须符合法定要件。CISG对构成发盘的要件作出了明确约定。

第二章　进出口合同

（1）发盘一般应向一个或一个以上特定的人提出

大陆法系认为，发盘应向发盘中指定的受盘人或称被发盘人发出，即受盘人应当是特定的，受盘人可以是有具体名称的公司或其他组织，也可以是有具体姓名的自然人。但英美法系认为，发盘也可以向非特定的人发出。因此，CISG对此做出了折中性规定。CISG规定，发盘应向一个或一个以上特定的人提出，同时又提出，非向一个或一个以上特定的人提出的建议，如果明确指出该建议为发盘，则也可以认为该建议构成发盘。因此，在一般情况下，发盘应向特定的人提出，但向非特定人发出的，没有明确指出构成发盘的订立合同的建议，只能视为询盘或邀请发盘。

（2）发盘内容必须十分确定

发盘内容的确定性是指在发盘中所列交易条件明确、完整和无歧义。所谓明确，是指发盘中明确提出了某项商品的交易条件，不存在选择性的交易条件；所谓完整，是指发盘应列明该交易的惯常交易条件，如品名、规格、数量、包装、价格、装运、付款、保险、违约责任、不可抗力和仲裁等条款；所谓无歧义，是指发盘中列明的交易条件不能存在各种不同的解释，交易条件清晰并具有现实可操作性。考虑到现实业务中的发盘可能并不具备上述全部交易条件，不同种类的商品在列明交易条件时的侧重点也有所不同，CISG将发盘内容"十分确定"进行了最小化界定。根据该项规定，构成发盘内容"十分确定"只需要具备三个条款：商品品名、交易数量和交易价格，其他未提及的交易条件可以依据CISG进行补充。

（3）发盘人受发盘内容的约束

当事人提出发盘的目的在于以发盘中列明的交易条件订立合同。因此，在发盘中，发盘人应明确表示愿意按照发盘中提及的交易条件，不可撤回地订立合同。发盘一经受盘人接受，双方的合同法律关系即告成立，无须再经发盘人同意，也无须另行订立书面合同。这种以发盘中的交易条件订立合同的意旨，须在发盘中明确表示出来。

发盘人的发盘在得到受盘人接受时，意味着发盘人按发盘中提出的交易条件与受盘人签订了合同，承担相应的合同法律责任。

（4）发盘必须送达受盘人

英美法系和大陆法系在发盘何时生效问题上存在冲突。因为发盘自投邮或发送至该发盘送达受盘人，有一个时间差。英美法系认为，发盘在投邮时生效；而大陆法系认为，发盘在送达受盘人时生效。这就给判断发盘何时生效带来了困难。为了确立一个统一的判定标准，CISG采纳了大陆法系的观点，即发盘送达受盘人时生效。所谓送达，是指书面发盘已送至受盘人的住所，或电子发盘已成功发送至受盘人邮箱或其他电子应用终端，或口头发盘已被受盘人听见。发盘如果送达了非指定的当事人，该发盘无效，该当事人无权以发盘中的交易条件与发盘人订立合同。当发盘尚未送达受盘人，但受盘人通过其他途径已了解发盘内容的，不能视为发盘已经送达。在发盘尚未正式送达受盘人前，受盘人无权以发盘中的交易条件与发盘人订立合同。

随着现代网络通信的发展，通过邮箱、即时通信工具等方式进行的电子发盘，已成为发盘的主要形式。在电子发盘的场景下，投邮和送达几乎是在同一时刻发生。上述标准实际上不适用于大多数的应用场景。但当出现网络故障时，发盘送达受盘人时生效的原则，依然具有指导意义。

在现实业务中，发盘还有实盘（firm offer）和虚盘（non-firm offer）之分。这里讲的发盘往往被称为实盘。但有时当事人会在相应的发盘中，指出该项发盘为虚盘，这意味着该项发盘对当事人并没有约束力。因此，它并不是CISG中所规定的真正意义上的发盘。发送虚盘的目的主要是让对方了解相应交易条件。至于能否按该交易条件最终达成合同，双方须进一步协商确定。

2. 发盘的有效期

发盘的有效期是指受盘人收到发盘后，可以对发盘作出接受，形成合同关系的有效期限。发盘人在该发盘的有效期内受发盘交易条件约束，应随时准备与受盘人订立合同。直至发盘有效期届满，发盘人不再受该发盘交易条件约束。因此，发盘的有效期，既是对发盘人不得随意变更交易条件的时间约束，又是对受盘人及时行使接受等相关权利的督促。

一般情况下，发盘应规定明确的有效期。例如，在发盘中规定最迟的接受日期或明确指出自收到发盘后若干天内回复有效。如果发盘没有规定有效期，则需要参照行业惯例，在合理时间内回复。对于合理时间的界定，当事人往往有不同的看法，实践中主要依据行业习惯进行界定。

3. 发盘的撤回与撤销

发盘的撤回，是指发盘尚未送达受盘人、尚未生效时，发盘人阻止发盘生效的一种法律行为。一般情况下，发盘可以撤回。撤回通知应在发盘生效前送达受盘人。但利用现代通信技术发送的发盘，发盘人几乎没有机会进行撤回。

发盘的撤销，是指在发盘生效后，发盘人将该发盘的效力强行终止的行为。根据CISG，下列情况，发盘不可撤销：

第一，明确表达了不可撤销的意思或规定了发盘有效期。

第二，受盘人有理由相信发盘不可撤销，并且开始履行合同。例如，受盘人作为买方，已经进行了转账付款等履约行为。

4. 发盘的终止

发盘的终止是指发盘失去效力，发盘人不再受其发盘的约束。在以下情形下，发盘效力可以终止：

（1）在发盘规定的有效期内，受盘人未予接受；

（2）受盘人明确拒绝了该项发盘或进行了还盘；

（3）根据公约的规定，发盘人的撤销有效；

（4）不可抗力因素的出现或特定情况的发生，如发生了自然灾害、意外事故、战争、罢工或发盘人破产、终止营业等情况。

（三）还盘

受盘人在接到最初的发盘后，往往不会立即同意发盘中提出的交易条件。在合同商定过程中，各交易条件的反复磋商与修改是一种谈判常态。所谓还盘，就是这种磋商的法定表现形式。还盘是指受盘人对发盘的全部或部分交易条件有不同看法，为了进一步协商一致，受盘人在原发盘的基础上，向原发盘人提出相关交易条件的修改建议。还盘一经受盘人作出，并送达原发盘人，原发盘人就不再受原发盘的制约。

因此，还盘的实质是受盘人向原发盘人发出的新发盘。这时发盘人和受盘人的位置发生了交换，在法律上形成了新的要约。一笔交易的最终达成，往往要经过当事人进行多次还盘和再还盘。

在还盘磋商过程中，没有提及的交易条件以最初的发盘为准，无须在每次还盘时重复列出。尽管合同商定过程中当事人会经常使用还盘，但其并不是交易磋商程序中的必需步骤。交易也可能在没有还盘的情况下直接达成。

（四）接受

接受是指受盘人或经还盘后的新受盘人同意发盘或还盘中提出的交易条件，并将接受的意思表示送达对方。接受在法律上称为承诺，其内容是对发盘或还盘提出的交易条件表示同意，其实质是受盘人与发盘人订立合同的法律行为。发盘一经接受，双方之间的合同关系即告成立，对双方均有约束力。合同关系成立意味着发盘中的交易条件变成了合同条款，无论是发盘人还是受盘人，都不得对其任意更改或撤销。

1. 构成接受的条件

有效接受将产生发盘人与受盘人之间的合同法律关系。因此，有效接受必须符合法定的要件。根据 CISG 的规定，构成有效接受的条件如下：

（1）接受必须由发盘中指定的受盘人作出

如前所述，除特殊情形外，有效的发盘是向特定的人作出的。因此，有权对发盘交易条件进行接受的，应当是该特定的受盘人。非受盘人如果通过某种途径了解到发盘的内容，就该发盘作出接受的意思表示，不构成有效的接受。

（2）接受必须通过某种途径表示出来

按 CISG 第 18 条的规定，受盘人表示接受可以通过两种方式：一是声明，

第二章 进出口合同

即受盘人用书面、口头或影音形式向发盘人表示同意发盘中的交易条款;二是直接作出某种履行合同的行为。例如,卖方直接发运了货物或买方直接支付了货款。

如果受盘人在主观上同意接受对方发盘,但并没有采取行动,则不构成有效接受。

(3)接受必须是无条件地同意发盘中的交易条件

接受是指受盘人同意发盘中提出的各项交易条款。如果受盘人只接受部分条款,或对交易条款进行了重大更改,或又提出新的交易条件,均不能称为有效接受,其法律效力应视为还盘。所谓重大更改,是指交易条件中有关单价、付款、质量、数量、交货地、交货期、赔付或争端处理方式等方面的添加或修改。若受盘人在表示接受时,只是对相关条款进行了非实质性变更,例如,要求卖方按特定的格式制作单据、变更结汇单据提交的份数、增加运输标志中的信息等,除发盘人立即表示反对外,该接受依然是有效的。

(4)在发盘规定的有效期内接受并送达发盘人

接受必须由受盘人在发盘规定的有效期(或称接受期)内作出,并送达发盘人才有效。如果发盘中规定了将来某固定时间作为接受的截止日期,则接受的意思表示必须在该截止日期或该日期之前送达发盘人。

2. 逾期接受

逾期接受是指受盘人发出的包含接受信息的通知超过有效期或合理时间送达发盘人的情形。通常情况下,逾期接受无效。但在以下情况下,接受具有法律效力。

第一,发盘人立即用口头或书面方式表明该接受有效,并送达受盘人。

第二,如果有证据可以表明,该接受是在正常时间点发出、预计能及时送达的情况下发出的,则该项逾期接受有效,除非发盘人立即表示该接受无效,并及时送达受盘人。可见,由于邮政或通信问题导致接受未能按时送达发盘人的,在发盘人没有及时提出反对意见的情况下,这种逾期接受可被认为是有效的。

在上述两种情况下,逾期接受能否有效,关键要看发盘人在收到逾期接受后的态度。在第一种情况下,发盘人须主动承认该项逾期接受有效;在第二种情况下,逾期接受被默认有效。发盘人并不需要主动承认该项逾期接受的有效性,只有在发盘人认为该项逾期接受无效时,才需要及时提出反对意见。

3. 接受的撤回

接受在表示同意的通知送达发盘人时生效。接受撤回意味着受盘人改变了达成合同的意向,通过撤回通知,阻止合同生效。撤回通知应当在接受通知送达发盘人之前或与接受通知同时送达发盘人,该撤回才发生效力。接受通知如果先于接受撤回送达发盘人,则该项接受无法撤回,这是因为接受送达意味着合同成立。在合同成立后,任何单方当事人都无法撤销合同。

二、签订国际货物买卖合同

(一)合同关系成立时间

合同关系成立的时间,关系到特定时刻合同是否成立,以及对双方当事人相关权利和义务的认定问题。根据前面所学习的内容,我们已经明确在国际贸易业务磋商中,双方当事人经过有效的发盘与接受后,合同关系即告成立。世界各国对此没有异议。但英美法系和大陆法系关于有效接受的生效时间规定不同。英美法系奉行投邮主义原则,而大陆法系奉行到达主义原则。因此,两大法系关于合同关系成立时间的判定是有差异的。在英美法系国家,合同关系成立包括两种情况:凡是口头、电话或其他即时通信工具订立合同的,以发盘人收到接受的时间作为合同关系成立的时间;凡是用信函、电报等方式订立合同的,以载有接受信息的信件、电报投交邮局的时间为合同关系成立的时间。在大陆法系国家,以接受送达发盘人的时间作为合同关系成立时间。

CISG为了使各成员国对合同成立时间有统一标准,直接采纳了大陆法系的观点。CISG指出,接受在表示同意的通知送达发盘人时生效,而双方合同关系在接受生效时成立。

值得注意的是,在现实业务磋商过程中,双方当事人通过书面信件、数据电文、语音或电话等方式,对各项交易条件达成一致后,往往还会签订一份正式的书面合同。这时到底是以接受送达的时间,还是以签订书面合同的时间作为合同关系成立的时间呢？根据 CISG 的规定，双方的合同关系在接受生效时成立。我国作为公约的成员国也需要遵守上述规定。只要该接受有效，双方之间的合同关系在接受送达对方时即告成立。但双方当事人通过书面信件、数据电文、语音或电话等方式对各项交易条件达成一致时，一方当事人在作出接受的同时，指出双方还需要签订一份正式书面合同或确认书的，这种接受属于有条件接受，不构成有效的接受。因此，在这种有条件接受作出时，双方的合同关系并不成立。此种情况属于当事人采用合同书或确认书形式订立合同的情形。

显然，双方当事人通过书面信件、数据电文、语音或电话等方式对各项交易条件达成一致时，一方当事人的接受没有附加任何条件，即构成公约中所称的有效接受，双方的合同关系在该接受送达对方时成立。在这种情况下，如果事后某方当事人提出要补签书面合同，这种补签并不影响合同最初生效的时间。在各类买方可以直接下单的外贸交易平台中，卖家对商品的展示以及订单提交功能，构成有效发盘，买方对订单的提交则构成有效接受，从而使双方在买方订单提交成功时形成合同关系。

（二）合同生效的要件

当事人通过发盘和接受等法律步骤签订的合同，其内容及形式必须符合法律规定，才能使合同正式生效。只有法律认可的合同，才会对合同当事人的权利产生保护效力。各国法律对于合同的生效，都要求具备一定的条件，但各国的要求也不完全相同。综合起来看，主要有以下几项：

1. 合同当事人的意思表示必须一致

在合同磋商过程中，双方当事人的意思表示是分别通过发盘和接受表达出来的。受盘人作出接受的意思表示，意味着同意了发盘人提出的交易条件，双方对该交易的各项条件达成一致；当事人的意思表示一致还意味着，当事人在订立合同时主观想要表达的思想与合同文本本身所表达的意思一致。

2. 国际货物买卖合同必须有对价或约因

对价（consideration）是英美法系国家中有关货物买卖合同生效的一个必要

条件。按英美法系的观点，对价原则是合同法的核心理论与原则，该原则与我国所提出的"等价有偿"原则相似，但也有所区别。就对价的内涵而言，对价是相互允诺行使或抑制行使某种法律权利。对价的关键在于，一方当事人所得到的"法律上的利益"，是基于另一方当事人"法律上所受的损失"。因此，合同的当事人在得到对方利益的同时，也需要付出。即卖方为了获取货款，必须按照合同的约定发送合同中规定的货物；买方为了取得想要的货物，必须按照合同的约定及时支付货款。

约因（cause）是大陆法系国家提出的合同生效的要件之一。它是指合同当事人签订合同所追求的直接目的。约因必须合法。在国际货物买卖合同中，卖方是为了获取货款，买方是为了取得货物。

上述对价或约因，反映在国际货物买卖合同中，体现了买卖双方之间的买卖关系。买卖在法律上是一种以营利为目的的商业行为。这种行为必须有合法的目的，双方在得到某种利益的同时必须付出相应的代价。基于以上原则订立的合同才是有效的合同，违背以上原则的货物买卖合同将得不到法律保障。由此，我们也可以看出货物买卖合同与赠予合同存在着较大区别。

3. 合同当事人必须有订立国际货物买卖合同的法定资格与行为能力

当事人签订国际货物买卖合同必须具备签约的法定资格。根据我国《对外贸易法》规定，我国涉外经济合同当事人可以是企业、其他经济组织、个体工商户。这些经营主体自成立之日起，自动获得外贸经营权，可自行签订外贸合同，从事外贸业务。随着跨境电商、市场采购等非一般贸易方式的迅速发展，以个体工商户身份参与涉外经济活动的比例将越来越高。

同时，代表上述经营主体签订贸易合同的自然人一般需要具备法律认可的完全民事行为能力。限制民事行为能力人只能在法律许可的范围和条件下从事经济活动，如精神病患者在精神正常期间所签订的国际贸易合同也将受到法律的保护。

4. 合同标的和内容必须合法

合同标的和内容合法是合同受法律保护的前提。合同标的合法性体现在所交

第二章　进出口合同

易商品必须合法。按国家对进出口货物管理的方式，我们可以将货物分为三大类：限制进出口货物、禁止进出口货物以及自由进出口货物。其中，限制进出口货物需要向主管部门申领进口或出口许可证，才能够进行进口或出口。当事人未能就该类货物取得相关许可证的，海关不予放行。因此，当事人以限制进出口的货物作为合同标的，必须以能够取得相关许可证为条件。为保护国家、集体或社会利益，我国商务主管部门颁布了多个禁止进出口物品名录。凡是列入禁止进出口物品名录的货物，任何单位和个人不得进行进出口。如果当事人以禁止进出口的货物作为合同标的，将直接导致合同无效。对于自由进出口货物，当事人也需要接受海关管理，履行正常进出口报关手续。除部分需要取得自动进口许可证的货物外，在申报进出口自由进出口货物时，当事人无须申请许可证。在我国，绝大多数货物属于自由进出口货物。

合同内容的合法性体现在合同其他条款也必须符合法律规定。例如，出口合同支付条款必须符合我国的外汇管理制度，保证外汇及时入境及国际收支统计的准确性；特定类别商品进出口报关必须在国家指定口岸进行，合同条款不得做出相反规定；合同必须使用法定计量单位。

各国合同法都明确规定合同不得违反相关法律，不得违反社会公共利益、公共政策和公共秩序。同时，以合法形式掩盖非法目的的合同也属于无效合同，当事人不仅不会受到法律保护，还将受到法律制裁。

5. 当事人必须在平等、自愿的基础上签订合同

合同条款是双方当事人共同意思表示的体现。如果因各种原因或事实，造成双方当事人签订合同时的地位不平等、当事人意思表示不真实，合同无效。

（1）胁迫

凡当事人在被胁迫环境下订立的合同，事后当事人可以通过举证，主张合同无效。

（2）欺诈

合同当事人如遇到欺诈，可能会作出错误的意思表示。凡当事人因受欺诈而

订立合同的，蒙受欺诈的一方可以申请撤销合同。

在实际合同磋商业务中，一些交易之所以能够达成，显然和当事人双方信息不对称有密切联系。例如，买方对所购买货物的货源情况并不了解，而卖方尽管了解这些信息，但并没有告知买方，直接与买方签订了买卖合同。在这种情况下，对某种事实保持沉默，不构成欺诈。只有当一方当事人负有对某种事实进行说明的义务，但未作出说明时才构成欺诈。例如，所交易商品是否有瑕疵、商品的实际功能、交货的时间等。

第二节 进出口合同的形式与内容

一、书面合同的形式

进出口合同是在买卖双方意思表示一致的前提下达成的，也是买卖双方履行合同的依据。合同可以采用书面、口头等多种形式签订。各种形式的合同具有相同法律效力。CISG指出，当事人可以通过任何形式签订买卖合同。但书面合同明确规定了双方当事人在合同履行过程中的权利和义务，更有利于合同履行。因此，书面合同是当事人签订合同时的首选。

书面进出口合同有多种形式，如合同书、确认书、协议书及备忘录等，也可采用订单、委托订单等形式。

（一）合同书

合同书（contract）是书面合同的正式用语。在实际业务中，外贸企业也主要采用合同书的形式。如果合同书由买方起草，可称为销售合同（sales contract, S/C）；如果合同书由卖方起草，则可称为购买合同（purchase contract, P/C）。

当事人应积极争取合同起草权。为避免分歧、减少纠纷，当事人在起草合同时，合同条款应尽量全面，并在当事人内部进行反复讨论与核对。合同书最好只采用一种文字。同时采用两种及以上文字时，应明确哪一种文字具有优先效力。合同

第二章 进出口合同

通常一式两份，在双方盖章和/或签字后生效。尽管销售合同和购买合同的法律效力相同，但在合同起草过程中，起草方往往会更充分考虑自身利益，从而使合同条款更倾向于己方利益保护。

（二）确认书

一般认为，确认书（confirmation）是合同的简化形式。当双方当事人就某些交易条件达成一致时，当事人对协商一致的交易条件进行总结、确认，形成确认书。确认书一般只约定交易的主要条款，其他未列明条款依商业惯例进行处理。如果确认书由卖方起草，称为销售确认书（sales confirmation, S/C）；如果由买方起草，称为购买确认书（purchase confirmation, P/C）。当然，在实际业务中，当事人将确认书与合同书名称混用，不会影响合同效力。

（三）协议书

协议书（agreement）与合同书都是双方当事人意思表示一致从而达成的契约，二者法律效力相同。协议书与合同书主要有两个区别：一是协议书内容较为简单，通常就主要问题达成了一致，一般不涉及违约责任、不可抗力等条款，而合同书内容较为详细、事项约定较为明确与具体，并规定了包括违约责任在内较为全面的条款。在这一点上，协议书与确认书相似；二是协议书的概念及应用范围更宽泛，其应用场景往往不限于合同书的使用场景。有时当事人在签订合同后，有些问题尚未明确，当事人可通过补充协议的方式明确未了事项。

（四）备忘录

备忘录（memorandum）是一种书面文件，用于如实记录谈判中已达成一致的内容，可作为证明文件、草拟合同的参考，或直接在合同中引用。它起到事后提醒、揭示、证明作用，属于一种记事性文书。在磋商过程中，如果相关交易涉及内容较为复杂，谈判需要较长一段时间，则可以通过备忘录的形式，记录每一天或每个阶段的谈判内容与谈判成果，待全部谈判完成后，据以草拟合同。当事人也可以在合同中援引备忘录作为合同补充条款。在某些重大项目交易中，合同往往需要上层领导签署，在合同中援引备忘录，可以起到简化合同条款的作用。

当然，也可以将备忘录直接作为合同名称。

（五）订单和委托订单

订单是指由买方制作并发出的购买货物的单据。订单经卖方确认后，双方形成合同关系。从合同商定的角度讲，订单在卖方没有确认前是买方的发盘，相当于买方草拟的购买合同文本，卖方的确认行为是卖方的接受，因此，双方形成合同法律关系。委托订单（indent）是由代理商或中间商代其客户发出的购买货物的正式订单。其法律效力与前述订单相同。上述买方通过订单进行订货的行为，往往发生在双方已建立业务联系或已发生过多次交易，有一定程度信任的基础上。

二、书面合同的结构与内容

书面合同无论条款多少和篇幅繁简，一般包括约首、正文和约尾三部分。

（一）约首

约首，即合同的第一部分，提供交易基础信息。约首一般包括合同名称、合同编号、签订日期、签订地点，以及合同当事人名称、地址、联系方式等信息。有时约首还包括订约说明、适用的法律与惯例等内容。

第二章　进出口合同

以下是合同约首部分的一般格式：

> **CONTRACT**
>
> Contract No:
>
> Date:
>
> Signed at:
>
> The Seller: The Buyer:
>
> Address: Address:
>
> Postal Code: Postal Code:
>
> Tel: Tel:
>
> Fax: Fax:
>
> E-mail: E-mail:
>
> The undersigned Sellers and Buyers have agreed to conclude the following transaction on the terms and conditions specified below. The formation, performance and construction of this contract shall be governed by the laws of the People's Republic of China.

（二）正文

正文部分是对合同当事人在交易过程中相关权利和义务关系的完整描述。正文主要包括标的名、货物品质及规格、内外包装、贸易术语及价格信息、货物数量、装运、保险、支付、货物检验、违约与索赔、不可抗力界定及仲裁或诉讼等条款。

1. 关于商品说明（description of goods）的条款

在实际业务中，当事人所交易商品种类或型号往往较多，如果单纯用文字形式来表述商品名称、型号、质量、数量、价格、金额等信息，不但篇幅较长，而且不清晰。在合同中，当事人一般采用列表形式对多种商品或型号信息进行说明。这些信息不但更加清晰，而且不容易出错。

合同中的商品名称（name of commodity）必须在当事人之间达成一致，必须使用国际市场的通用名称。具体来讲，商品名称要明确、具体，能够与其他商品进行区分。有时，确定商品名称，还须考虑到法令或通关便利的需要。

商品质量（quality）条款。为清晰界定卖方所交货物品质是否合格，合同须对商品规格、标准、品牌、型号等项目作出明确具体的约定。如果当事人采用凭样品买卖的方式，卖方应保证所交商品与样品完全一致。一般在合同中，当事人会约定交货品质与样品严格相符（The quality of the commodity is to be exactly same as the sample submitted by seller）。如果卖方不能保证所交货物与样品完全一致，必须在合同条款中明确卖方所交货物品质与样品大致相符（The quality of the goods delivered by the seller is roughly consistent with the sample）。

商品数量（quantity）条款是卖方交付货物数量的直接依据。商品数量的计量涉及的相关计量单位，必须符合法定要求。根据我国《计量法》，进口商品的计量单位，必须使用我国法定计量单位及标准。出口商品的计量单位，可以酌情采用非法定计量单位。但在该商品出口申报时，除申报成交计量单位外，还必须同时申报我国法定计量单位。所交易商品如果为散货或以重量计量的商品，为保证卖方交货符合合同要求，多采用溢短装条款，规定一定的溢短装机动幅度，并明确溢短装选择权。目前，大多数外贸产品都须采用集装箱运输，当事人交易的数量往往以集装箱装载量或其倍数为参考。

商品价格（price）条款包含单价和总值两部分。单价由计价货币、具体金额、计量单位和贸易术语四个部分组成，缺一不可。有时相关条款中还包含佣金或折扣信息。买卖双方在磋商交易时，若采用灵活作价方法或价格调整条款，应在合同中作出明确规定。

2. 包装（packaging）条款

根据惯例，卖方有义务提供已知运输方式之下的惯常运输包装，以确保货物能够安全运达目的地。假如合同中有对运输包装的更具体要求，卖方应该按照合同条款进行处理。包装条款一般要包括包装的材质、大小及形状，还可能涉及运输包装上的标志信息。

商品包装还包括销售包装，销售包装一般根据买方的要求进行设计。然而，如果涉及商标、品牌等知识产权信息，买方需要提供商标授权文件，否则商品可能会因涉及知识产权侵权问题而被出口国或进口国海关查扣。

商品的包装条款示例：The goods shall be packed in fumigated wooden cases, each containing 20 pieces of goods and the shipping mark shall be stenciled.

3. 装运（shipment）条款

装运条款是当事人办理运输事项的依据，需要在合同中明确装运货物期限、装运地点、目的地或卸货地、是否允许分批装运和转运，还须规定装运通知的发送时限等内容。装运条款需要结合当事人选择的贸易术语，确定办理运输事项的当事人。在CIF贸易术语下，合同中的装运条款示例：The seller shall undertake to ship the contracted goods from the port of QINGDAO, CHINA to the port of PORT KLANG, MALAYSIA on a direct liner. 在FOB贸易术语下，卖方须在买方安排好装运事项后办理交货。因此，合同中应明确买方办理转运事项的责任。在现实业务中，合同往往会规定由买方指定货运代理公司，卖方与该货运代理公司联系，办理相应的交货事宜。在货物装船后卖方还须及时与买方联系，保证买方能够及时办理保险事项。

4. 保险（insurance）条款

当事人选择不同的贸易术语，办理保险的责任也会不同。在F组和C组常用贸易术语中，凡选用FOB、FCA、成本加运费（CFR）及运费付至（CPT）贸易术语的由买方办理保险，当事人在保险条款中直接规定"Insurance is to be effected by the buyer"即可。凡选用CIF或CIP贸易术语的，保险由卖方按发票金额的110%投保。

5. 支付（payment）条款

合同中经常采用的支付方式包括汇付、托收、信用证或者其组合形式，如汇付与信用证组合，信用证与托收组合，汇付、托收、信用证三者组合。买卖双方的中小额交易往往直接采用前后电汇（telegraphic transfer, T/T）的形式，即合同签订之后支付30%~50%的预付款，货物生产出来或安排装运后，由买方支付尾款。因此，不同合同的支付条款往往存在较大差异。但不管采用什么支付方式，合同都应作出明确、具体的规定。

例如，T/T支付下合同条款可以写成：Payment shall be made by telegraphic transfer. After signing the Contract, the Buyer shall pay 50% of the total amount as advance payment, and the Seller shall pay the balance against the copy of the bill of lading after delivery.

6. 所需单证（documents required）条款

在信用证支付方式下，卖方需要按照信用证约定凭单取得货款。因此，当事人首先要在合同中对卖方需要提交的单证作出规定，从而有利于减少信用证纠纷以及改证事务。不同交易下，当事人所需单证有很大不同。但一般包括以下单证：商业发票（commercial invoice）、装箱单（packing list）、运输单据（transportation document）、原产地证书（certificate of origin）、检验证书（inspection certificate）等。如果当事人选择了需要由卖方办理保险事项的贸易术语，卖方还须提供保险单据（insurance policy）。这些单证，将由卖方作为信用证的受益人制备完成后，向指定银行交单结汇。在非信用证支付的方式下，有时当事人也会约定卖方须制备的单证类型和份数，以及单证传递方式。

7. 一般交易（general terms and conditions）条款

有些条款可以适用于不同的交易对象。因此，当事人可事先将其拟定出来，作为合同中的一般交易条款在不同合同中重复使用。例如，初级产品品质条款中的品质机动幅度的规定，散货或直接称重产品数量条款中关于溢短装、商品检验、违约责任、索赔、不可抗力、仲裁等条款，都可列入一般交易条款。在国际贸易中，一方提出这些一般交易条款后，另一方当事人有权对这些条款进行修改。因此，这些条款与前面的交易条款具有同等法律效力。

值得注意的是，这里的一般交易条款，不同于法律意义上的格式条款。格式

第二章 进出口合同

条款是一方当事人提出且不允许另一方当事人修改的条款。在国际贸易中，除非一方当事人处于极其强势的市场地位，另一方当事人一般不会接受这些格式条款。当另一方当事人必须采用含有这些格式条款的合同范本时，可以针对格式条款中的某些不同意见，与对方磋商形成新的条款。这些与格式条款不一致的条款，具有优先的法律效力。以下是部分一般交易条款范例。

Commodity Inspection: The Buyer and the Seller shall agree to base on the different certificates issued by the organizations subordinated to or entrusted by Customs of the People's Republic of China, or any other commodity inspection organization approved by the government. The Buyer shall have the right to recheck the commodity when it arrives at the destination. The fee for rechecking shall be borne by the Buyer.

Objections and Claims for Compensation: When the Buyer raises objections to the quality, weight, or quantity of the commodity and claims for compensation, it shall put forward the matter within 30 days after the cargo has arrived at the destination port as stated in the transport documents. The Buyer shall also provide the inspection report issued by a public notary organization. In case the Buyer has treated or processed the commodity in any form, it shall lose the right of claim for compensation. For losses subsequent to natural causes or within the responsibility for compensation by the transport company or the insurance company, the Seller shall not agree to compensate.

Force Majeure: In performing the contract, when the following force majeure events occur, such as natural calamities, war, changes in state laws and regulations affecting import and export, and any other causes, man-made or natural, beyond the control of man that hinders the performance of the contract, both the Buyer and the Seller shall not bear any responsibility. However, in case of force majeure that one party is unable to carry out the whole or part of the contract, that party shall be obliged to fax, telex or cable without any delay to notify the other party and shall within 15 days provide by express mail certification by the local departments concerned on such matters. Even under such circumstances, the Buyer and the Seller may negotiate on measures for making up for the loss.

Arbitration: In case of disputes arising in the performance of the contract, these shall first be resolved through friendly negotiations. Shall negotiations fail to reach a resolution, either party may submit the dispute to the China International Ecnomic and Trade Arbitration Commission (CIETAC), Guangzhou Branch, and request for arbitration according to its arbitration rules. The arbitration award is final.

以下是合同正文条款一般格式：

1. Commodity Information

Item	Commodity & Specification	Quality	Unit	Quantity	U/P	Total Value
01						
02						
03						
04						
05						
Total Amount: SAY				ONLY		

2. Packaging and Shipping Mark

3. Shipment and Delivery

4. Insurance

5. Terms of Payment

6. Documents Required

7. Quantity/Quality Discrepancy

8. Claim

9. Late Delivery and Penalty

10. Force Majeure

第二章 进出口合同

11. Termination of Contract

12. Disputes Resolution

13. Notices

14. Additional Clause

（三）约尾

约尾，即合同的尾部。约尾主要包括双方当事人签名或盖章等。该部分最重要的作用是通过双方当事人的签名或盖章，使该合同具有法律效力。根据《民法典》的规定，双方当事人可通过签名、盖章或按指印的方式使合同正式生效。

第三节　合同范例解读

本节将对一份外贸销售合同进行解读，并补充与合同条款相关的知识。完整合同文本请扫描二维码阅读。

完整合同文本

一、约首

SALES CONTRACT

S/C NO.:SSC20240511

DATE:MAY 3rd, 2024

The Seller:Shandong Sinored International Trading Co., Ltd.

Address:13/F, Block B, International Exchange Building, 733 Minjiang Road, Shinan District, Qingdao City, Shandong Province,P.R. China

Tel:+86-532-2576336

Fax:+86-532-2576337

Email: service@sinoredcoltd.com

外贸单证与实务操作

The Buyer:Greatfits Trading LLC

Address:Rm 3006, Qusais Building, PO Box: 4559899, Nasser Square, Dubai, UAE

Tel:+971–5–51231998

Fax:+971–5–51232645

Email: emomali@gmail.com

After negotiation, the Buyers and the Sellers have reached an agreement on the following terms and conditions for the commodity mentioned below:

在起草合同时，合同的标题需要根据起草人身份与合同内容繁简加以区别。例如，本合同采用销售合同格式，意味着合同的起草方为卖方，且条款比较完备。如果由买方起草合同，该合同需要命名为购买合同。如果仅涉及合同的主要条款，其他条款依据惯例处理，则可以采用销售确认书格式或购买确认书格式。合同标题一般不使用缩写形式，但在合同内容或与合同相关的单据中，援引合同时经常采用缩写形式。

在合同名称下方右侧，须指明合同编号、合同订立日期以及合同订立地点。当事人应注意在签署合同时指定合同编号，以便在后期履行合同及缮制单据过程中，通过该编号关联合同。合同编号的制定没有特殊要求，但公司往往会确定一个统一规则，以便通过合同编号反映合同的某些信息。例如，可以通过"进/出口类别+年月日+商品类别+顺序号"来确定合同编号。合同编号能够反映出公司的规模及规范化水平。合同的签订日期也必须在合同中注明。合同中的某些条款，比如装运条款、支付条款都可能和合同签订日期相关。明确合同签订日期，才能使这些条款得以正确履行。

在当事人合同中没有明确该合同法律适用问题时，合同的订立地点可能成为

第二章　进出口合同

法官或仲裁员选择准据法的依据之一。在现实业务中，当事人往往通过网络以电子文件形式发送和签约，此时，收件人（受盘人）的主营业地点为订立合同的地点；没有营业地点的，以住所地为准。当事人采用书面形式订立合同，最后一方当事人盖章、签名或按指印的地点为订立合同的地点。若当事人通过面对面谈判并直接签订合同，通常会在约首部分直接写明合同订立地点。

买卖双方当事人的相关信息构成了约首的主要部分。约首应当包括双方公司名称、地址、电话、传真、电子邮箱等信息。

在我国，根据《公司法》以及国务院 2020 年 12 月修订的《企业名称登记管理规定》，政府市场监督管理部门负责中国境内设立企业的企业名称登记管理；除民族自治地方企业外，企业只能登记一个企业名称并应当使用规范汉字，企业名称受法律保护；除跨省或跨行业综合经营的企业外，企业名称应当由"行政区划＋商号＋行业或经营形式＋组织类型"组成；根据注册资本金的不同，企业名称中的行政区划可选择使用省、市或县的行政区划名称；企业名称冠以"中国""中华"等国字号字词时，须经国务院特殊批准；企业名称中的商号应当由两个或以上汉字组成；企业应当根据其经营需要，依法确定在名称中使用有限公司、股份有限公司或分公司等组织类型。

值得注意的是，1991 年发布的《企业名称登记管理规定》中规定，企业使用外文名称的，其外文名称与中文名称应当一致，并报登记机关注册登记后使用。但国务院在以后修订的版本中删除了这一规定。目前，企业需要使用外文名称的，由企业按照文字翻译原则直接翻译，不再需要注册登记。在实践中，一般"外贸行业"会使用"import & export""foreign trade""international trade""international business"等词语进行表达。而"有限公司"在我国一般使用 Co., Ltd. 进行表达。目前，随着市场竞争加剧，为避免给国外客户留下单纯外贸公司的印象，很多外贸企业不再使用上述外贸行业标识，而转为采用产品行业标识。如经营五金类产品的外贸企业，可能会采用"××五金制品有限公司"。

由于世界各国公司法或相关法律对于公司名称的法定要求存在很大不同，加

外贸单证与实务操作

上世界各国语言差异,因此,翻译成英文后的各国公司名称千差万别。在国外公司名称中,不同国家和地区的公司及其类型的缩略语差异很大。

了解公司后缀,不仅可以提升外贸文件的阅读能力,还有利于分析这些公司的国别、组织形式、公司规模等基本信息(表2-1)。

表2-1 国际贸易中常见的公司英文名称后缀

后缀	解释
INC	INC 是 incorporated 的缩写,表示股份有限公司。在美国,该后缀用于以法人公司作为股东组织成立的股份有限公司后面。在我国,"INC"有时也用来表示股份有限公司,如果表示集团股份有限公司,也可以使用"Inc."或者下面提到的"Corp., Ltd."
LLC	LLC 是 limited liability company 的缩写,表示有限责任公司。在美国,这是一种适用于中小公司的新型商业形式,它结合了股份公司和合伙公司的优点,成为现今美国较为流行的公司形式。在我国,不设董事会的公司也可能使用 LLC
Corp./ Corp., Ltd.	"Corp."或"Corp., Ltd."是 corporation 的缩写,表示公司。在美国,特指股东(包括财团、法人、自然人等)不同的企业。我国有时用它表示股份有限公司或集团股份有限公司
Co., Ltd./ Ltd.	"Co., Ltd."或"Ltd."是 company limited 的缩写,表示有限公司。包括中国在内的亚洲国家使用较多
SDN BHD/ BHD	SDN 指马来语 sendirian 的缩写,意思为私人的;BHD 指马来语 berhad 的缩写,意思为有限公司。SDN BHD 表示私人有限公司,有时也单独使用 BHD 表示公司。除了马来西亚的公司以外,新加坡和文莱的企业名称有时也会用到 SDN BHD
GmbH	GmbH 是德语 Gesellschaft mit beschränkter Haftung 的缩写,即有限责任公司。它是瑞士、德国、比利时、奥地利、卢森堡等国家的公司常用后缀
AG	AG 是德语 Aktiengesellschaft 的缩写,指股份公司。主要在德国和瑞士的公司中使用
SA	SA 是法语 Société par actions 和西班牙语 Sociedad anónima 的缩写,均可翻译为股份公司。SA 在上述语系国家的公司名称中使用

第二章 进出口合同

续表

后缀	解释
SARL	SARL 是法语 Société à responsabilité limitée，也是西班牙语 Sociedad anónima de responsabilidad limitada 的缩写，表示有限责任公司。它在法国、西班牙和黎巴嫩等国家的公司名称中经常使用
BV/NV	BV 是荷兰语 Besloten Vennootschap 的缩写，NV 是 Naamloze Vennootschap 的缩写，分别代表私人有限责任公司和公共有限责任公司
A/S	A/S 是丹麦语 Aktieselskab 和挪威语 Aksjeselskap 的缩写，表示股份有限公司。丹麦或挪威企业名称常使用这一后缀
SPA/SRL	SPA 和 SRL 分别指意大利语 Società per azioni 和 Società a responsabilità limitata 的缩写，分别指股份有限公司和有限责任公司。它们是意大利最常使用的公司名称后缀
PLC/LTD	根据英国公司法，有限公司分为 Public Limited Company（PLC），即公开发行股票的公司；Private Limited Company（LTD），即私人有限公司
AB/OY	AB 是瑞典语 Aktiebolag 的缩写，OY 是芬兰语 Osakeyhtiö 的缩写，均指有限公司。芬兰法律规定，公司名称中必须有芬兰语 Osakeyhtiö 或其缩写 OY，也可用瑞典语 Aktiebolag 或其缩写 AB。因此，交易对方公司名称中出现 OY，交易国别一般是芬兰；交易对方公司名称中出现 AB，交易国别可能是瑞典或芬兰
SA de CV	西班牙语和英语混写 Sociedad Anónima de Capital Variable，是墨西哥公司法规定的股份公司形态之一

在国际贸易合同中，公司地址应当明确、具体。一般情况下，详细的公司地址应包括"房间号+楼层+建筑物名+路/街及编号+区/县级行政区+市级行政区+省级行政区+国别"。例如，某公司地址为：中国山东省临沂市兰山区通达路 36 号城建时代广场 A 座 2 单元 12 楼 1245 号房间，用英文则可以表述为：Rm. 1245, 12/F, Unit 2, Tower A, Urban Construction Times Square, No. 36, Tongda Road, Lanshan District, Linyi City, Shandong Province, P.R.C.。如果公司在某写字楼，可以用 Office Building 或 Business Building 表示。表示某大厦除可以用 building 外，还可以用 tower、mansion 等词语。在我国，还有一些专为促进经济发展而成立的特殊经济区，如经济技术开发区（Economic and Technological Development

Zone）、高新技术产业开发区（High-tech Industrial Development Zones）、综合保税区（Comprehensive Bonded Zone）、产业园（Industrial Park）等。在公司地址的最后，应当写清国别。

当事人的电话、传真和电子邮箱也应在约首部分中写清楚。尽管人们在日常联系中多使用手机，但在商务活动中，固定电话仍然不可缺少。传真是利用电话线路进行的非话电信业务之一，它能将文字、图表、相片等记录在纸面上的静止图像，通过扫描和光电变换，变成电信号，并经各类信道传送到目的地，在接收端通过一系列信号逆变换，最终获得与发送原稿相似的副本的一种通信方式。在互联网普及之前，传真是文件等纸面信息进行远距离原样传递的最重要方式。随着互联网的发展，通过对文件进行拍照、扫描，然后利用电子邮箱或即时通信工具传递给对方，成为越来越多当事人的选择。但世界各国商业习惯、网络环境存在较大差异，目前仍有部分海外客户希望通过传真进行联系。因此，作为一种正式的交流工具，传真仍将在较长一段时间内与其他通信方式并存。电话号码及线路可以直接用作传真，但考虑到公司形象以及实际业务需要等因素，一般企业往往会申请专门的电话号码作为传真号码。近年来，各电信公司推出的虚拟传真受到人们欢迎，它仍有自己的传真号码，同时无须购买传统传真机等硬件，使用电子邮件的方式接收传真，同时还具有无纸作业、自动接收、自动保存等特点。

一般外贸企业都会设置专属企业邮箱，所有员工邮箱都以"name@企业域名"形式出现。企业邮箱有以下好处。第一，有助于树立统一的企业形象、网上推广和产品宣传。当收到一封邮件，公司可根据邮件域名，查询到公司网站，从而初步了解对方信息。第二，能够减少员工流动影响，留住客户。当员工离职时，企业邮箱可将过去所有业务联系保存和延续下来。第三，可以实现邮件通信监控、备份，防止邮件意外丢失并留档备查。第四，可以实现邮箱的高度自由管理。例如，自由命名、分配容量、自行群发、分组、修改密码、设定功能限制等。第五，企业邮箱还能增强内部信息沟通和协同办公能力，提高工作效率，增进内部信息沟通和协同办公能力。这些功能是普通邮箱无法实现的。

约首的最后往往会有一段承上启下的文句，用于表明订约原因，以及该合同

第二章 进出口合同

准据法选择等问题。例如,"本合同由……与……签订"或类似语句;但如果采用确认书形式,则一般约首措辞以第一人称立场撰写。例如,"兹确认你方的交易条件如下……"或类似语句。如前所述,一般当事人根据国内法的授权可以选择合同的订立、履行、解释及争议处理所依据的某一国家的法律。该项选择对双方当事人的利益有重要影响。因此,可在合同的约首部分直接加以规定,例如,"本合同的订立、履行及解释适用中国法律"(The conclusion, performance and interpretation of this contract shall be governed by Chinese laws)。当然,当事人准据法的选择问题也可以作为合同正文的正式条款不出现在约首部分。

二、正文

(一)商品说明部分

Description of goods:

Item	Name of Commodity & Specifications	Size	Quantity	Unit Price	Amount
\multicolumn{6}{l}{FASTFU BRAND NON-PERFORATED TRAYS MATERIAL: 304 STAINLESS STEEL QUALITY CERTIFICATION: ISO, CE THE NET WEIGHT AND APPEARANCE OF EACH TYPE OF COMMODITY SHALL BE SUBJECT TO THE SELLER'S SAMPLE RECEIVED BY THE BUYER ON APRIL 25TH, 2024. CIF DUBAI}					
01	S4875	25.7cm × 15.2cm × 1.9cm	9,500 PCS	USD5.50/PC	USD52,250.00
02	S4876	25.7cm × 15.2cm × 3.8cm	6,800 PCS	USD6.50/PC	USD44,200.00
03	S4877	25.7cm × 15.2cm × 5.7cm	6,100 PCS	USD7.40/PC	USD45,140.00
Total			22,400 PCS		USD141,590.00
\multicolumn{6}{l}{Total Amount:SAY US DOLLARS ONE HUNDRED AND FORTY-ONE THOUSAND FIVE HUNDRED AND NINETY ONLY}					

当合同中所交易的商品种类或型号比较复杂时,我们一般采用列表的形式从而实现对具体交易商品清晰、明确的表达。

1. 商品名称

合同中的商品名称(Name of Commodity)条款,应明确写清所交易的商品名称及规格等信息。商品名称必须明确、具体、合法。一是保证买卖双方对该种商品名称已达成共识,明确品名与双方所交易的商品是一致的,并且该名称必须具有合法性和不可争议性。当事人所在国家禁止进出口的商品、未取得许可证的限制进出口商品以及涉及知识产权侵权的商品,都不能作为外贸合同标的。二是商品名称应实事求是,必须是卖方能够提供的货物。商品名称中不能使用卖方做不到或不必要的夸大性描述,以免给卖方的合同履行带来困难。例如,个性风衣(Personality Windbreaker)、明星风衣(Star Style Windcoat)、无褶皮革鞋(Wrinkle-Free Leather Shoes)等都是不应采用的描述。三是尽量使用国际通用的名称。尽量使用《商品名称及编码协调制度》(The Harmonized Commodity Description and Coding System)中能准确归类的名称。这样做不但让名称符合国际惯例,而且为国际电子数据交换提供条件。四是尽量降低进出口成本。在命名合法的基础上,可以考虑选择进出口关税率低的品名、出口退税率高的品名、运费率低的品名。例如,冷冻薯条,我们可以用薯制品、冷冻蔬菜等名称替代。商品名称的灵活运用,需要丰富的专业知识及长期实践的积累。

2. 商品品质及规格

合同中的详细要求(Specifications)等表示商品品质及型号的条款,需要按照交易商品的属性,在充分考虑生产企业产品达标率基础上,实事求是确定,避免出现最终交货品质不符合合同约定的情形。在贸易实践中,使用样品作为交货品质的依据,具有简单、直接、全面、具体等特点。但凭样品交货,需要所交货物品质与样品完全一致,难度较大。因此,我们一般也需要避免完全按样品作为交货品质依据的条款。如果使用样品,要尽量使用卖方样品或者由买方样品制作的回样,同时尽量缩小样品的使用范围。可主要采取文字描述表达商品品质,而

第二章　进出口合同

对颜色、款式等不容易用文字描述的方面，可采用样品表示。对于具有安全、环保等方面法定品质要求的商品，合同中规定的商品品质不能低于强制性标准。否则，该商品将无法办理进出口清关手续。特定商品的品质要求及表示方式，是外贸从业人员必须掌握的内容。

3. 商品数量

合同中的数量条款，是卖方交付货物数量的直接依据。鉴于集装箱运输所带来的巨大优势，除散装或零星货物外，大多数外贸产品须采用集装箱运输。除高价值产品外，当事人交易的数量往往以集装箱装载量或其倍数为参考。集装箱内可装载货物的数量可由实践得出，也可通过计算获得。但合同中的交易数量并非越大越好，而应结合市场供给和需求的实际情况加以确定。对于卖方而言，其需要考虑到生产企业产能。特别是纯粹的外贸企业，交货数量更受合作企业制约。因此，只有与生产企业建立良好业务关系，才能保证所订货物及时足额交付。对于中小加工企业而言，其承诺在某时间前的交货数量是否可行，往往要结合该企业生产能力、其他客户订单以及生产限制条件等多方面综合判定。对于买方而言，较高的交易数量可能使其获得价格上的优惠，但进口国国内市场需求、进口商品的销售网络、产品进口后的仓储费用、产品的保质期等方面都是要考虑的重要因素。

根据 CISG，按合同数量交货是卖方的基本义务。如果卖方的交货数量多于合同约定，买方有权拒收多余部分的全部或一部分，并按合同的价格计价；如果卖方的交货数量少于合同约定，卖方应在规定的交货时间内补交货物，并承担由此造成的额外费用、损失及损害赔偿。

目前，世界上主要有国际单位制、英制、美制三种度量衡制度。商品数量的计量必然会涉及相关计量单位。在进出口业务中使用的计量单位，必须符合法定的要求，使用国际单位制和国家法定的其他计量单位。国际单位制源自公制，采用十进制系统，是当今世界上使用最普遍的度量衡制度。1960 年，国际计量大会推荐各国采用国际单位制，其简称为 SI。进口商品的计量单位，必须使用我国法定计量单位及标准。出口商品的计量单位，可以酌情采用对方要求的非我国法定计量单位。但在该商品出口申报时，当事人在申报成交计量单位的同时，还必须申报我国法定计量单位下商品数量。

商品计量主要使用重量（weight）、长度（length）、数量（number）、面积（area）、体积（volume）、容积（capacity）等计量方式。其中，以重量计量最为多见，重量常用计量单位包括：千克（kilogram, kg）、公吨（metric ton, M/T）、克（gram, g）、磅（pound, lb）、盎司（ounce, oz）、克拉（carat, ct）等。它们主要适用于初级产品、部分工业制成品等，如羊毛、棉花、谷物、矿产品、沙盐、钢铁等。以长度计量时，常用计量单位包括：米（meter, m）、厘米（centimeter, cm）、公里（kilometer, km）、码（yard, yd）、英尺（foot, ft）等。它们主要适用于管道、绳索、电线、电缆等。以数量计量时，常用计量单位包括：箱（case, C/S）、瓶（bottle, btl）、个（piece, pc）、篮/篓/筐（basket, bkt）、纸箱（carton, ctn）、罗（gross, gr）、件（package, pkg）、令（ream, rm）、听（tin）、卷（roll）、包（bale）、张（sheet）、打（dozen, doz）、双（pair）、罐（can）、头（head）、桶（drum / barrel）、套（set）、盒（box）、袋（sack / bag）等。它们主要适用于动物、植物、日用工业制品以及杂货类产品。以面积计量时，常用计量单位包括平方米（square meter, sqm）等，它主要适用于玻璃、地毯、布匹、塑料膜等。以体积计量时，常用计量单位包括立方米（cubic meter, cbm）等，它主要适用于天然气、化学气体、木材等。

为方便合同履行、保证卖方交货符合合同要求，双方当事人所交易商品如果为散货，或以重量计量的商品，合同多采用溢短装条款，规定一定的溢短装机动幅度，并规定溢短装选择权归哪方当事人所有。需要注意的是，溢短装的选择权并不一定归卖方所有。在买方办理运输事项的情况下，可规定溢短装选择权由买方行使。在租船运输等交货数量受舱容限制的场合，双方也可以把该选择权让渡给船方，并规定以船舱舱容装载量为限。

4. 商品的价格及金额

商品价格条款是买卖合同中最重要、最敏感的核心条款，包含单价和总值两部分。商品单价是计算总值的基础，往往也是交易磋商的核心问题。

在交易磋商过程中，价格策略主要包括以下几点。

（1）尽可能实现产品差异化

目前，绝大多数商品已进入买方市场环境，市场竞争激烈。通过网络平台比价、多方询价，市场价格进一步透明。突出产品差异化，往往会大大削弱客户的价格敏感性。为了保证利润，卖方须通过产品设计或原料更新，形成差异化产品。例如，通过更改原料材质、材料厚度、制作工艺等方法，实现产品差异化。差异化将使买方失去比价参照物，导致价格不再透明，成为提升产品附加值的有效方法。如果这种差异化包含较高的科技含量，卖方将获取更加丰厚的利润。

（2）要认真分析买方基本情况和询盘具体内容，形成有效报价思路

卖方在收到买家询盘后，须尽快回复。但在回复之前，还须对买方和询盘内容进行认真分析。买方分析主要包括：确定买方所属国家，以及该国的居民生活水平；确定买方所属国家人口情况，初步分析买方实际可能的采购量和发展成大客户的可能性；确定买方所属行业类型及经济实力，如分析买方的身份是中间商、商场、最终用户、网店还是其他；确定买方所属国家对该产品的需求度、国家贸易政策、所属国家是否与我国签署自由贸易协定等。询盘内容分析主要包括：通过询盘中外贸专业术语的运用情况、采购年限等信息，分析买方可能的采购经验；通过询盘中是否有行业数据的运用、对拟购产品的描述等方面，分析买方行业经验；通过询盘中商品需求信息的表达，分析买方对该产品需求的迫切度等。

（3）推测买方需求，进行有针对性、完整的报价，回答买方提出的问题

要进行合理报价，卖方必须结合前面对买方的分析结论，准确推测客户需求量，使报价建立在对真实采购数量做出科学评估的基础上。在贸易实践中经常发生的情况是，有时买方可能会在询盘中表示将购买几万件甚至十几万件商品，但当卖方按照量大从优的原则，依据这一数量报出底价时，买方却表示要先下个样品单，比如先买几十件，但卖方还要维持批量的价格。这将使卖方最终很难取得

理想成交价格。如果买方在询盘中没有标注拟采购数量，卖方可进行阶梯报价。例如，对于同一款产品，可以设置 1~10 台、11~100 台和 101 台以上三个不同的价格。但这种报价形式也需要卖方在推测客户真实需求量基础上进行全面考虑，在价格上给自己留出余地。同时，无论如何报价，对买方提出的问题，都要给出正面、完整的回答。对买方提出的无法做到的要求，要提出切实可行的替代方案。

（4）为吸引买方，卖方还可以通过做加法不做减法的方式进行报价

起初，从最基础、成本最低的报价入手，随后根据买方的具体需求逐步调整报价。具体而言，卖方可以从原材料的选择、交货数量的调整、生产工艺的优化、品质保证和产品认证等方面入手；还可以涵盖从小包装到销售包装再到运输包装的各种包装成本；此外，交货期的安排、保险事务的处理以及运输方式和费用的确定等，都应纳入考量。卖方通过明确每一个细节及其相应的成本费用，逐步将价格和利润累加，最终在确保自身利润空间的同时，为买方提供一个合理且具有吸引力的报价。

（5）把握报价函撰写及发送过程中的一些技巧

报价函正文末尾需要设计一个专业的问题，既能体现自己的专业度，又能吸引买方回复的兴趣；邮件最后的签名档信息要完备。签名档最好包括姓名、职位、部门、公司名、电子邮箱、电话、传真、移动电话、地址、网址、即时聊天应用的号码等，既可显示专业度，又可方便对方联系。报价函尽量不采用邮件回复时系统自带的标题，根据实际情况编辑个性化标题。报价函中的附件应该为对方提供必要而简洁的信息，切忌由于资料太多而冲淡了主题。附件一般应采用 PDF 的格式。考虑实际时差，通过设置邮件的定时发送，保证在对方工作时间进行报价。

从形式上看，一个完整的单价条款至少由计价货币、具体金额、计量单位和贸易术语四个部分组成，缺一不可。其中，选定的贸易术语必须有后随地点。根据选用的贸易术语不同，该地点可能是装货港/地，也可能是最终目的港/地，

第二章 进出口合同

需要根据 INCOTERMS 合理确定。贸易术语不但在价格条款中发挥作用，而且规定了买卖双方风险、责任和费用划分等方面的内容，这些内容必须和合同中的运输、保险等条款保持一致。有时价格条款中还包含佣金或折扣信息。在交易品种和型号较多，而各单价又存在差异时，总金额的计算要特别小心。我们推荐采用 Excel 撰写合同，从而能够利用软件强大的计算功能。合同总金额一般采用大小写两种形式，二者必须一致。

在价格条款中，计价货币的选择须考虑汇率的波动。如果选择汇率呈下跌趋势的软币，卖方在定价时应考虑到汇率变动的损失。但汇率波动受国际政治、经济以及突发事件的影响，汇率在上升或下降的长期趋势中，还可能出现短暂回调。这使得当事人在确定计价货币时既需要相应金融知识，又需要长期经验积累。因此，在外贸交易中，汇率风险是当事人必须考虑的重大问题。

进出口企业在从事外贸业务时，应向银行申请开立企业经常项目外汇账户。申请前企业应按照开户行的要求准备好企业营业执照等相关材料。开户行接受申请后，登录国家外汇管理局业务系统登记企业基本信息并进行开户操作。对于一般外贸企业而言，银行将为企业开立两个账户，即待核查账户和结算账户。外贸企业出口业务收到货款后，资金要先进入待核查账户，再由待核查账户结汇或者划转到自己的结算账户；如果需要进口付汇，则可以自结算账户汇出。

目前，我国与世界上数十个国家签署了人民币互换协议，方便外贸企业通过人民币与这些国家直接进行结算。因此，外贸企业在与这些国家进行交易时，可以在合同中直接约定使用人民币结算。这样既可以规避汇率风险、减少汇兑损失，又可以正常进行外汇收支申报。根据有关规定，我国企业人民币账户可以直接进行跨境人民币业务。

（二）包装条款

Packing and mark:
EACH PIECE OF GOODS SHALL BE PACKED IN A PLASTIC BAG WITH A FILM THICKNESS OF 0.025MM, AND THE PLASTIC BAG SHALL

NOT CONTAIN ANY WORDS. ALL GOODS SHALL BE PACKED IN 3-PLY CORRUGATED PAPER CARTONS OF 20 PCS EACH ONLY, TOTAL 1,120 CARTONS. THE PACKAGING MUST EFFECTIVELY PROTECT THE GOODS FROM DAMAGE DURING THE SEA TRANSPORTATION. ALL COMMODITIES NEED TO BE INSTALLED IN TWO 20-FOOT CONTAINERS(FCL).

SHIPPING MARK:

EMOMALI
DUBAI
SSC20240511
C/NOS 1-1120

包装条款，一般应写明商品内外包装的具体要求，包括包装材质、包装尺寸及形状，还可能涉及包装上刷制的各类标志及信息。根据INCOTERMS 2020，卖方有义务提供已知运输方式下惯常的运输包装。因此，即使在合同中没有约定包装条款，卖方也有义务提供适当的运输包装。但在一般情况下，合同中往往还有对包装的更具体要求，此时，卖方需要按照条款约定进行包装。

1. 运输包装

运输包装包括单件运输包装以及容纳数个单件货物的集合运输包装。

单件运输包装是指可作为计件单位计算数量、尺寸较小的包装类型。如纸箱（carton）、箱（case）、桶（drum）、包（bale）、袋（bag）、捆（bundle）等。英文中，上述计件单位可统称为"package"。集合运输包装是指为了便于装卸操作，将一定数量的单件货物组合在一起，形成较大尺寸的包装单元。

集合运输包装可以提高装卸效率、保证货运质量，同时还可以起到保护商品、节省支出等作用。集合包装主要有三类：一是集装箱（container）。在实际业务中，集装箱常称"货柜"，20英尺集装箱和40英尺集装箱较为常用。我们通常称20英尺的集装箱为一个"集装箱单位"，即TEU（Twenty-Foot-Equivalent-Unit）。二是柔性集装袋（flexible container），有时也称为集装包。它是由合成纤维或复合材料编织成的圆形大袋或方形大包，适用于散装的水泥、化工原料、饲料、淀粉、粮食、矿物等粉状或粒状物体。它给散装货物及小包装货物等的运输提供了极大的便利，节省了大量人力成本。柔性集装袋容量一般1~4吨，容量大的可达10余吨。在国际贸易中，1吨装、托盘形式的集装袋（简称吨袋），方便放入集装箱进行运输，使用较为普遍。在使用杂货轮进行运输时，集装袋也大大便利了运输及装卸作业。三是托盘（pallet）。它由木材、金属或塑料制成，底部留有空隙，便于叉车作业。托盘的承载力一般为0.5~2吨。使用时人们只需将一定数量的单件货物堆放在托盘上，捆扎加固，便组成一个运输单位。在物流业务中，托盘往往配合集装箱使用，从而大幅提升集装箱的货物装卸效率。

2. 运输包装上的标志

在货物的运输包装上，当事人往往还会根据客户的要求或主动刷制运输标志（shipping mark），俗称唛头。唛头是指在运输包装的外部刷制，代表收货人、目的地及货物相关信息，协助有关人员在运输过程中识别货物的文字、数字或简单图形。运输标志在识别货物的过程中发挥重要作用，同时还可以避免货物错发、错运。1979年，为推行运输标志标准化，联合国相关机构制作了一套标准运输标志，包含四项信息：收货人名称或代号；目的地的名称或代号；参考号码（订单号、发票号、运单号、合同号）；件号。例如，根据本书案例，可以将运输标志写成：

EMOMALI	收货人
DUBAI	目的地
SSC20240511	合同号
C/NOS 1-1120	件号

上述标准运输标志，推荐当事人使用，不具有强制性。当事人也可根据交易的具体情况，自由确定运输标志。但在使用整箱货运输方式的情况下，集装箱号码成为货主收货的重要依据。因此，在集装箱运输情况下，运输标志的作用有所下降。为了方便，运输包装上也可以不刷制运输标志。此时，在合同或相应单据的运输标志栏，可直接填写"N/M"。

刷制在运输包装的标志除运输标志外，还包括指示性标志（indicative mark）和警告性标志（warning mark）。

指示性标志主要说明货物在保存及装卸过程中的注意事项，一般采用图形加文字的形式，方便不同区域相关人员的理解与操作。常用的指示性标志有：预防破损（BREAKAGE PROOF）、防震（SHAKE PROOF）、防漏（LEAKAGE PROOF）、防水（WATER PROOF）、向上（UPWARD）、此端向上（THIS SIDE UP）、小心轻放（HANDLE WITH CARE）、勿倒置（KEEP UPRIGHT）、请勿用钩（USE NO HOOKS）、勿倾倒（NOT TO BE TIPPED）、在干燥处存放（KEEP IN A DRY PLACE）、在阴凉处存放（KEEP IN A COOL PLACE）、请勿受热（KEEP AWAY FROM HEAT）、请勿受冷（KEEP AWAY FROM COLD）、防湿（KEEP DRY）、易碎品（FRAGILE）、禁止翻滚（DO NOT ROLL）、重心点（CENTRE OF GRAVITY）、由此撕开（TEAR OFF HERE）、由此开启（OPEN HERE）。

警告性标志主要用于危险品运输。凡运输易燃物品、爆炸物品、腐蚀物品、有毒物品、放射性物资等危险货物时，相关当事人都需要在运输包装上使用警告性标志，以保护物资和人身的安全。警告性标志也采用图形加文字的形式。常用的警告性标志有：爆炸品（EXPLOSIVE）、易燃品（INFLAMMABLE）、有毒品（POISON）、腐蚀性物品（CORROSIVE）、氧化剂（OXIDANT）、放射性物品（RADIOACTIVE）。

3. 销售包装

在国际贸易中，如果所交易商品为中间产品，可以不使用内包装或使用简单内包装。此时，内包装的作用依然以计量与保护商品为主。但如果所交易商品为最终产品，内包装往往就是销售包装。

销售包装种类繁多，不胜枚举，卖方需要结合商品特性加以设计。对于知名商品，买方一般能够接受卖方的销售包装及图文设计方案。但对于大部分普通货物而言，买方往往会提出自己的包装设计及文案思路，卖方需要根据买方要求进行设计。因此，允许买方定制包装及品牌标志（customized packaging and logo），进行定牌生产，已成为绝大多数卖方能够提供的服务。

外贸业务员如果具备图文设计方面的技能，或外贸企业有相关专门人才迅速满足对方的设计要求，将在争取合同方面具有较大优势。在设计销售包装时，需要注意的问题包括：一是外形要醒目。要尽量使消费者从包装外观，就能对产品特征有大致了解。二是印刷要力求简明。过于复杂的图案设计及文字表述，可能会冲淡主题。三是要体现信誉。使包装成为增加消费者对产品信赖的有效手段。四是颜色要赏心悦目，避免触犯禁忌。例如，泰国人忌讳红色，叙利亚人忌讳黄色，日本人、英国人、法国人、比利时人、埃及人忌讳绿色，意大利人忌讳紫色，而印度人喜欢红色、黄色、蓝色、绿色、橙色及其他鲜艳的颜色，对黑色、白色和灰色则不太喜欢。

销售包装常常会涉及商标品牌等知识产权问题。卖方在接受定牌生产时，特别是买方要求印制知名品牌时，需要买方提供品牌授权书，并应认真审查该授权的真伪及合法性。一旦发生知识产权侵权行为，权利人在获取相关侵权信息后，可向海关申请知识产权的海关保护，海关将依法禁止侵犯知识产权的货物入境或者出境。

4. 销售包装上的条码

除品牌标识外，销售包装上还需要印制代表该商品的条码（bar code）。目前，国际物品编码组织（GS1）负责全球商品的编码工作。GS1是一个中立的、非营利性国际组织，其制定、管理、维护和应用的GS1全球统一标识系统有效地促进了全球商贸流通和供应链效率提升。GS1总部设在比利时布鲁塞尔。截至2024年，全球100多个国家和地区的编码组织加入了GS1。1991年，中国物品编码中心代表中国加入GS1。目前，GS1已将690~699之间的前缀码分配给中国物品编码中心使用，通常以这些前缀码开始的厂商识别代码都是由中国物品编码中心负责分配和管理的。

商品条码是由一组黑白相间的条形图及其对应的代码组成的，它是按照特定规则排列、可以利用光电扫码设备进行代码识别的标准化图形。在销售包装上使用的零售商品代码的条码，采用 EAN/UPC 条码码制表示，主要有 EAN-13、EAN-8、UPC-A、UPC-E 等结构。其中，欧洲商品编码（European Article Number, EAN）按欧洲物品编码协会的规则编制，一般由 13 位数字组成，即 EAN-13，包括国别代号、厂商识别代码、商品项目代码、校验码 4 个部分。对于不方便印制 13 位编码的小包装，企业可以向编码中心申请 8 位缩短版条码，即 EAN-8。包括我国在内，除北美以外的世界大多数国家均使用 EAN 条码。通用产品条码（Universal Product Code, UPC）由美国统一代码委员会编制，在北美地区广泛使用。一般由 12 位数字组成，即 UPC-A，包括系统代码、厂商识别代码、商品项目代码、校验码 4 个部分。对于不方便印制 12 位编码的小包装，企业可以向编码中心申请 8 位缩短版条码，即 UPC-E。

外贸企业可自行或根据买方的要求，登录中国物品编码中心网站或直接去分支机构窗口申请办理所需的商品条码。如果将产品出口到美、加地区，买方要求在产品上使用通用产品条码的，卖方应为商品申请通用产品条码。目前，美国电商平台亚马逊要求在其平台上架的商品必须上传各自的通用产品条码。根据 GS1 的规定，外贸企业在接受定牌生产订单时，应当使用委托方的商品条码。因此，商品条码不能作为商品原产地的证明。

在实际业务中，销售包装上虽印制了条码，但机器无法识别、无法快速找到条码的情况时有发生。因此，生产商要规范制作商品包装上的条码，重点考虑条码的尺寸大小、颜色搭配及位置设计等问题。

（三）装运条款

Terms of Shipment:

SHIPMENT TO BE EFFECTED FROM QINGDAO PORT TO DUBAI, UAE BY THE SELLER BEFORE THE END OF MAY, 2024. PARTIAL SHIPMENTS ARE NOT ALLOWED AND TRANSSHIPMENT IS NOT ALLOWED, ON THE PREMISE THAT THE SELLER RECEIVES THE L/C WITHIN THE SPECIFIED TIME.

第二章　进出口合同

装运条款的拟定需要双方结合所使用的贸易术语，确定办理运输事项的当事人，并明确装运地、目的地、装运期限，以及是否允许分批装运和转运，还须规定装运通知的发送时限等内容。

1. 办理装运事项的当事人

必须根据合同选定的贸易术语确定办理装运事项的当事人。根据INCOTERMS 2020，当事人在选择下列贸易术语时，须由卖方办理运输事项：CPT、CIP、CFR、CIF、DAP、DPU 和 DDP；当事人在选择下列贸易术语时须由买方办理运输事项：EXW、FAS、FOB 和 FCA。

当卖方办理运输事项时，卖方将自行联系货运代理公司，把货物交到自己指定的运输工具上。这种方式对于卖方来说风险较小。当买方办理运输事项时，买方需要首先确定卖方的交货时间，再通过货运代理公司租船订舱，并将承运船舶及航班信息通知给卖方，以保证卖方能够顺利与承运船舶对接，履行交货义务。现实业务中，这需要买卖双方密切配合的一系列操作，稍有不慎，就可能导致无法顺利衔接。因此，在采用 FOB 等需要买方办理运输事项的贸易术语时，买方往往通过指定货运代理公司，要求卖方直接与货运代理公司联系，由货运代理公司代为办理运输事项。这样的安排既体现了买方安排运输事项的意志，又能提高办事效率。

上面提及的货运代理公司，以代理人身份出现。一方面，它以代理人身份，为海、陆、空等国际物流公司承揽并收取货物；另一方面，它利用其丰富而全面的物流知识及航运信息，协助外贸企业选择最合适的物流公司承运货物，并协助办理保险、商检、通关等一系列事宜。货运代理公司可视为物流产业链中重要一环。外贸企业面对专业而复杂的物流问题，需要货运代理公司参与物流事务，以协助企业获取物流信息、争取最优价格，并解决货物运输和通关过程中的一系列问题。

在实际业务中，货运代理公司作为专业机构，可以获取全面的、不同物流公司的航运信息。这使得货主可以根据合同约定的交货期，利用货运代理公司的推荐，选择最适宜的国际物流公司或全权委托给货运代理公司。由于货运代理公司往往承揽多家外贸企业的物流事宜，其业务量较大，由它向实际承运人申请的货运价格往往更加优惠。特别是在爆舱等极端情况下，优质的货运代理公司往往能为货主争取到舱位。货运代理公司除办理运输事项外，往往也办理保险事项、商品检验、进出口通关等业务。这就大大便利了货主的交货事宜。因此，货运代理公司在国际贸易业务履行过程中起到重要作用。

2. 装运地/港，目的地/港

根据 INCOTERMS 2020 对于贸易术语性质的界定，以 F 组及 C 组贸易术语成交的合同具有装运合同的法律性质。卖方在规定地点将货物置于承运人的控制之下，即意味着完成了交货义务。国际贸易合同普遍选择使用 F 组及 C 组贸易术语签署，因此，明确无误地规定装运地/港是商定合同的重要环节。但在卖方办理运输事项时，有时为便于货物的装运，防止规定的港口过于繁忙而无法及时交货，也可以规定多个装运地/港。

目的地/港通常由买方提出，并经卖方认可。在卖方办理运输事项的合同中，确定目的地/港时，应注意以下问题：一是不能接受被列入我国贸易黑名单国家或地区的港口为目的港。例如，某些国家或地区由于国际政治关系、制裁或反制裁等因素，可能会影响贸易往来。需要注意的是，即使某些国家与我国没有建立外交关系，这通常也不会直接阻碍两地之间的贸易活动。不过，这种情况下往往没有直达航线，货物需要通过中转运输，且适用的关税率较高。二是合同对目的港的规定应当明确、具体，一般不要使用"major European ports""major African ports"等笼统表达。因为同区域不同港口之间的距离存在较大差别，其装卸条件、港口费用不同，双方无法进行精确的报价核算。三是没有直达航线或虽有直达航线但航次较少，无法满足交货需求时，合同中应规定允许转船。四是目的港要有安全保证。应尽量避免由于战争、海盗、罢工等原因造成的货物安全问题。五是凡在世界范围内有重名的港口，应加注国别。

第二章　进出口合同

3. 装运期限

合同中应该明确规定装运期限，具体又可分为规定一段时间和规定最迟期限。例如："Shipment during July""Shipment during Jan/Feb""Shipment at or before the end of Aug"。由于以上规定方式明确、具体，故使用较为广泛。在信用证支付的情况下，可以将货物的装运期限与是否收到信用证结合起来，规定收到信用证是装运的前提条件。例如，Shipment within 20 days after receipt of the relevant L/C。

在规定装运期限时应注意以下事项：一是装运期长短要适度。如果货源充足，装运期就可以确定得早一些。在现实业务中，规定合同签订后数天内发货的情形也较为常见。但如果货物需要向工厂下单，则工厂承诺的交货期，需要结合工厂前期信用状况、经营情况、淡旺季、生产产能、原材料采购等因素进行综合考量。要充分考虑工厂因意外因素而延期交货的情形。假如存在不确定因素，应根据工厂承诺的交货期，适当延长国际贸易合同中的装运期限。商检、运输、保险、出口通关等方面的筹备时长也需要考量。二是装运期规定要明确、具体、规范。尽量避免可能引起误解的表述，例如，单纯用阿拉伯数字规定日期，如"shipment not later than 240722"；模糊表述，如"immediate shipment""prompt shipment"等。三是装运期限应是一个较长时间段，而不是时间点。"Shipment: OCT 1st, 2024"这类没有弹性的装运条款往往很难顺利履行。如果出现任何突发状况，例如，工厂停电、机器故障、货车抛锚等情况，都可能导致违约。四是装运期要尽量避开国外节假日。节假日前夕往往是国际贸易货物装运高峰期，工厂、商检、海关、物流等相关部门业务量较大，往往会产生各类延误。

（四）支付条款

Terms of Payment:

THE BUYER SHALL APPLY TO THE BANK FOR AN IRREVOCABLE LETTER OF CREDIT BEFORE MAY 15, 2024. THE ISSUING BANK SHALL BE APPROVED BY THE SELLER. THE LETTER OF CREDIT（L/C）IS DUE

30 DAYS AFTER SIGHT FOR THE TOTAL INVOICE AMOUNT AND WILL BE NEGOTIATED IN CHINA WITHIN 15 DAYS AFTER THE DATE OF SHIPMENT. THE CONTENTS OF THE LETTER OF CREDIT SHALL BE CONSISTENT WITH THE CONTRACT; OTHERWISE, THE BUYER SHALL BEAR THE RELEVANT COSTS FOR ANY ALTERATION OR MODIFICATION OF THE LETTER OF CREDIT. THE SELLER SHALL NOT BE LIABLE FOR THE DELAY IN SHIPMENT AND RESERVES THE RIGHT TO CLAIM DAMAGES AGAINST THE BUYER.

在国际贸易合同中，常用的支付方式包括信用证、电汇、托收等，也可以使用它们的组合方式。当事人可以自由协商支付方式。

1. 信用证

信用证是较为安全的支付方式。当交易金额较大或可能存在交易风险时，双方可在合同中约定通过信用证支付。买方需要首先向其所在地的银行申请开立信用证，该银行依据信用证开证申请书开出信用证。信用证中将明确列出受益人在交货完成后应当向银行提交的单据。只要受益人在规定的时间内向指定银行提交了符合信用证约定的单据，开证银行就应当无条件支付信用证中规定的款项。

计划使用信用证支付时，双方应当在条款中明确采用信用证付款，规定开证银行、信用证种类、信用证金额、信用证开立日期或送达受益人的日期、信用证有效期等。有时卖方还可能强调买方应按照合同条款申请开立信用证，因信用证内容与合同条款不一致所带来的修改信用证的费用，以及由此造成的延误和损失，由买方承担。

为保证收汇安全性，条款中必须规定采用不可撤销信用证（irrevocable letter of credit）。使用即期信用证（sight letter of credit）能够更早收到款项，对于受益人更为有利。有时为了达成合同，双方也可以采用远期信用证（usance letter of credit）的方式进行支付。如果受益人资金较为紧张，还可以通过此类信用证向

第二章 进出口合同

银行进行融资,这类融资称为信用证打包贷款。它是由银行专为卖方备货而提供的短期融资,能够帮助卖方在流动资金不足的情况下,进行商品采购、原材料进货、商品加工等活动,顺利履行合同。必须注意的是,信用证打包贷款审核程序较为严格,需要贷款申请人及开证银行具备较高的资信等级以及其他资格条件。

对于受益人而言,在条款中规定信用证送达受益人的日期,比规定信用证的开证日期更有保证。尽管在使用SWIFT系统等电信方式传递信用证的情况下,二者差别不大,但要谨防各类意外事故所导致的送达延误。

2. 电汇

在国际贸易支付方式中,电汇(T/T)以其手续简单、汇款速度快、费用较低的优势,赢得了买卖双方当事人的认可。在国际贸易支付方式中,电汇越来越受欢迎,成为国际贸易支付中最流行的支付方式。但目前,我国的电汇收款时效较慢。一般情况下,国际付款需要3~7天才能到账。

当事人可以根据交易的具体情况,选择使用以下几种方式:

(1)100%预付

这种方式适用于一些货值不高、交易金额不大的合同,或者有现货、可以立即发货的合同,或者货物为买方特殊定制产品的合同。

(2)30%~50%预付,余款发货前付清

买卖双方签署合同后,买方首先通过银行支付30%预付款。卖方在收到预付款后,根据合同的约定安排货物生产、备货以及内外包装等事宜。在货物全部备好后,利用一定的途径让买方验货,或者通过视频及照片向买方证实货物已准备完毕,然后通知买方支付余款后再安排出运。这种付款方式对于卖方来说非常安全,如果合同采用FOB等买方办理运输事项的贸易术语,卖方应争取采用这种方式。

(3)30%~50%预付

在卖方发货并发送提单副本给买方后,余款由买方支付。卖方在收到预付款后,根据合同的约定安排备货或生产以及内外包装等事宜,然后在规定的装运时

外贸单证与实务操作

间和地点发货。发货后,卖方将提单副本发送给买方,证实发货事实及相关信息,买方在收到信息后支付余款。卖方在收到余款后,将提单正本寄给买方或者通过货运代理公司向买方电放提单。

这种方式主要适用于采用 CIF 等由卖方办理运输事项的贸易术语的合同。在合同采用 FOB 等由买方办理运输事项的贸易术语时,使用这种方式风险较大。尤其对于一些信誉不太好的国家的客户而言,很可能导致卖方无法收回余款。在 FOB 条件下,由于买方指定货运代理公司,假如买方与自己指定的货运代理公司相互勾结,不向卖方提供正本提单或直接无单放货,使卖方提前失去了货物控制权,则货物余款的收取就面临极大风险。还有一些不良买家,既不支付余款又不提货,将货物长期存放于港口,即使后期将货物运回,卖方也将面临运输、港口费用等各方面损失。甚至有一些国家港口规定,货物一旦到港,没有买方的同意货物无法退运。海关在对这批无人提取的货物进行拍卖时,货物不仅将被低价处理,买方还有优先购买权。

（4）发货后付款

采用这种方式,卖方在发货后,将发货信息传送给买方,买方才需要付款。在这种方式下,买方如果拒不支付货款或拖延支付货款,都将使卖方面临较大风险和损失,如果卖方对买方资信状况不了解,不推荐卖方在签订合同时使用这种方式。

在合同条款规定使用电汇付款时,卖方将其银行信息传给买方或直接写在合同中。相关信息具体包括卖方全称、地址、银行及所属分行、SWIFT 代码、外币账号等。

3. 托收

在支付条款中,买卖双方也可以约定通过跟单托收（documentary collection）的方式支付货款。跟单托收是指在卖方发货后,通过向银行提交事先约定的单据及汇票,委托银行利用其国外的分支机构或代理机构向买方收取款项的一种支付方式。跟单托收包括付款交单（documents against payment, D/P）和承兑交单

第二章　进出口合同

（documents against acceptance, D/A）。

托收属于商业信用范畴，买方承担第一位的付款责任。和信用证支付相比，托收对于卖方的风险较大。主要体现在：一是买方可能因破产、倒闭，失去付款能力，甚至故意拒付货款、拒收货物、要求降价。由于货物已经在运输途中，甚至已经抵达目的地，此时买方的拒收和拒付行为，将使卖方处于极为被动的境地。二是在签订合同后，若货物出现价格下跌、市场行情突变或其他不利于买方的情形，买方可能要求降价，或者找借口拒付，拒绝承兑远期汇票。三是在承兑交单或使用见票后付款交单向银行借单的情况下，买方可以先提货后付款。如果经检验，卖方所交货物存在品质、包装、数量等方面的问题，买方均可能拒绝付款，并提出索赔。四是可能遭受进口国政治、法律与经济风险的影响。如果进口国因政局动荡，或因战争、罢工、武装暴动等导致秩序混乱，企业生产经营难以为继，也可能导致买方不能按时付款。五是双方当事人所在的国家产生地缘政治冲突、矛盾与纠纷，发布贸易禁令以及制裁、反制裁措施，往往会直接影响到正在进行的贸易，给卖方带来货物长期滞留港口或被处罚没收，并无法收取货款的重大风险。

因此，在需要使用托收支付时，卖方应对买方资信状况进行充分事先调查。对于有长期业务往来的当事人，也应当建立客户档案，定期对其资信状况进行评估。如果这些当事人出现突然要求提高交易额度、改变结算方式、拖延付款时间等异常举动时，卖方更应关注对方的最新资信状况，谨慎对待这些异常变化。卖方还可以通过办理出口信用保险的方式，转移托收过程中的风险。

4. 阿里巴巴国际站信保服务

阿里巴巴国际站（出口通），已经成为世界上国际贸易领域最重要的交易平台之一。在我国，大多数外贸企业是其会员。阿里巴巴国际站既是商品展示平台，又是商品交易平台。买方可以与卖方选择线下交易，也可以与卖方直接进行线上交易。在使用线上交易时，买方需要通过平台进行付款。该平台即阿里巴巴国际站推出的信用保障服务（trade assurance）平台，它是阿里巴巴国际站根据每个卖家在平台上的基本信息资料和贸易交易额、交易量、履约情况等信息，对卖家进行综合评定并给予一定信用保障额度，用于帮助卖方向买方提供国际贸易支付安全保障的一种服务。使用该平台，不仅简化了交易手续，更重要的是能够帮助卖方解决与买方的互信问题。

阿里巴巴国际站的信用保障服务的功能与网民在淘宝网购物时所使用的支付宝担保功能相似。买方在国际站付款后，货款将保留在阿里信用担保账户，只有等买方在平台上确认收货后，款项才会支付给卖方。利用信用保障服务，卖方拥有在平台使用专属标识及展示卖方信用保障额度的特权，有利于卖方在平台上获得买方信任。随着卖方订单量上升，信用额度不断积累，平台中产品排名将有所提升；只有买方安全收货后，卖方才能收到款项。若发现货物有差错或存在损坏等意外情况，买方可以向平台申请退款。使用信用保障订单，结合阿里巴巴的"一达通"服务，可以实现阿里巴巴国际站从付款到运输，再到报关的全程服务。

阿里巴巴国际站信用保障服务不是一种支付方式，只是一种信用保障。买方将货款支付至阿里信用担保账户的方式很多。根据2024年阿里巴巴国际站官网信息，其支持的支付方式包括：T/T；信用卡；借记卡；PayPal; Online Transfer; Apple Pay; Google Pay; Afterpay/Clearpay; Boleto（限巴西买家）；西联（限美国买家）。由于不同国家或地区支持的支付方式有所不同，当事人可以通过官网查询特定国家的买家可使用的支付方式及手续费、到账时间及支持币种。

此外，阿里巴巴国际站还提供"超级信用证"服务。它是阿里巴巴针对信用证交易推出的综合性解决方案，涵盖信用证的两大类别服务：一是基础服务，如专家团队审证，协助制单、交单，把控订单风险等。当事人可选择信用证非代理交单、信用证代理交单、自营出口（TALC）、市场采购出口（TAPLC）4种业务类型。二是融资服务，包括信用证备货融资、信用证交单后融资等。当事人可以通过起草信用保障订单等方式，使用"超级信用证"服务。

第二章 进出口合同

5. 中信保服务

商务部研究院针对我国外贸企业进行抽样的结果表明,我国出口业务坏账率在5%以上,而西方国家出口业务坏账率仅为0.25%~0.5%。为降低外贸企业的经营风险,2001年,我国政策性保险公司——中国出口信用保险公司(简称中信保)成立。该公司已形成覆盖全国的服务网络,累计为10万多家外贸企业提供了信用保障服务。企业可以利用该公司的"信保通"电子商务平台,在网上申请相关保障服务。

中信保费率标准存在很大差异。其评定主要是根据所保金额、国家或地区、账期长短、买家资信评级等因素综合考虑。其风险评定非常严谨,地区风险越高、买家评级越低、企业账期越长,费率越随之提高,但企业也享有国家给予的补贴。特别是出口规模较小的外贸企业,甚至可以享受到免费投保。在综合评定下,其费率在0.5%左右。但赔付时有一定的免赔率,由政治风险造成损失的最高赔偿95%;由破产、拖欠等商业风险造成损失的最高赔偿95%;由买方拒收货物所造成损失的最高赔偿80%。

(五)保险条款

Terms of Insurance:

TO BE INSURED BY THE SELLER FOR 110% OF THE INVOICE VALUE IN ACCORDANCE WITH THE ICC(A), WAR AND STRIKE CLAUSES OF THE INSTITUTE OF LONDON UNDERWRITERS PRIOR TO SHIPMENT. IF THE BUYER HAS ADDITIONAL INSURANCE AMOUNT AND COVERAGE REQUIREMENTS, THE BUYER SHALL INFORM THE SELLER AND OBTAIN THE SELLER'S APPROVAL PRIOR TO SHIPMENT, AND THE ADDITIONAL COSTS ARISING THEREFROM SHALL BE BORNE BY THE BUYER.

1. 保险办理义务及实务

在国际贸易合同中,保险条款需要依据合同规定的贸易术语加以确定。根据INCOTERMS 2020,在常用的F组和C组贸易术语中,除CIF、CIP贸易术语外,保险事项都须由买方办理。基于装运合同的性质，卖方交货后，国际长途运输的风险由买方承担。在这种情况下，买方办理保险事项体现了对自己利益的保护，和卖方的利益没有直接关系。因此，在这类合同中，只需要写清楚"insurance to be effected by the buyer"即可。至于保险险别、保险金额、保险费用等信息，均不需要列明。

如果使用CIF或CIP贸易术语，卖方报价中包含保险费，保险事项的办理及费用由卖方负责。但在卖方交货后，货物运输风险由买方承担。卖方希望支付较少的保险费，而买方希望得到最大保障，二者在保险事务中存在利益冲突。为了顺利履行合同，当事人在使用上述贸易术语时，其保险条款需要明确保险事项由卖方办理，同时双方要对保险险别、投保加成、保险金额、保险费用、保险公司、保险条款，以及买方额外添加的保险险别、额外增加的超成保险费等问题作出明确约定。其中，投保加成主要是保障买方预期利润。根据惯例，投保加成约为CIF价的10%。

2. 中国保险条款及伦敦保险协会保险条款

外贸企业应根据出口货物的种类及性质、运输方式、运输距离、季节变化以及运抵国的具体情况等因素，并根据各险别的承保责任范围，确定投保险别。目前，我国各财产保险公司承保海洋运输货物运输保险，所采用的保险条款都是基于中国人民保险集团股份有限公司（PICC）的《海洋运输货物保险条款》，其承保责任范围与国际上其他保险公司所规定的范围大体一致，一般国外客户都能接受。按照PICC《海洋运输货物保险条款》的解释，其基本险包括平安险、水渍险和一切险。一般附加险包括11个险别：偷窃、提货不着险（Theft, Pilferage and Non-delivery Risk）、淡水雨淋险（Fresh Water and Rain Damage Risk）、短量险（Risk of Shortage in Weight）、渗漏险（Risk of Leakage）、混杂、玷污险（Risk of Inter-mixture and Contamination）、碰损、破碎险（Clash and Breakage Risk）、串味险（Risk of Odour）、受潮受热险（Sweating and Heating Risk）、钩损险（Hook Damage Risk）、包装破裂险（Breakage of Packing Risk）、锈损险（Risk of Rust）。

第二章 进出口合同

特殊附加险包括:交货不到险(Failure to Deliver Risk)、进口关税险(Import Duty Risk)、舱面险(On Deck Risk)、拒收险(Rejection Risk)、黄曲霉素险(Aflatoxin Risk)、卖方利益险(Seller's Contingent Risk)、罢工险(Strikes Risk)、海运货物战争险(Ocean Marine Cargo War Risk)等。

在全球海上保险业务中,大多数国家直接采用英国伦敦保险协会(Institute of London Underwriters, ILU)制定的《协会货物保险条款》。

(六)检验条款

Inspection and Claims:

THE SELLER SHALL SUBMIT AN APPLICATION FOR INSPECTION TO THE CHINESE CUSTOMS, AND THE CHINESE CUSTOMS SHALL ISSUE A CERTIFICATE OF QUALITY AND QUANTITY. THIS CERTIFICATE IS THE OFFICIAL INSPECTION DOCUMENT SUBMITTED BY THE SELLER TO THE BANK. IF THE BUYER HAS ANY OBJECTION TO THE QUALITY AND/OR QUANTITY OF THE GOODS UPON RECEIPT OF THE GOODS, IT SHALL RAISE IT WITH THE SELLER WITHIN 30 DAYS OF THE ARRIVAL OF THE GOODS AT THE PORT OF DESTINATION AND SUBMIT AN INSPECTION REPORT ISSUED BY A RECOGNIZED PUBLIC INSPECTION AUTHORITY. THE LIABILITY TO BE BORNE BY THE INSURANCE COMPANY OR THE SHIPPING COMPANY SHALL BE RAISED DIRECTLY BY THE BUYER AGAINST THE RESPONSIBLE PARTY.

合同的检验条款,是确定商品数量及品质是否符合合同约定的依据。检验条款主要包括检验内容、检验时间、检验地点、检验机构、检验标准和检验证书等内容。

1. 关检融合改革及海关检验检疫证书的申请与签发

在2018年我国进行关检融合改革之前,出口报检工作需要在出口报关之前,由当事人向出入境检验检疫部门申报完成。对于列入出口法检目录的商品,卖方必须通过出口报检获取出境货物通关单，并将其作为货物出口报关的必备单据。但在关检融合后，出境货物通关单已被取消。卖方在进行出口报关时，只需要在填写出口报关单项目时选定相关检验、检疫项目即可。对于非法检目录的商品，除通过第三方检验机构获取相关产品的认证证书以外，卖方还可以在填报出口报关单时，以勾选相关检验检疫证书的形式，向海关申请相关证书。海关检验检疫证书是海关在依法对涉及卫生、安全、环保、健康等问题的出入境货物、包装以及承运工具和人员等进行检验、检疫或相关监管后签发的文件。

海关检验检疫部门有权签发检验证书、熏蒸/消毒证书、健康证书、卫生证书、动物卫生证书、植物检疫证书、兽医（卫生）证书等证书。其中，检验证书适用于货物品质、数量、包装等相关检验项目。该证书可以使用检验证书的统称，也可根据当事人的要求使用"鉴定证书""品质证书""数量证书""重量证书"等名称。在需要证明多项内容时，海关可以合并出证。例如，可以使用"重量/数量证书"。需要注意的是，对于特殊类别的商品，证书应按进口国规定的格式进行制作。

2. 产品认证

产品认证指由权威的专门机构来证明特定企业或组织所提供的产品、服务以及它们的生产管理体系遵循相关技术标准、规范或强制性要求。国内产品出口到国外市场，特别是欧美市场，需要符合当地认证标准才能在所在区域销售。但各国认证法规不同，不同出口市场、不同产品类别需要的认证及标准不同。认证标志是产品获得认证的外在表现。

出口企业经常需要提供的产品认证包括：被视为制造商打开欧洲市场的护照，适用于个人防护装备、建筑类产品、燃气具、承压设备、电梯及其部件、船用设备、测量设备、无线电设备、医疗器械等产品的 CE 认证；英国脱欧后，涵盖大多数原本受欧盟 CE 标志法规和指令约束的产品的 UKCA 认证；欧盟针对电子、电气产品（包括家电、灯具、通信工具等产品）的 RoHS 认证；德国对家用电器、体育运动产品、办公设备等与安全有关的产品进行的 GS 认证；美国对生

第二章 进出口合同

产或进口的药物、生物制剂、化妆品、食品、医疗和放射产品进行的 FDA 认证；美国对无线电应用产品、通信产品和数字产品进行的 FCC 认证；美国对产品的 UL 安全认证；日本对电器类产品进行的 PSE 认证；韩国对电子、电气用品进行的 KC 认证；等等。

目前，我国对可能存在安全隐患产品的生产、进口和使用实行"中国强制性产品认证"（简称 CCC 认证）。强制性产品认证目录每年动态调整，需要企业关注。

在我国，上述产品认证一般通过代理机构办理。

3. 合同中的索赔条款

合同中的索赔条款大致可分为两种：一是异议和索赔条款；二是罚金条款。

异议和索赔条款主要包括：一是明确当事人索赔权，即一方当事人如果违反合同，另一方当事人有权索赔。二是规定一方当事人索赔时须提供的证书以及该证书出证机构。三是明确索赔期限。索赔期限应根据货物特点、运输、检验条件等情况而定，一般货物为 30~90 天。对于数量较多、技术复杂、需要较长检测时间的货物，索赔期限应当适当延长。同时，还需要明确期限开始计算的时间，该时间可以是装货日期、抵岸日期或卸货日期等。有些商品还需要确定货物质保期。具体期限需要根据货物特性、对方要求等因素加以确定。其起始日期可以按"从买方收货后检验、验收或启用之日起计算"或"安装调试完毕之日起计算"。四是列明赔偿办法和金额等。

在大宗商品或机械设备的交易中，双方往往还会在合同中商定罚金条款。当一方当事人未履行合同中所约定义务时，应向另一方当事人支付一定数额的罚金，以补偿该当事人所遭受的损失。例如，当卖方延期交货时，根据延误时间长短，以某一标准进行处罚，有时也会规定最高处罚金额。

（七）不可抗力条款

Force Majeure:

IF THE SELLER FAILS TO DELIVER THE GOODS WITHIN THE TIME SPECIFIED IN THE CONTRACT DUE TO FORCE MAJEURE, THE SELLER MAY DELAY DELIVERY. HOWEVER, THE DELAYED DELIVERY TIME SHOULD NOT EXCEED 60 DAYS. IF THE SELLER FAILS TO DELIVER THE GOODS WITHIN THE AFORESAID TIME, THE CONTRACT SHALL BE TERMINATED. THE SELLER SHALL NOTIFY THE BUYER BY PHONE OR E-MAIL WITHIN 3 DAYS OF THE OCCURRENCE OF THE FORCE MAJEURE EVENT. IF THE BUYER SO REQUIRES, THE SELLER SHALL, WITHIN 15 DAYS, SUBMIT TO THE BUYER A CERTIFICATE OF FORCE MAJEURE ISSUED BY THE CHINA COUNCIL FOR THE PROMOTION OF INTERNATIONAL TRADE.

1. 不可抗力的法律依据

"Force Majeure"这一说法起源于《法国民法典》。它是一种在特定条件下，当事人出现违约情形而不需要承担违约责任的免责条款。我国《民法典》第一百八十条规定："因不可抗力不能履行民事义务的，不承担民事责任。法律另有规定的，依照其规定。不可抗力是不能预见、不能避免且不能克服的客观情况。"CISG也对不可抗力进行了明确规定。

2. 不可抗力范围的界定

一般情况下，不可抗力条款需要对不可抗力事件的性质与范围作出界定，以便于合同的履行。实践中，主要有三类方法：

（1）概括规定

这种方法一般是基于CISG对不可抗力的规定而拟定的。例如，"The Seller shall not be liable for failure or delay in delivery due to recognized force majeure"或"The party involved in the event may not be liable accordingly if the contract cannot be performed due to force majeure"。但这类规定办法过于

笼统、含义不明确、解释空间大,争议发生后,双方很难依据该条款认定所发生事件是否为不可抗力事件。

(2)详细界定

详细界定即在进出口合同中,详细列明不可抗力事件。这种方法尽管明确,但表述较为烦琐,也有可能出现遗漏。

常见的不可抗力事件包括:

第一,自然灾害或极端自然天气,如地震、台风、海啸、暴雨、暴雪、寒潮、大风、沙尘暴等;

第二,瘟疫、流行病;

第三,战争,类似战争的行为和事件;

第四,合法或非法的政府行为,如政府或其他权力机关发布法律规定,政府命令、征收或其他国有化行为、征用、查封、扣押、冻结,以及包括对象为货币在内的金融资本政策、贸易限制、关闭运河、禁运、制裁;

第五,普遍的劳工骚乱,如抵制,罢工和封门,怠工,工厂和场所的占领;

第六,爆炸,火灾,道路、电信、能源等基础设备长期不能正常运转。

(3)综合规定

在合同中,可先列明如战争、罢工、洪水、火灾、地震、海啸等最可能发生的不可抗力事件,再加上"以及其他不可抗力事件"的文句。这种合同拟定办法,既明确具体,又体现了相当的灵活性。双方应结合具体的交易模式以及最可能发生的风险,对所列举的不可抗力事件进行协商。

3.通知及举证义务

发生不可抗力事件的当事人应当及时将该事件的信息传递给对方,才能享受到不可抗力事件的免责权利。及时通知对方当事人能减少对方因此事件所造成的损失。发生不可抗力事件,导致不能履行合同的,当事人应当及时通知对方,并在合理期限内提供证明文件。

为了尽可能降低不可抗力事件所带来的影响,维护对方当事人的合法权益,发生不可抗力事件的当事人的通知义务必须设定时限。根据 CISG 的解释，通知应于发生不可抗力事件的当事人在"知道或应当知道"的合理时间内发出。按惯例，突发事件一般应规定 1~3 天的时间，其他不可抗力事件一般也应规定在 14 天以内。

承担举证责任也是发生不可抗力事件的当事人的法定义务。因此，在拟定不可抗力条款时，合同须写清该不可抗力事件应由当地商会或其他组织提供不可抗力证明材料。对于无法提供相关证明材料的一方，我们不能认定发生了不可抗力事件。这样做可以有效降低可能滥用不可抗力条款的风险。

4. 不可抗力事件的法律后果

当事人在发生不可抗力事件并且依据合同提供了相关证书后，将不再承担违约责任。但该合同是延期履行还是终止履行，需要当事人在不可抗力条款中进行具体约定。例如：The performance of the contract shall be delayed after the occurrence of force majeure. If the impact of the force majeure event exceeds 60 days, either party has the right to cancel the contract and restore the original condition.

一般来讲，延期履行合同符合双方当事人的利益，双方均可能在该笔交易中继续获益；如果解除合同，则意味着双方当事人前期的各项准备工作、人力及资金耗费全部无效。

（八）仲裁条款

Arbitration:

ANY DISPUTE IN CONNECTION WITH THE CONTRACT SHALL FIRST BE SETTLED THROUGH NEGOTIATION BETWEEN THE PARTIES. IF NO SETTLEMENT CAN BE REACHED, THE DISPUTE SHALL BE SUBMITTED TO SHANGHAI INTERNATIONAL ECONOMIC AND TRADE ARBITRATION COMMISSION FOR ARBITRATION IN SHANGHAI, IN ACCORDANCE WITH ITS ARBITRATION RULES. THE ARBITRAL AWARD SHALL HAVE FINAL LEGAL EFFECT ON BOTH PARTIES.

第二章　进出口合同

1. 拟定仲裁条款的原因

针对合同是否生效以及合同履行过程中存在的争议，协商或通过第三方调解是最佳解决途径。但如果双方利益产生根本对立，则需要司法或仲裁机构的介入，通过依法适用相关法律制度，尽量合理公平地解决争议。在国际贸易实践中，通过诉讼解决争议，往往存在诉讼时间长、环节多、效率低等缺点。因此，大多数当事人都倾向于采用仲裁方式解决争议。使用仲裁方式解决争议，双方需要在合同中写入仲裁条款，或事后达成仲裁协议。

根据诉讼法的规定，当事人选择以诉讼的方式解决争议，一般按照"原告就被告"的原则，确定法院的管辖权，当事人无须也无权选择诉讼法院。但由于仲裁机构是民间机构，使用仲裁方式解决争议，必须基于双方当事人自愿的原则，通过合同中仲裁条款或事后签订的仲裁协议指定仲裁机构，才能够使指定的仲裁机构取得对该合同项下争议的管辖权。

在合同中，有效的仲裁条款，必须包含指定的仲裁机构名称、仲裁规则、仲裁地点、仲裁裁决的效力和仲裁费的负担等信息。不具备上述要件，将导致仲裁条款无效，事后双方当事人如果仍无法就上述事项达成一致，仲裁机构将无法启动仲裁程序解决争议。

2. 仲裁机构及仲裁地点

当事人需要指定具体的仲裁机构，以使该机构取得案件管辖权。仲裁机构的指定采用协商一致原则，并在仲裁条款中列明。国际上著名的仲裁机构有：国际商会仲裁院、美国仲裁协会、斯德哥尔摩商会仲裁院、解决国际投资争端中心、伦敦国际仲裁院等。

我国涉外仲裁机构主要有中国国际经济贸易仲裁委员会（CIETAC）。其总部设在北京，并设有丝绸之路仲裁中心、上海分会、华南分会、天津分会、西南分会、福建自贸区仲裁中心、浙江分会、湖北分会、江苏仲裁中心、四川分会、山东分会、海南仲裁中心、雄安分会和香港仲裁中心。它还在加拿大温哥华设立北美仲裁中心，在奥地利维也纳设立欧洲仲裁中心。

另外，双方当事人可以共同指定仲裁员，组成专为审理该合同项下争议的临时仲裁庭。这类仲裁庭在合同争议发生后才正式组建，待案件审理完毕，即自动解散。因此，当事人如果采取此种办法处理争议，应在合同仲裁条款中，就临时仲裁庭的组庭人数、指定仲裁员的办法、仲裁规则等作出明确规定。

仲裁地点与仲裁所适用的法律密切相关。因此，仲裁地点关系到双方当事人切身利益。如果合同中未就适用的相关法律规范作出明确约定，一般则由仲裁庭按仲裁地点所在国的法律冲突规范加以确定。

3. 仲裁规则

仲裁规则是关于仲裁事项的程序性规定。常设仲裁机构通常会制定相应的仲裁规则。在仲裁条款中，当事人需要约定所适用的仲裁规则。根据《中国国际经济贸易仲裁委员会仲裁规则》，如果当事人协商一致，计划将争议提交给中国国际经济贸易仲裁委员会进行解决的，默认同意按照此规则进行仲裁。如果仲裁条款中约定适用其他仲裁规则，或约定对个别规则进行修改的，该约定有效。但与我国相关法律规范相冲突的约定除外。

4. 仲裁裁决的效力

仲裁裁决与法院判决不同。由于仲裁是建立在双方当事人自愿选择仲裁机构的基础上，因此，仲裁庭依法作出的裁决，双方当事人都应当承认和遵守。即仲裁案件为一裁终局，当事人应当立即执行，并不得就相同事项向法院提起诉讼。双方当事人一旦达成仲裁条款或协议，意味着法院丧失对该争议的司法管辖权。即使当事人向法院起诉，法院一般也只是审查仲裁程序是否合法，而不做实体审查。只有认定仲裁程序确有问题，法院才可宣布裁决无效。

仲裁裁决作出后，如一方当事人不执行裁决，另一方当事人有权请求强制执行，从而确保仲裁裁决的落实。1958年，为解决跨国仲裁裁决的执行问题，联合国国际商业仲裁会议通过了《承认及执行外国仲裁裁决公约》，该公约较为全面地规定了国外仲裁裁决效力和执行问题。1987年，我国加入该公约。截至2023年年底，共有169个国家和地区加入该公约，较好地解决了外国仲裁裁决的执行问题，促进了国际商事仲裁和国际贸易业务的发展。

5.仲裁费的负担

仲裁费的负担问题也须在仲裁条款中明确约定。根据双方当事人的意愿，可以由败诉一方承担，也可以由仲裁庭进行裁决确定。

（九）其他条款

Other Terms:

THE CONTRACT SHALL BE KEPT IN DUPLICATE BY EACH PARTY.

在该条款下，当事人可以约定合同的份数。如果合同使用多种语言，应明确某种语言的最终效力。双方可以约定合同的签订方式，还可以约定其他需要在交易中明确的问题。

三、约尾

SIGNED BY:

THE SELLER	THE BUYER
谢晓华	Gamal Abdul Nasser
Manager	General Manager

合同约尾部分，主要是双方当事人签名或盖章等信息，用于保证该合同具有法律效力。一旦签名或盖章完成，双方当事人便对合同中所约定的条款承担法律责任。

由于欧美等国家关于公司印章的法律制度存在很大差异，所以即便是一些规模较大的公司也可能没有公章。但各国均认可签名是包括合同书在内一切文书往来的有效证明。因此，我国公司在与国外客户签署进出口合同时，并不一定需要对方盖章。国外客户往往也更认可我方的签名。但由于公章在中国的法定地位，中方公司在签署进出口合同时，往往采用签名加公章的形式。

外贸单证与实务操作

案例分析与讨论

1. 根据下面所提供的交易细节，讨论如何形成一份完整的国际贸易合同。

基本信息：

卖方：上海大华进出口贸易有限公司（SHANGHAI DAHUA IMPORT & EXPORT TRADE CO., LTD）

地址：上海市南京路221号福华大厦2栋1302房间

电话：0086-21-265610000

传真：0086-21-265610001

法定代表人：江华

买方：ALISAN TRADE CORPORATION

KCOBIE BUSINESS CENTER, NO. 12 VICTORIA STREET, MELBOURNE, AUSTRALIA

电话：0061-3-654483332

传真：0061-3-654483333

法定代表人：ALISAN

合同编号：DH20240125

合同日期：2024年1月25日

交易条件：

（1）货名：女式全棉衬衫

（2）规格与数量：

单位：件

颜色	尺码			
	小	中	大	总计
白色	2,000	3,200	1,000	6,200

黑色	1,200	1,000	2,000	4,200
总计	3,200	4,200	3,000	10,400

（3）包装：每件先装入一个带拉链的塑料袋，然后进行独立纸盒包装。其设计以2024年1月20日买方发送的邮件要求为准。每10件装入一个纸箱。

（4）单价：CIF MELBOURNE，每件3.20美元

（5）支付方式：即期信用证付款

（6）装运期限及方式：2024年2月29日以前，海洋运输

（7）装运港：中国上海

（8）目的港：澳大利亚墨尔本

（9）分批装运：不允许

（10）转船：不允许

（11）保险：由卖方投保，保险金额在发票总额的基础上加成10%投保PICC的一切险，加投罢工险和战争险。

2. 山东保迪科进出口有限公司与日本MXAE公司签署了一份汽车用品的出口合同。合同规定，卖方发货期不迟于2024年5月15日。2024年4月23日，卖方通过中国银行某支行收到买方申请开立的信用证。经审证，信用证受益人为山东保迪科进出口有限公司，申请人为日本MXAE公司。信用证中关于装运期和议付期限的条款是："Shipment should be effected not prior to 30th April, 2024. The draft should be negotiated not later than 31st May, 2024."

卖方认为，信用证中规定的装运期较为紧张，但经过努力也是可以实现的。为避免修改信用证带来的麻烦，公司紧急安排有关人员进行发货。在多方协调下，货物于2024年4月29日装船，并于当日换取了海运提单。

2024年5月10日，卖方备齐信用证规定的所有单据向指定银行交单。2024年5月13日银行通知卖方：单据存在不符点。海运提单中载明的装船日期为2024年4月29日，不符合信用证关于货物装运期限的规定。因此，银行没有义

外贸单证与实务操作

务承担付款责任。

请问,银行拒付的理由是什么?卖方应汲取哪些教训?

课后测试

一、判断题

1. 还盘的实质是发盘,对还盘的接受可以构成合同。(　　)

2. 发盘可以由卖方作出,也可以由买方作出,但接受必须由卖方做出。(　　)

3. 一方当事人草拟合同条款并送达另一方当事人的行为可以称为发盘。(　　)

4. 一项发盘如果写明有效期并送达受盘人,意味着该发盘不可撤回。(　　)

5. 国际货物买卖合同中的仲裁条款是向法院提起诉讼的必要条件。(　　)

6. 货物在运输过程中发生的一切损失由承运人承担。(　　)

7. 信用证业务中,开证银行一般属于卖方所在国家的银行。(　　)

8. 根据 INCOTERMS 2020,卖方有义务提供商品所需的、已知运输方式下的、能够保护商品的惯常包装。(　　)

9. 商品的品质条款中,最好简单明了地规定凭样品成交。(　　)

10. 不可抗力事件发生后,当事人有直接取消合同的权利。(　　)

二、单项选择题

1. 在外贸合同商定过程中,双方当事人达成交易、形成合同法律关系,必须经过的两个法律步骤是(　　)。

A. 询盘、接受　　　　　　　　B. 询盘、发盘

C. 发盘、接受　　　　　　　　D. 邀请发盘、接受

2. 一方当事人向另一方当事人提出了订立合同愿望,同时要求对方起草合同。从法律意义上讲,这种行为是(　　)。

A. 询盘　　　　　　　　　　　B. 发盘

C. 还盘　　　　　　　　　　　D. 接受

3. 根据 CISG 的规定，国际货物买卖合同正式成立的时间为（　　）。

　　A. 接受送达发盘人　　　　　　B. 接受作出之时

　　C. 发盘送达受盘人　　　　　　D. 发盘作出之时

4. 根据 CISG 的规定，交易条件"十分确定"的最小范围是（　　）。

　　A. 商品名称、规格、价格　　　B. 商品名称、数量、价格

　　C. 商品名称、数量、支付方式　D. 数量、质量、价格

5. 以下不属于发盘构成要件的是（　　）。

　　A. 载明的交易条件必须十分确定

　　B. 合同全部条款必须拟定

　　C. 一般需要向特定的人发出

　　D. 发盘人接受该交易条件约束的意思表示

6. 发盘撤回与发盘撤销是两个不同的概念，以下说法错误的是（　　）。

　　A. 发盘的撤回是指发盘尚未生效前，阻止发盘生效

　　B. 发盘的撤销是指发盘已发生效力，使用效力中止

　　C. 发盘的撤回与撤销，都需要双方当事人的同意

　　D. 发盘的撤回与撤销需要满足法定的条件

7. 在 CISG 中，发盘和接受生效的时间条件是（　　）。

　　A. 投邮为准　　　　　　　　　B. 送达为准

　　C. 作出为准　　　　　　　　　D. 声明为准

8. 根据 INCOTERMS 2020，在国际货物买卖合同中，如果使用 CIF 贸易术语，则关于商品的保险条款，正确的是（　　）。

　　A. 保险金额等于合同金额

　　B. 如果没有特殊约定，可以按最低基本险进行投保

　　C. 保险条款只需写明由买方承担

　　D. 保险条款与 CFR 合同的保险条款相同

三、论述题

1. 在国际贸易买卖合同的商定过程中，一般需要经历哪些法律步骤？

2. 试述国际贸易买卖合同的基本框架及撰写要点。

3. 试述在国际贸易中当事人可以采用的争端解决机制。

第三章 国际贸易及单证业务中的核算

学习提示

外贸企业从事国际贸易活动的根本动力是盈利。一项具体交易能否盈利，向外商报出适当的价格是重要因素。但在国际贸易业务中，除商品本身的成本外，还涉及很多的费用、税金等款项，这就需要当事人进行专业的进出口货物成本核算，从而完成进出口报价及单证缮制。本章首先对出口及进口货物成本的成本核算和报价进行阐述，然后对成本核算中涉及的运费、保险费、佣金、折扣、汇率、利息与贴现息的计算问题进行说明。

第一节 出口货物成本核算及报价

出口货物成本的核算与我国增值税征收及出口退税制度密切相关，需要考虑出口货物实际采购成本，并在此基础上测算货物的出口总成本。值得注意的是，不同利润率表达方式直接影响报价公式的推导及核算结果。本节将全面分析在不同贸易术语条件下的出口成本核算及报价。

一、增值税

（一）增值税的概念

我国实行以流转税为主体的税收制度，增值税是我国当前最重要的税目。增值税收入占全国税收收入的比重约为40%，纳税人几乎覆盖所有市场主体。应税商品（包含劳务，以下同）在生产、交易等各环节中，因当事人盈利的目的，必然需要提高商品价格，从而产生价值增值。增值税就是对商品在生产、流通和服务过程中所产生的新增价值征收的一种流转税。增值税为价外税，应税交易的销售额不包括增值税税额。

在增值税税率方面，针对一般纳税人，目前我国实行13%、9%、6%和0%4档税率。其中，在国内市场销售以及进口货物，除另有规定外，税率为13%，由海关在进口环节代为征收。对于出口货物而言，出口环节国家免征增值税，即增值税税率为0%。同时，大多数出口货物在国内流通环节已征收的增值税，在该货物出口完成后，将按我国的出口退税政策予以全部或部分退还。

（二）增值税的计算

增值税是企业的主要税负之一。一种商品所含增值税额的计算公式如下：

$$增值税额 = 不含税价格 \times 增值税税率 \qquad (3.1)$$

其中，不含税价格 = 含税价格 − 增值税额

因此，不含税价格 = 含税价格 − 不含税价格 × 增值税税率

整理后：

$$不含税价格 = \frac{含税价格}{1+ 增值税税率} \qquad (3.2)$$

因此，增值税额的计算公式又可写成：

$$增值税额 = \frac{含税价格}{1+ 增值税税率} \times 增值税税率 \qquad (3.3)$$

在正常经营过程中，企业并不需要按照上述方法计算所缴税额。企业仅对所经营商品在生产或流通过程中新增价值有缴税义务。因此，其缴纳增值税时的应税额为：

$$应缴增值税额 = 商品新增价值 \times 增值税税率 \qquad (3.4)$$

商品在生产和流通过程中的增值部分很难准确计算。特别是生产或经营多种类商品或劳务的场合。因此，我国也根据国际惯例，采用税款抵扣的做法。一般以"月"为计税周期，根据企业在周期内全部商品销售额，按规定的增值税税率

计算出增值税销项税额,然后再减去购进该商品或原料时已支付的增值税进项税额,其差额即应纳税额。这种计算方法既体现了按增值要素计税的原则,又很好地解决了不同种类商品的统一核算问题。

对于一般纳税人而言,当期应纳增值税额计算公式为:

当期应纳税额 = 当期销项税额 − 当期进项税额　　　　　　　　（3.5）

例题 3.1

某贸易公司 9 月份共计支付进货款 9,500,000.00 元,同时获取了增值税专用发票。货物增值税税率为 13%。公司本月累计销售 11,023,400.00 元,并按规定向买方开具了增值税专用发票。请问,该公司 9 月份应缴纳的增值税额是多少?（计算结果保留至小数点后两位）

答:

$$销项税额 = \frac{含税价格}{1+增值税税率} \times 增值税税率$$

$$= \frac{11,023,400.00}{1+13\%} \times 13\%$$

$$\approx 1,268,178.76 \text{ 元}$$

$$进项税额 = \frac{含税价格}{1+增值税税率} \times 增值税税率$$

$$= \frac{9,500,000.00}{1+13\%} \times 13\%$$

$$\approx 1,092,920.35 \text{ 元}$$

$$应纳税额 = 销项税额 - 进项税额$$

$$\approx 1,268,178.76 - 1,092,920.35$$

$$\approx 175,258.41 \text{ 元}$$

二、出口退税和实际采购成本

（一）出口退税

出口退税是指在国际贸易业务中,国家对已征收增值税和消费税的出境货物,按税法全部或按一定比例退还已纳税款。

出口退税政策是一种符合国际惯例的贸易措施。当前，世界各国税制极为复杂。大多数国家采用增值税作为商品流转的主要税种，但税率水平各异。同时，美国等一些国家实行销售税，税负主要体现在最终销售环节。这导致各国商品在流通环节的税负水平存在很大差别。为保证进入国际市场的各国商品税负统一与交易公平，实行流转税制度的国家普遍采用出口退税政策，从而在法理上保证进入国际市场的商品为零税负。目前，出口退税已成为相关国家的通用做法，但各国政府并不一定执行全部退税政策，而普遍将出口退税率的调整作为贸易政策工具，对不同种类的商品实行不同的出口退税率。当某类出口商品的竞争力过强，并可能会对进口国相关产业造成实质性损害时，出口国政府将会考虑降低，甚至取消该类商品的出口退税率；当某类出口商品的竞争力较弱时，出口国政府可能会考虑提高该类商品的出口退税率，甚至全额退税。

根据我国相关法律法规，外贸企业商品出口环节免征增值税。同时，出口企业还可以依法向税务机关申请退还该商品及其上游原材料在国内生产、流通环节已缴纳的全部或部分增值税款。

增值税出口退税的计算公式如下：

$$出口退税额 = 不含税价格 \times 出口退税率 = \frac{含税价格}{1+增值税税率} \times 出口退税率 \quad (3.6)$$

（二）实际采购成本

出口退税对于出口企业是事实上的增收项。假如某类商品国家有出口退税政策，则该类出口商品的实际采购成本要比购进该商品的成本更低。于是，外贸领域出现了实际采购成本这一概念。其计算公式如下：

$$实际采购成本 = 含税成本 - 出口退税额 = \frac{含税价格 \times (1+增值税税率-出口退税率)}{1+增值税税率} \quad (3.7)$$

第三章 国际贸易及单证业务中的核算

> **例题 3.2**
>
> 假设一产品的单位采购成本为 84 元（含 13% 增值税），若该产品有 10% 的出口退税，则该产品每单位的实际采购成本为多少？（计算结果保留至小数点后两位）
>
> **答：**
>
> 单位的实际采购成本 $= \dfrac{\text{含税价格} \times (1+\text{增值税税率}-\text{出口退税率})}{1+\text{增值税税率}}$
>
> $= \dfrac{84.00 \times (1+13\%-10\%)}{1+13\%}$
>
> ≈ 76.57 元

三、国内费用和出口总成本

（一）国内费用

国内费用是指货物出口时所发生的除货物采购成本和境外费用（国际货物运输费用及保险费等）之外的所有费用。国内费用主要包括：

1. 货物附加费用

该费用包括：未包含在报价中的包装费用；可能的损耗（耗损、短损、漏损、破损、变质等）；对货物进行整体加工或处理的费用等。

2. 国内运输、保险及仓储费用

该费用包括：国内运输费用（内陆运费、内河运费、路桥费、过境费及装卸费、港区杂费）；货物仓储费用，以及货物在国内运输及存储期间的保险费用、保管费用等。

3. 证件办理及关税等通关税费

该费用是指根据法律规定卖方办理各类证书、文件所缴纳的费用，如许可证费、商检费、公证费、领事签证费、产地证费、报关费、出口关税等。

4. 利息和银行费用

该费用包括备货等业务活动所产生的垫款利息、远期收款利息、银行付款手续费及其他银行费用等。

5. 业务费用

该费用是指出口商在出口业务中发生的各类费用，如广告费、推广费、通信费、交通费、住宿费、招待费等。

在不同的交易场景下，国内费用的类别及金额有较大差异。国内费用一般需要根据前期业务进行估算。

（二）出口总成本

出口企业在进行成本核算时，经常使用"出口总成本"概念，它一般包括商品的实际采购成本、国内费用。考虑到实际采购成本的构成，出口总成本的计算公式可以表述为：

出口总成本 = 含税购货成本 + 国内费用 − 出口退税额　　　　（3.8）

基于此，出口总成本即交易中的 FOB 成本价。出口总成本的大小与交易中选择的贸易术语没有关系。

因此：

CFR 成本价 = 出口总成本 + 国际运费　　　　（3.9）

CIF 成本价 = 出口总成本 + 国际运费 + 货运保险费　　　　（3.10）

四、利润率的表示

外贸企业在报价时，利润水平是重要考量。企业一般按价格或成本的一定百分比来确定利润水平，即利润率。但在现实业务中，人们对利润率的表示方法有不同的理解，即对确定利润率所采用的基数存在不同理解。有的以商品成本为基数，有的以销售价格为基数。这导致尽管采用相同的利润率，最终计算的利润总额却有巨大差异。同时，企业对商品成本、销售价格的计算口径也有不同理解。因此，在对外报价时企业应考虑不同种类的利润率问题，明确利润率具体的计算基数。

（一）成本利润率

在外贸业务中，这种利润率通常以出口总成本为基数。由于出口总成本与选用的贸易术语没有关联，因此，一旦成本利润率确定，无论采用哪种贸易术语，卖方最终所取得的利润总额将保持不变。按照这种计算方法，在卖方办理运输和/或保险事项的情况下，尽管卖方将付出办理这些事项的人力成本，但卖方只是将运保费作为价格构成进行考虑，不会因办理这些事项而产生额外利润。因此，在使用成本利润率的情况下，如果卖方需要办理运输和/或保险事项，应适当提高利润水平，以体现办理这些事项的价值。

其计算公式如下：

$$成本利润率 = \frac{利润额}{出口总成本} \times 100\% \tag{3.11}$$

$$利润额 = 出口总成本 \times 成本利润率 \tag{3.12}$$

（二）销售价格利润率

在外贸业务中，这种利润率通常以所选用的贸易术语为基数。由于不同贸易术语下对外报价不同，因此，即使利润率已经固定，采用不同贸易术语计算的利润总额也不相同。在销售价格利润率下，运输和保险的费用成为计算利润额的基数，从而对具体的利润总额产生直接的影响。这种利润率考虑到了办理运输和保险事项的劳务收益。

其计算公式如下：

$$销售价格利润率 = \frac{利润额}{对外报价} \times 100\% \tag{3.13}$$

$$利润额 = 对外报价 \times 销售价格利润率 \tag{3.14}$$

（三）FOB 价格利润率

在外贸业务中，企业有时以出口商品的 FOB 价格为基数确定利润率。在报价时，无论采用哪个贸易术语，企业都将以 FOB 价格为基数计算利润率。因此，在 FOB 价格利润率确定下来后，无论采用哪个贸易术语，最终卖方的利润总额都是固定的。

其计算公式如下：

$$\text{FOB 价格利润率} = \frac{\text{利润额}}{\text{FOB 价格}} \times 100\% \tag{3.15}$$

上文介绍了三种不同的利润率表示方法。不同的外贸企业在报价时，往往有不同的核算习惯，甚至会采用其他基数计算利润率。值得注意的是，利润率的表示方法不同，报价公式也不相同。下面分别以上述三种不同利润率形式，对出口报价公式进行推导。

五、出口报价

出口报价是出口成本核算的主要目的。在明确各种不同利润率表示方法基础上，结合出口总成本、运保费等信息，利用各贸易术语之间的换算关系，就能以各种不同的贸易术语进行报价。

各组贸易术语之间的换算关系如下：

$$\text{CFR} = \text{FOB} + \text{国际运费} \tag{3.16}$$

$$\text{CIF} = \text{CFR} + \text{货运保险费} \tag{3.17}$$

$$\text{CIF} = \text{FOB} + \text{国际运费} + \text{货运保险费} \tag{3.18}$$

由于：

$$\text{货运保险费} = \text{CIF} \times (1 + \text{投保加成率}) \times \text{保险费率} \tag{3.19}$$

因此：

$$\text{CIF} = \frac{\text{FOB} + \text{国际运费}}{1 - (1 + \text{投保加成率}) \times \text{保险费率}} \tag{3.20}$$

（一）成本利润率下的出口报价

在进行报价公式推导时，各贸易术语的报价均在核算各贸易术语成本价的基础上加利润额而获得。

1. FOB 贸易术语的报价

FOB 报价 = 出口总成本 + 出口总成本 × 成本利润率

整理后：

$$\text{FOB 报价} = \text{出口总成本} \times (1 + \text{成本利润率}) \tag{3.21}$$

2. CFR 贸易术语的报价

CFR 报价 = 出口总成本 + 出口总成本 × 成本利润率 + 国际运费

整理后：

CFR 报价 = 出口总成本 ×（1+ 成本利润率）+ 国际运费　　　　（3.22）

3. CIF 贸易术语的报价

CIF 报价 = 出口总成本 + 出口总成本 × 成本利润率 + 国际运费 + 货运保险费 = 出口总成本 ×（1+ 成本利润率）+ 国际运费 +CIF 报价 ×（1+ 投保加成率）× 保险费率

整理后：

$$\text{CIF 报价} = \frac{\text{出口总成本} \times (1+ \text{成本利润率}) + \text{国际运费}}{1-(1+ \text{投保加成率}) \times \text{保险费率}} \quad (3.23)$$

4. CIFC 含佣价的报价

CIFC 报价 = 出口总成本 + 出口总成本 × 成本利润率 + 国际运费 + 货运保险费 + 佣金 = 出口总成本（1+ 成本利润率）+ 国际运费 +CIFC 报价 ×（1+ 投保加成率）× 保险费率 +CIFC 报价 × 佣金率

整理后：

$$\text{CIFC 报价} = \frac{\text{出口总成本} \times (1+ \text{成本利润率}) + \text{国际运费}}{1-(1+ \text{投保加成率}) \times \text{保险费率} - \text{佣金率}} \quad (3.24)$$

公式 3.24 也是成本利润率项下的一般公式。根据各贸易术语的特点，我们通过设定佣金率、保险费率和国际运费为零，可以得到其他贸易术语的报价公式。

（二）销售价格利润率下的出口报价

1. FOB 贸易术语的报价

FOB 报价 = 出口总成本 + 利润额 = 出口总成本 + FOB 报价 × 销售价格利润率

整理后：

$$\text{FOB 报价} = \frac{\text{出口总成本}}{1- \text{销售价格利润率}} \quad (3.25)$$

可以发现，由于利润率基数不同，公式 3.25 与公式 3.21 明显不同。因此，进行对外报价，必须厘清各种利润率形式的具体内涵。

2. CFR 贸易术语的报价

CFR 报价 = 出口总成本 + 国际运费 + 利润额 = 出口总成本 + 国际运费 + CFR 报价 × 销售价格利润率

整理后：

$$\text{CFR 报价} = \frac{\text{出口总成本} + \text{国际运费}}{1 - \text{销售价格利润率}} \tag{3.26}$$

在公式 3.26 中，国际运费是公式中分子的一部分。显然，如果以公式 3.25 为基础直接加国际运费，其结果与公式 3.26 并不相同。产生这种差异的原因是，利用公式 3.26 时，国际运费本身计算产生了部分利润额。但如果以公式 3.25 直接加国际运费，则利润额被固化在 FOB 的价格水平，国际运费并没有作为计算利润的部分基数。

3. CIF 贸易术语的报价

CIF 报价 = 出口总成本 + 国际运费 + 货运保险费 + 利润额 = 出口总成本 + 国际运费 + CIF 报价 × (1 + 投保加成率) × 保险费率 + CIF 报价 × 销售价格利润率

整理后：

$$\text{CIF 报价} = \frac{\text{出口总成本} + \text{国际运费}}{1 - (1 + \text{投保加成率}) \times \text{保险费率} - \text{销售价格利润率}} \tag{3.27}$$

4. CIFC 含佣价的报价

CIFC 报价 = 出口总成本 + 国际运费 + 货运保险费 + 利润额 + 佣金 = 出口总成本 + 国际运费 + CIFC 报价 × (1 + 投保加成率) × 保险费率 + CIFC 报价 × 销售价格利润率 + CIFC 报价 × 佣金率

整理后：

$$\text{CIFC 报价} = \frac{\text{出口总成本} + \text{国际运费}}{1 - (1 + \text{投保加成率}) \times \text{保险费率} - \text{销售价格利润率} - \text{佣金率}} \tag{3.28}$$

由于销售价格利润率项下的利润总额以销售价格作为基数进行计算，因此，贸易术语不同，利润总额也将不同。值得注意的是，在销售价格利润率项下，求出 FOB 贸易术语的报价后，如果利用贸易术语之间的换算关系，得出的 CFR 和 CIF 的报价，将与上述公式计算出的结果不一致。因为后一种方法的实质是将利润额限定在 FOB 报价的基础上。也就是说，这种方式得出的 CFR 报价和 CIF 报价依然是使用 FOB 贸易术语报价的利润额。

公式 3.28 也是销售价格利润率项下的一般公式。根据各贸易术语的特点，通过设定佣金率、保险费率和国际运费为零，我们可以得到其他贸易术语的报价公式。

（三）FOB 价格利润率下的出口报价

采用这一利润率形式，无论选择哪种贸易术语，利润额将被固化在以 FOB 价格为基数的利润水平上。

1.FOB 贸易术语的报价

FOB 报价 = 出口总成本 + 利润额 = 出口总成本 + FOB 报价 × FOB 价格利润率

整理后：

$$\text{FOB 报价} = \frac{\text{出口成本}}{1-\text{FOB 价格利润率}} \qquad (3.29)$$

2.CFR 贸易术语的报价

CFR 报价 = FOB 报价 + 国际运费

整理后：

$$\text{CFR 报价} = \frac{\text{出口成本}}{1-\text{FOB 价格利润率}} + \text{国际运费} \qquad (3.30)$$

3. CIF 贸易术语的报价

CIF 报价 = FOB 报价 + 国际运费 + 货运保险费 = $\frac{\text{出口成本}}{1-\text{FOB 价格利润率}}$ + 国际运费 + CIF 报价 ×（1+ 投保加成率）× 保险费率

整理后：

$$\text{CIF 报价} = \frac{\dfrac{\text{出口成本}}{1-\text{FOB 价格利润率}} + \text{国际运费}}{1-（1+\text{投保加成率}）\times \text{保险费率}} \qquad (3.31)$$

4. CIFC 含佣价的报价

CIFC 报价 =FOB 报价 + 国际运费 + 保险费 + 佣金 = $\dfrac{出口成本}{1-FOB 价格利润率}$ + 国际运费 +CIFC 报价 ×（1+ 投保加成率）× 保险费率 +CIFC 报价 × 佣金率

整理后：

$$CIFC 报价 = \dfrac{\dfrac{出口成本}{1-FOB 价格利润率} + 国际运费}{1-（1+投保加成率）\times 保险费率 - 佣金率} \quad (3.32)$$

如果出口企业已经确定了 FOB 价格下的利润率，并且认可该利润率项下的利润总水平，但进口方要求改报其他贸易术语，则可以利用上述公式改报其他贸易术语项下的价格。新的报价可保证出口方所获得的利润总额不变。

公式 3.32 也是 FOB 销售价格利润率项下的一般公式。根据各贸易术语的特点，通过设定佣金率、保险费率和国际运费为零，我们可以得到其他贸易术语的报价公式。

对三种利润率形式下报价公式的推导，目的是阐述出口报价公式推导思路。现实业务中，出口成本核算及报价会涉及各种不同情况，上述公式不一定完全适用。例如，有时银行费用等国内费用的核算，也需要以总报价为基数。因此，在实际业务中我们可能需要根据具体交易情形，推导适用的报价公式。理清上述公式推导过程，是掌握报价核算问题的关键。出口企业可以依据上述原理，利用电子表格应用程序，设计核算模板，实现快速报价。

（四）出口报价核算实例

> **例题 3.3**
>
> 请依据下列资料，计算该货物 CIFC3% DUBAI 的单价。（计算结果保留至小数点后两位）
>
> 品名：BABY BLANKET；
>
> 采购成本（含增值税）：72 CNY/PC；
>
> 增值税税率：13%；
>
> 出口退税率：10%；

第三章　国际贸易及单证业务中的核算

人民币对美元汇率：6.88∶1；

业务费（按采购成本计）：5%；

国内运费：2,000 CNY；

其他国内费用：1,500 CNY；

银行贷款年利率（1年按360天计）：5.12%；

银行费用率（以出口报价为基础）：0.10%；

垫款期限：30天；

证书及认证费：THE CERTIFICATE OF ORIGIN FEE:80 CNY/COPY,

THE CONSULAR CERTIFICATION AGENT FEE:220 CNY/COPY,

THE INVOICE CERTIFICATION FEE:500 CNY/COPY；

商检费率：0.08% OF THE TOTAL VALUE OF GOODS；

保险险别及费率：ICC（C），0.1%；

投保加成率：10%；

国际运费：1,580 USD；

预期销售价格利润率：12%；

成交量：6,000 PCS。

分析：

本例中，由于商检费和银行费用需要以交易价格作为基数进行核算，因此，需要根据前文报价公式的推导思路，再结合本例中的具体问题进行重新推导。在报价核算时，为了保证结果的精确，一般先计算总价，然后再结合成交数量计算出单价。

答：

CIFC总价 = 实际采购成本 + 国内费用 + 国际运费 + 货运保险费 + 利润额 + 佣金额

CIFC总价 = 实际采购成本 +CIFC报价 × 银行费率 + 银行贷款利息 +CIFC

报价 × 商检费率 + 业务费 + 国内运费 + 证书及认证费 + 其他国内费用 + 国际运费 + CIFC 报价 ×（1+ 投保加成率）× 保险费率 + CIFC 报价 × 销售价格利润率 + CIFC 报价 × 佣金率

整理后：

$$\text{CIFC 总价} = \frac{\text{实际采购成本} + \text{银行贷款利息} + \text{业务费} + \text{国内运费} + \text{证书及认证费} + \text{其他国内费用} + \text{国际运费}}{1 - \text{银行费率} - \text{商检费率} - (1+\text{投保加成率}) \times \text{保险费率} - \text{销售价格利润率} - \text{佣金率}}$$

其中：

$$\text{实际采购成本} = \frac{\text{含税价格} \times (1+\text{增值税税率} - \text{出口退税率})}{1+\text{增值税税率}}$$

因此：

$$\text{CIFC 总价} = \frac{\frac{\text{含税价格} \times (1+\text{增值税税率} - \text{出口退税率})}{1+\text{增值税税率}} + \text{银行贷款利息} + \text{业务费} + \text{国内运费} + \text{证书及认证费} + \text{其他国内费用} + \text{国际运费}}{1 - \text{银行费率} - \text{商检费率} - (1+\text{投保加成率}) \times \text{保险费率} - \text{销售价格利润率} - \text{佣金率}}$$

$$= \frac{\frac{72 \times (1+13\%-10\%)}{1+13\%} \times 6{,}000 + 72 \times 6{,}000 \times 5.12\% \times \frac{30}{360} + 72 \times 5\% \times 6{,}000 + 2{,}000 + 80 + 220 + 500 + 1{,}500 + 1{,}580 \times 6.88}{1 - 0.1\% - 0.08\% - (1+10\%) \times 0.1\% - 12\% - 3\%} \approx 510{,}427.94 \text{ 元}$$

经计算：

$$\text{CIFC 单价} \approx \frac{510{,}427.94}{6{,}000 \times 6.88} \approx 12.37 \text{ 美元}$$

第三章 国际贸易及单证业务中的核算

第二节 进口货物成本核算及报价

进口货物的成本核算除考虑该货物本身的价值外,还需要考虑国际运费、货运保险费、进口关税及海关代征税、进口国国内费用等方面。

一、进口货物的完税价格

(一)进口货物完税价格的含义

进口货物完税价格是进口国海关对入境货物征收从价关税时,作为计税基数所使用的价格。基于全面落实《WTO海关估价协议》的需要,我国海关对进口货物完税价格的审定,与该协定相一致。

进口货物完税价格的审定,包括6种方法,即进口货物成交价格法、相同货物成交价格法、类似货物成交价格法、倒扣价格法、计算价格法和合理方法。当前一种方法不能使用时,才能使用后一种方法。但如果纳税人提出申请,并能够提供规定的材料且海关批准,可以转换倒扣价格法与计算价格法的顺序。

根据上述要求,进口货物完税价格的审定首先适用进口货物成交价格法:由海关以该货物实际成交价格为基础,经法定审查,调整相关费用后确定。价格中应包括货物运抵我国境内输入地点起卸前的运费、保险费及相关费用。该成交价格只有满足法定条件,能够反映该货物的实际价值,才能被海关接受。

(二)进口货物完税价格的界定

1. 依法应当计入货物完税价格的相关费用

(1)由买方支付的购买货物佣金之外,各类佣金以及经纪费用支出;

(2)在审定价格时,由买方支付的与该货物视为整体的容器费用支出;

(3)由买方支付的包装材料与劳务费用支出;

(4)与货物生产和向中国销售有关的,由买方以低于成本价或免费的方式提供并可按比例分摊的原料、工具、模具、消耗材料及类似货物的价款,以及在境外进行相关服务的支出；

（5）属于该货物向中国境内市场的销售条件，由买方支付的特许权费；

（6）进口货物使用、转售或处置的收益，由买方直接或者间接支付给卖方的部分。

2. 依法不计入进口货物完税价格的税费

（1）机械、厂房、设备等货物进口后进行安装、维护和服务的支出；

（2）进口货物运抵国内输入地点起卸后的运费、保险费等支出；

（3）海关对进口货物征收的关税及进口环节税。

二、进口关税

（一）进口关税的含义

进口关税是进口国海关为了财政、贸易管制等需要，对有待通关入境的货物和物品所征收的税。进口关税可以增加货物进口成本，抑制国内消费者对进口货物的需求，因此，进口国政府通常以征收进口关税作为贸易管制手段。通过使用关税杠杆，进口国政府可以保护相关弱势产业。但进口国的关税水平往往受WTO或其他国际协议的制约。目前，我国最惠国的平均关税率为 7.5% 左右。

从长远看，贸易自由化是世界贸易发展的趋势。近年来，区域内贸易自由化得到了迅速发展。据 WTO 统计，目前国际上已达成的自由贸易协定超过 350 个。2002 年，我国与东盟签订了第一个自由贸易协定——《中国—东盟自由贸易协定》。截至 2025 年 1 月，我国已与 30 个国家和地区签署 23 个自由贸易协定，使我国与缔约国之间，绝大多数货物贸易实现或即将实现零关税。

（二）进口关税的计算

根据《进出口关税条例》，海关以从价、从量或者以其他法定的方式征收进口关税。

从价税计算公式：

进口应缴税额＝进口货物完税价格 × 相应的关税率　　　　　　（3.33）

从量税计算公式：

进口应缴税额＝进口货物数量 × 单位从量税额　　　　　　（3.34）

第三章 国际贸易及单证业务中的核算

在我国，货物的进口关税以人民币计算并由当事人缴纳。使用外币计价的进口货物应折算成人民币计征。当事人应自海关税款缴款书签发之日起 15 日内完成纳税义务，逾期将按日加收纳税额 0.05% 的滞纳金。该税的起征点为人民币 50 元。

例题 3.4

我国某公司从荷兰进口一批化纤原料（共计 200,000.00 千克）。成交价格为 FOB Rotterdam，2.55 欧元／千克。该批货物分摊到单位商品的运费为 0.40 欧元。公司投保了 ICC（A），保险费率为 0.08%。已知海关填发税款缴款书之日的外汇买卖中间价：EUR1=CNY7.7952。我国对该商品的最惠国税率为 8%。求应纳关税税款是多少？（计算结果保留至小数点后两位）

答：

$$应纳关税税额 = \frac{\text{FOB 单价} + \text{单位运费}}{1 - \text{保险费率}} \times 总数量 \times 关税税率$$

$$= \frac{(2.55+0.4) \times 7.7952}{1-0.08\%} \times 200{,}000.00 \times 8\%$$

$$\approx 368{,}228.02 \text{ 元}$$

在进口业务中，如果采用 FOB 等买方办理保险事项的贸易术语，为节约保险费用，买方在办理货运保险确定保险金额时，往往不使用投保加成。因此，在计算完税价格时，我们使用上述公式进行计算。

三、海关代征税

由于理论上国际市场上商品以零税负流通，因此，进口货物在入境时，还应缴纳相应的国内税。由于海关对进口货物征税较为方便，故进口货物的增值税和消费税由海关在进口环节代为征收，它被称为海关代征税。

（一）进口环节增值税

进口环节增值税是指海关对进口货物按法定的计税标准征收的增值税。

其组成计税价格由该货物的关税完税价格加进口关税额进行计算。如果该进口货物需要缴纳消费税，则消费税额也是组成计税价格的一部分。该税起征点为人民币 50 元。

组成计税价格的计算公式：

组成计税价格 = 关税完税价格 + 关税额 + 消费税额　　　　（3.35）

增值税税额的计算公式：

增值税额 = 组成计税价格 × 增值税税率　　　　（3.36）

> **例题 3.5**
>
> 某外贸公司进口比利时产数控机床 50 台，价格为 FOB Antwerp，822,666.00 欧元。运费 52,888.00 元，保险费率 0.06%，缴税适用汇率：EUR100=CNY779.52。经查询，我国对该货物的最惠国税率为 9%，增值税税率为 13%，无消费税。试计算该批货物需要缴纳的进口环节增值税。（计算结果保留至小数点后两位）
>
> 答：
>
> $$关税完税价格 = \frac{FOB\ 单价 + 国际运费}{1 - 保险费率}$$
>
> $$= \frac{822,666.00 \times 7.7952 + 52,888.00}{1 - 0.08\%}$$
>
> $$\approx 6,470,910.73\ 元$$
>
> 应纳关税税额 = 关税完税价格 × 关税税率 = 6,470,910.73 × 9% ≈ 582,381.97 元
>
> 增值税组成计税价格 = 关税完税价格 + 关税额 + 消费税税额
>
> $$\approx 6,470,910.73 + 582,381.97 + 0$$
>
> $$\approx 7053292.70\ 元$$
>
> 应纳增值税税额 = 增值税组成计税价格 × 增值税税率
>
> $$= 7053292.70 \times 13\%$$
>
> $$\approx 916928.05\ 元$$

（二）进口环节消费税

进口环节消费税是海关对特定范围的进口消费品所征收的税。

消费税计征方法包括从价、从量和复合计税的方法。其税目、税率，依照我国的消费税税目税率表执行。国务院负责对消费税税目、税率进行管理和调整。税目主要包括烟、酒及酒精、高档化妆品、贵重首饰及珠宝玉石、鞭炮焰火、成

第三章　国际贸易及单证业务中的核算

品油、摩托车、小汽车等。该税的起征点为人民币 50 元。

消费税是价内税，如果使用从价税率，其组成计税价格为进口货物的关税完税价格、关税额以及消费税额之和。

消费税组成计税价格的计算公式：

$$\text{组成计税价格} = \frac{\text{关税完税价格} + \text{关税税额}}{1 - \text{消费税率}} \quad (3.37)$$

消费税额的计算公式：

$$\text{应纳消费税额} = \text{组成计税价格} \times \text{消费税率} \quad (3.38)$$

例题 3.6

2024 年 6 月，杰界进出口公司向海关申报自美国进口一批排气量为 2.0L 的小轿车（海关编码 8703.23.4110），总价格为 196,000.00 美元，FOB LA/L，运费 34,000.00 元，保险费率 0.1%。经查，中国对原产于美国该类车辆的最惠国税率为 15%，进口环节消费税税率 5%，美元与人民币兑换汇率为 USD1=CNY7.27。试计算该批货物需要缴纳的进口环节消费税。（计算结果保留至小数点后两位）

答：

$$\text{关税完税价格} = \frac{\text{FOB 单价} + \text{国际运费}}{1 - \text{保险费率}}$$

$$= \frac{196,000.00 \times 7.27 + 34,000.00}{1 - 0.1\%}$$

$$\approx 1,460,380.38 \text{ 元}$$

应纳关税税额 = 完税价格 × 关税税率 ≈ 1,460,380.38 × 15% ≈ 219,057.10 元

$$\text{消费税组成计税价格} = \frac{\text{关税完税价格} + \text{关税税额}}{1 - \text{消费税率}}$$

$$\approx \frac{1,460,380.38 + 219,057.10}{1 - 5\%}$$

$$\approx 1,767,828.93 \text{ 元}$$

应纳消费税税额 = 组成计税价格 × 消费税率 ≈ 1,767,828.93 × 5% = 88,391.45 元

部分商品从量计征消费税，应税货物主要有黄酒、啤酒以及汽油等石化成品油类，实行定额征收，如含铅汽油每升 0.28 元、柴油每升 0.1 元；部分商品复合

计征消费税，应税货物主要有卷烟和白酒，如白酒应在从价计征 20% 的基础上，再按 0.5 元 /500 克（或 500 毫升）从量计征。

四、进口核算

（一）进口总成本

货物的进口总成本等于货物 CIF 价格、进口税及进口费用之和。其中，进口税主要包括进口关税、增值税和消费税。进口费用主要包括：

1. 码头卸货费、起重机费、驳船费、码头建设费、码头仓租费等卸货费用。

2. 进口关税、增值税、消费税等。

3. 银行收取的各类费用，如开证费、汇款手续费、利息支出等。

4. 报关费、提货费、检验费以及其他公证费等。

5. 进口国国内运输费、保险费。

6. 代理进口费等。

无论选用哪一种贸易术语，货物进口总成本构成相同。

（二）进口货物报价核算

根据拟进口货物的内销价格、费用及预期利润，即可计算拟进口货物的计划成交价格。

前文关于各种利润率的表示方法，进口货物报价核算也同样适用。本部分仅以销售价格利润率为例，说明进口货物报价核算。其他利润率形式的报价公式依此类推。

在进口报价核算时，我们要遵循以下基本逻辑：

进口货物国内售价 = 货物进口总成本 + 内销费用 + 预期利润额　　（3.39）

由于货物进口总成本中包含较多信息，我们在进行报价核算时，需要根据具体情况将其进行分解。

为表述便利，在以下公式中将使用以下简称：

销售价格：该商品在进口国国内拟销售价格

利润率：进口货物销售价格利润率

综合费用：进口费用与内销费用之和

第三章　国际贸易及单证业务中的核算

进口税额：进口关税额、进口消费税额与进口增值税额之和

关税（率）：进口关税（率）

保费（率）：进口货物运输保险费（率）

1. CIF 报价核算

根据公式 3.39 以及 CIF 贸易术语的价格构成，可以得出：

CIF 报价 = 销售价格 – 利润额 – 综合费用 – 进口税额

CIF 报价 = 销售价格 – 销售价格 × 利润率 – 综合费用 – 进口税额

整理后：

CIF 报价 = 销售价格 × （1 – 利润率）– 综合费用 – 进口税额　　（3.40）

其中：

进口税额 = 关税 + 消费税 + 增值税　　（3.41）

关税 = CIF 报价 × 关税率　　（3.42）

$$消费税 = \frac{CIF 报价 + 关税}{1 - 消费税率} \times 消费税率 \quad (3.43)$$

$$增值税 = \frac{CIF 报价 \times (1 + 关税率) \times 增值税税率}{1 - 消费税率} \quad (3.44)$$

显然，若把公式 3.41 至公式 3.44 代入公式 3.40，其结果将非常复杂。在进行核算时，我们可以通过 Excel 等电子表格，设计关联计算表进行核算。这样做既可显示如进口关税、增值税和消费税等各项结果，又可以同步输出最终报价。

2. CFR 报价核算

根据公式 3.39 以及 CFR 贸易术语的价格构成，可以得出：

CFR 报价 = 销售价格 – 利润额 – 保费 – 综合费用 – 进口税额

CFR 报价 = 销售价格 – 销售价格 × 利润率 – 保费 – 综合费用 – 进口税额

整理后：

CFR 报价 = 销售价格 × （1 – 利润率）– 保费 – 综合费用 – 进口税额

　　（3.45）

其中：

$$保费 = \frac{CFR 报价}{1-保费率} \times 保费率 \qquad (3.46)$$

进口税额 = 关税 + 消费税 + 增值税 （3.47）

$$关税 = \frac{CFR 报价}{1-保费率} \times 关税率 \qquad (3.48)$$

$$消费税 = \frac{CFR 报价 \times (1+关税率)}{(1-保费率) \times (1-消费税率)} \times 消费税率 \qquad (3.49)$$

$$增值税 = \frac{CFR 报价 \times (1+关税率) \times 增值税税率}{(1-保费率) \times (1-消费税率)} \qquad (3.50)$$

3. FOB 报价核算

根据公式 3.39 以及 FOB 贸易术语的价格构成，可以得出：

FOB 报价 = 销售价格 – 利润额 – 国际运费 – 保费 – 综合费用 – 进口税额

FOB 报价 = 销售价格 – 销售价格 × 利润率 – 国际运费 – 保费 – 综合费用 – 进口税额

整理后：

FOB 报价 = 销售价格 ×（1 – 利润率）– 国际运费 – 保费 – 综合费用 – 进口税额 （3.51）

其中：

$$保费 = \frac{FOB 报价 + 运费}{1-保费率} \times 保费率 \qquad (3.52)$$

进口税额 = 关税 + 消费税 + 增值税 （3.53）

$$关税 = \frac{FOB 报价 + 运费}{1-保费率} \times 关税率 \qquad (3.54)$$

$$消费税 = \frac{(FOB 报价 + 运费) \times (1+关税率)}{(1-保费率) \times (1-消费税率)} \times 消费税率 \qquad (3.55)$$

$$增值税 = \frac{FOB 报价 \times (1+关税率) \times 增值税税率 + 国际运费 \times (1+关税率) \times 增值税税率}{(1-保费率) \times (1-消费税率)}$$

（3.56）

买方通过以上核算，再与卖方报价进行比较，从而判断卖方报价是否可以接

第三章 国际贸易及单证业务中的核算

受。但进口核算仍存在相当的不确定性。例如，商品进口后的市场售价，容易受产品定位、市场供求、竞争对手营销策略等多方面的影响。在产品销售过程中，当事人也需要根据具体情况，不断调整商品价格。

4. 进口核算报价实例

例题 3.7

我国某进出口公司计划从意大利某公司进口一批化妆品。计划采购数量 3,000 件，拟采用 FOB Napoli 贸易术语。经查询，该批货物国际运费 1,900.00 元；一切险保险费率 0.08%；增值税税率 13%，消费税率为 30%，进口关税税率为 10%；报关费 150.00 元，单证录入费 90.00 元，检验费率为交易金额的 0.25%，港口码头费 200.00 元；T/T 付款手续费率为交易金额的 0.1%，其他进口费用约占交易金额的 2%；国内销售费用约占销售价格的 5%；核算时的汇率为：EUR1=CNY7.3907。经市场调查，该公司计划在国内市场的销售单价为 230.00 元/件。该公司计划最低保证 15% 的销售价格利润率。试问在与意大利公司进行谈判时，该公司应坚持的 FOB 价格底线是多少？

分析：

本题涉及的各项进口税额、检验费和付款手续费等均与最终报价相关。无法直接通过公式核算出最终结果。为了进行精确核算，比较便捷的方法是借助 Excel 表格构建进口核算表。

由于我们需要求解的 FOB 价格，是计算税费的基础。因此，在设计核算表时，我们需要首先假定 FOB 价格已知，并填写一个预估数字。然后，以求解 FOB 价格下的销售价格利润率作为设计思路，完成整个进口核算表设计。在核算表设计完成后，再不断调整最初输入表格中的 FOB 价格。直到核算表所计算并显示的销售价格利润率等于 15%。该价格就是和出口方谈判时的价格底线。

答：

第一步，根据题目要求，在 Excel 中设计以下表格，并在相应单元格中输入以下信息（表 3-1）：

表 3-1　Excel 进口核算表（FOB 价格）

	A	B	C	D
1	进口核算表（FOB价格）			
2	在D2单元格尝试输入不同的FOB单价(EUR)，以使D19单元格变成15%：			
3	已知条件		输出信息	
4	项目	输入数值	项目	输出结果
5	交易数量（PCS）	3000.00	CIF总价（CNY）	
6	国际运费（CNY）	1900.00	保险费（CNY）	
7	保险费率	0.08%	进口关税（CNY）	
8	增值税率	13%	消费税（CNY）	
9	消费税税率	30%	增值税（CNY）	
10	进口关税率	10%	进口税额（CNY）	
11	报关费(CNY)	150.00	国内销售价格（CNY）	
12	单证录入费(CNY)	90.00	检验费用（CNY）	
13	检验费率	0.25%	T/T付款手续费（CNY）	
14	港口码头费(CNY)	200.00	其他进口费用（CNY）	
15	T/T付款手续费率	0.10%	国内销售费用（CNY）	
16	其他进口费用率	2.00%	综合费用（CNY）	
17	国内销售费用率	5.00%	FOB总价（CNY）	
18	汇率(EUR1=CNY?)	7.3907	FOB单价（CNY）	
19	国内销售单价(CNY)	230.00	销售价格利润率	
20				

第二步，在 D5–D19 单元格中分别输入以下公式：

D5=（D17+B6）/（1–B7）

D6=D5*B7

D7=D5*B10

D8=（(D5+D7)/（1–B9））*B9

D9=（D5*（1+B10）+D8）*B8

D10=D7+D8+D9

D11=B19*B5

D12=D17*B13

D13=D17*B15

D14=D17*B16

D15=D11*B17

D16=B11+B12+B14+D15+D12+D13+D14

D17=D18*B5

D18=D2*B18

第三章　国际贸易及单证业务中的核算

D19=（D11-D17-B6-D6-D16-D10）/D11

注意：括号需要使用半角。当每个单元格的公式输入完成后，按回车键，即可计算出相应结果。设置单元格，保留小数点后两位。

第三步，在 D2 单元格输入不同 FOB 价格，观察 D19 单元格值的变化，直至出现 15%（表 3-2）。

表 3-2　Excel 进口核算表（FOB 价格）

	A	B	C	D
1	进口核算表（FOB价格）			
2	在D2单元格尝试输入不同的FOB单价(EUR)，以使D19单元格变成15%：			13.73
3	已知条件		输出信息	
4	项目	输入数值	项目	输出结果
5	交易数量（PCS）	3000.00	CIF总价（CNY）	306568.19
6	国际运费（CNY）	1900.00	保险费（CNY）	245.25
7	保险费率	0.08%	进口关税（CNY）	30656.82
8	增值税率	13%	消费税（CNY）	144525.00
9	消费税税率	30%	增值税（CNY）	62627.50
10	进口关税率	10%	进口税额（CNY）	237809.32
11	报关费(CNY)	150.00	国内销售价格（CNY）	690000.00
12	单证录入费(CNY)	90.00	检验费（CNY）	761.06
13	检验费率	0.25%	T/T付款手续费（CNY）	304.42
14	港口码头费(CNY)	200.00	其他进口费用（CNY）	6088.46
15	T/T付款手续费率	0.10%	国内销售费用（CNY）	34500.00
16	其他进口费用率	2.00%	综合费用（CNY）	42093.94
17	国内销售费用率	5.00%	FOB总价（CNY）	304422.93
18	汇率(EUR1=CNY?)	7.3907	FOB单价（CNY）	101.47
19	国内销售单价(CNY)	230.00	销售价格利润率	15.00%
20				

当我们把 D2 单元格的数值调整为 13.73 时，D19 单元格恰好等于 15%。因此，该公司应坚持的 FOB 价格底线为：13.73 欧元/件（FOB Napoli）。

利用表 3-2，当核算表中 FOB 报价或左侧各项已知条件发生变化时，我们可以迅速看出销售价格利润率的变化，从而判断该交易条件能否接受，进而实现快速报价。相应地，我们可以依据该思路和交易的具体条件，制作适用于各种不同情况的核算表。

外贸单证与实务操作

第三节　外贸业务中运保费的计算

一、班轮运费

依据经营方式，海洋运输可以分为班轮运输和租船运输。由此涉及班轮运费和租船运费的计算问题。尽管租船运输在整个国际货运市场占据较大比例，承担着大量初级产品运输，但对于一般的外贸企业而言，由于交易量相对较小，进出口货物主要利用班轮运输。

班轮运输可分为散货/件杂货运输和集装箱运输。其班轮运费也分为非集装箱运输方式下的散货/件杂货（以下简称"散杂货"）运费和集装箱运输方式下的集装箱运费。目前，大多数国际干杂货物均采用集装箱运输，但是，有些货物无法使用集装箱，只能采用散杂货运输的方式。另外，有些货物不容易损坏，使用集装箱运价较高，采用散杂货运输更便宜。在集装箱运输方式下，除整箱货（full container load, FCL）外，还有一些拼箱货（less than container Load, LCL），其运费的计算方法也与散杂货运费的计费方式相似。外贸从业者应当掌握包括散杂货运费在内的各种运费计算方法。

（一）散杂货运费

散杂货运费主要由基本运费和运费附加费两个部分组成。在办理运输事项时，基本运费和运费附加费须同时缴纳。

1. 基本运费的主要计算标准

（1）按货物毛重计收（"W"，Weight）

适用于重量1公吨、体积小于1立方米的"重货"。在这种计费方式下，每1公吨为1个"运费吨"，有时也称为"计费吨"（F/T,Freight Ton）。

（2）按货物体积计收（"M"，Measurement）

适用于体积1立方米、毛重小于1公吨的"轻货"（又称"抛货"）。在这种

第三章　国际贸易及单证业务中的核算

计费方式下，每1立方米为1个"运费吨"。

（3）按货物毛重或体积中较高者收取（W/M）

承运人在核算运费之前要做判断，如果一批货物按公吨计量的数值大于按立方米计量的数值，则按公吨数值计收运费；如果货物按公吨计量的数值小于按立方米计量的数值，则按体积计收运费。之所以出现这种计费方式，主要基于有些类别的货物，其原料不同、差异大，单纯使用"W"或"M"作为测算标准，可能出现不合理的计算结果。

（4）按货物价值计收

该标准主要适用于价值较高的货物。例如，黄金、白银、首饰等，其重量和体积都很小，但价值很大，运输过程中需要特别关注，并采取特别保护措施。

（5）按货物毛重、体积和价值中取最高者计收

这类标准主要适用于由于原料不同、生产工艺不同，有时可能会导致商品价值较高的货物。

（6）按个数计收

主要适用于车辆、活牲畜等大件商品。

（7）按议价计费

主要适用于所运输货物数量较大的情形。这类货主属于船公司的重要客户，通过议价计费，可以减少货源流失，稳定船货双方业务关系。

（8）最低运费

如果单笔货物重量、体积和价值的数值较小，仅符合运价表中的最低计费标准，则按该最低运费水平计收运费。

2. 运费附加费

运费附加费名目繁多，主要用于补偿承运方在特定条件下增加的支出。出口商在对外出口报价时，如果价格包含运费，要注意运费附加费等涨价或变相涨价因素，以免发生亏损。常见的运费附加费有：

（1）码头处理费或码头装卸费（terminal handling charges, THC）

THC 又可分为本地码头费（OTHC）和目的港码头费（DTHC）。THC 主要包括集装箱货物在码头操作中产生的相应成本。该费用在装运港一般由发货人或卖方承担，在目的港由收货人或买方承担。不同地区对该费用的称谓有所不同。

（2）燃油附加费（bunker adjustment factor, BAF）

船公司因石油涨价超过一定限度，导致运输成本提高而向货主收取费用。

（3）货币贬值附加费（currency adjustment factor, CAF）

承运人因运费计价货币汇率发生贬值而向托运人收取费用。该附加费需要在计算完其他附加费并与基本运费加总的基础上进行计算。

（4）旺季附加费（peak season surcharges, PSS）

每年 4 月至 11 月属于货运旺季，货运需求量大，船公司向托运人加收旺季附加费。

（5）直航附加费（direct additional）

如果一批货物需要运往该航线中的非基本港，且货量较大，托运人要求将这批货物直接运达指定港口卸货时，由船方安排直航，船方加收费用。

（6）超重附加费（heavy lift additional）

由于单件货物超过一定重量，给装卸造成额外难度，承运人收取费用。

（7）选港附加费（optional destination additional）

在签订运输合同时，该批货物暂定一个以上的卸货港口。例如，"port of destination: EMP（European main ports）""port of destination: Chinese ports" 等，但最终货物只会在其中的一个港口卸货，这将给承运人增加麻烦，因此要加收费用。

（8）变更卸货港附加费（additional for alteration of destination）

托运人在货物运输途中要求变更卸货港时，船公司可以照办，但要收取一定费用。

（9）集装箱不平衡附加费（container imbalance charge, CIC）

由于贸易量不平衡或季节性变化，导致货流量和集装箱的不平衡，船公司为

第三章　国际贸易及单证业务中的核算

了弥补调运空集装箱的成本而加收费用。

（10）文件费（Document Fee）

在海运过程中，有订舱单、提单等许多文件需要交接，由此而产生的费用被称为文件费。该费用通常由船公司向货运代理公司或直接向托运人收取。

3. 班轮散杂货运费计算

班轮运费通常要按照所承运货物的类别和等级计收。

货物主要分为干杂货物、冷藏货物、鲜活货物、危险货物等类别。货物的类别不同，运输条件及难度不同，其运费计收标准也不同。干杂货物费率最低，危险货物费率最高。同时，各个类别还有具体的运费计收标准。例如，对干杂货物而言，承运人在计收基本运费时，需要根据水路运输货物等级表确定货物种类与等级。该等级表将货物分成89类和20个等级。每个等级对应着运费的收取标准，表3-3呈现了部分货物级别及计费标准。

表3-3　部分货物级别及计费标准

货名	COMMODITIES	级别	计费标准
农具	AGRICULTURAL IMPLEMENT	8	W/M
农机及零件（包括拖拉机）	MACHINES, PARTS &ACCESORIES (INCLUDING.TRACTORS)	9	W/M
人造革及制品	ARTIFICIAL LEATHER &GOODS	11	M
麻、纸、塑料包装袋	BAGS (GUNNY, PAPER, POLYPROPYLENE)	5	M
化肥	FERTILIZERS	6	W
千斤顶	HOISTING JACK	10	W
医疗设备	HOSPITAL EQUIPMENT	10	W/M
光学仪器	INSTRUMENTS OPTICAL	13	M
纸（捆、卷）	PAPER (IN BALES & REELS)	12	W
塑料制品	PLASTIC MANUFACTURES	9	M

外贸单证与实务操作

> **例题 3.8**
>
> 山东通明兴贸易有限公司出口一批货物,共计 550 个纸箱,从青岛港海运至美国旧金山市。纸箱外径 35 厘米 ×30 厘米 ×45 厘米,每箱毛重为 50 千克,采用 W/M 计费,基本运费为 130 美元 / 运费吨。同时征收的附加费有:15%燃油附加费、15%旺季附加费和 10%货币贬值附加费。请核算货物总运费。(计算结果保留至小数点后两位)
>
> 答:
>
> (1) 货物总体积 M:0.35×0.30×0.45×550.00≈25.99 立方米;
>
> (2) 货物总毛重 W:0.05×550.00=27.50 公吨;
>
> (3) 由于 M<W,因此应按货物重量计收运费;
>
> (4) 基本运费 =130.00×27.50=3,575.00 美元;
>
> (5) 燃油附加费和旺季附加费 =3,575.00×(15%+15%)=1,072.50 美元
>
> (6) 货币贬值附加费 =(3,575.00+1,072.50)×10% =464.75 美元
>
> (7) 货物总运费 = 基本运费 + 燃油附加费 + 旺季附加费 + 货币贬值附加费
>
> =3,575.00+1,072.50+464.75
>
> =5112.25 美元

(二)集装箱货运费

集装箱运费一般包括基本运费和附加费两部分。计收办法包括:

1. 整箱货(FCL)使用包箱费率

根据中国远洋运输公司的中国远洋货运运价本,包箱费率(box rate)主要有以下计费方法:

(1) FAK(freight for all kinds)

FAK 是指不分货物等级或类别,一律按集装箱的大小和个数以及航线计收运费。

(2) FCB(freight for class or basis)

FCB 是指按干杂货、冷藏货、危险品等不同货物等级或类别计收运费。

第三章　国际贸易及单证业务中的核算

（3）FCS（freight for class）

FCS 是指以货物等级确定包箱费率，按"W/M"计收运费。

> **例题 3.9**
>
> 我国某公司向丹麦出口一个 TEU 的服装，航线为上海—哥本哈根，其基本运费标准为 2,500.00 美元 /TEU，燃油附加费费率为 10%，货币贬值附加费费率为 15%。则该批货物全部运费是多少？
>
> **答：**
>
> 全部运费 = 基本运费 + 燃油附加费 + 货币贬值附加费
>
> 　　　　 =2,500.00+2,500.00×10%+（2,500.00+2,500.00×10%）×15%
>
> 　　　　 =3,162.50 美元

2. 拼箱货（LCL）按运费吨计算

小批量货物除使用国际快递外，为降低成本，往往可以使用拼箱进行海洋运输。拼箱分为直拼或转拼，直拼是指拼箱集装箱内货物的目的港相同，直接在目的港卸货。转拼是指集装箱内货物目的地不同，必须在中途拆箱、重新拼箱。

拼箱货需要按运费吨标准计算运费。拼箱货除了基本运费外，还包括装箱费和拆箱费。

3. 集装箱最大载货量推算

计算集装箱载货量必须考虑集装箱的内径尺寸和最大载重量。装载干货的国际标准集装箱规格如表 3-4 所示。

表 3-4　通用干杂货集装箱规格

集装箱型号		集装箱内径尺寸（长×宽×高）	容积（立方米）	净载重量（公吨）
1	TEU	5.89 米 ×2.35 米 ×2.39 米	约 33	21.74
2	FEU	12.03 米 ×2.35 米 ×2.39 米	约 67	26.63
3	40'HQ	12.03 米 ×2.35 米 ×2.69 米	约 76	26.60

在实际业务中，集装箱内径尺寸及最大载重量是重要参考信息。在运输包装尺寸进行重新设计的场合，外贸企业需要结合这些信息，确定运输包装大小，以实现集装箱仓容利用的最大化。

根据 TEU 和 FEU 集装箱内部容积与最大载重量的数据对比，我们可以发现，二者最大载重量相差较小。因此，TEU 适合重货的装运，而 FEU 适合轻货的装运。显然 40'HQ 更适合大件轻货物品的装运。

在已选定集装箱并且货物运输包装尺寸已经确定的情况下，货物的装载方式不同，集装箱的仓容利用率也不同。因此，需要找出最合理的装载方式。假设计划装载于集装箱的货物使用木箱作为外包装并且该木箱可以任意方向堆放，则木箱在集装箱内共有 6 种不同的堆码方法。即：长宽高—长宽高、宽长高—长宽高、长高宽—长宽高、宽高长—长宽高、高长宽—长宽高、高宽长—长宽高。这样，我们可以分别计算出 6 种装载方式下的装载数量，从而选择装载数量最多的方式。

在实际业务中，当事人还应结合交易实际，考虑某些装载方式是否可行。例如，瓦楞纸箱只有在竖立时才具有较强的支撑力。因此，使用瓦楞纸箱装载的货物，在集装箱内并不适合侧放。很多商品本身的特性也决定了在装载时不适合侧放。因此，需要剔除不适合的装载方式。

计算集装箱载货量，还需要考虑集装箱最大载重量，避免超重现象的发生。集装箱装载重量直接影响承运船舶的油耗，从而影响运营成本，因此，集装箱的净载重量近年来似乎也成了"变量"，随油价变化呈现起伏的趋势。当美元汇率坚挺、国际石油价格较低的时候，一个 TEU 的最大载重量曾经达到 23 公吨，一个 FEU 或一个 40'HQ 可以达到 27 公吨；但当美元贬值，石油价格大幅度上涨后，船公司纷纷对一个 TEU 的装货重量超过 14 公吨的，加收"超重附加费"。这使得集装箱最大载重量成为降低运营成本的手段之一。

> **例题 3.10**
>
> 某公司计划将一批货物装载于 20 英尺集装箱。该批货物的运输包装为木箱。其外径尺寸为 60 厘米 ×45 厘米 ×30 厘米，每箱毛重 25 千克。20 英尺集装箱

的内径尺寸为 5.89 米 ×2.35 米 ×2.39 米，最大载重量为 21.74 公吨。如果该货物可以任何方向放置，则集装箱最多可装载多少货物？

答：

本题需要考虑按 TEU 的容积和最大载重量两种情况推算货物的装载量，并选择其中较小的数值作为计算结果：

（1）按 TEU 容积推算装载数量

该货物在集装箱内的堆码方式有以下 6 种：

①将运输包装的长、宽、高分别与集装箱的长、宽、高一一对应进行堆码，则：

装箱量 =（集装箱长 ÷ 木箱长）×（集装箱宽 ÷ 木箱宽）×（集装箱高 ÷ 木箱高）=（5.89÷0.6）×（2.35÷0.45）×（2.39÷0.3）

上式中每个括号内的商取整，然后再相乘，得：

装箱量 ≈ 315 件

②将运输包装的宽、长、高分别与集装箱的长、宽、高一一对应进行堆码，则：

装箱量 =（集装箱长 ÷ 木箱宽）×（集装箱宽 ÷ 木箱长）×（集装箱高 ÷ 木箱高）=（5.89÷0.45）×（2.35÷0.6）×（2.39÷0.3）

上式中每个括号内的商取整，然后再相乘，得：

装箱量 ≈ 273 件

③将运输包装的长、高、宽分别与集装箱的长、宽、高一一对应进行堆码，则：

装箱量 =（集装箱长 ÷ 木箱长）×（集装箱宽 ÷ 木箱高）×（集装箱高 ÷ 木箱宽）=（5.89÷0.6）×（2.35÷0.3）×（2.39÷0.45）

上式中每个括号内的商取整，然后再相乘，得：

装箱量 ≈ 315 件

④将运输包装的宽、高、长分别与集装箱的长、宽、高一一对应进行堆码，则：

装箱量 =（集装箱长 ÷ 木箱宽）×（集装箱宽 ÷ 木箱高）×（集装箱高 ÷ 木箱长）=（5.89÷0.45）×（2.35÷0.3）×（2.39÷0.6）

上式中每个括号内的商取整，然后再相乘，得：

装箱量 ≈ 273 件

⑤将运输包装的高、长、宽分别与集装箱的长、宽、高一一对应进行堆码，则：

装箱量 =（集装箱长 ÷ 木箱高）×（集装箱宽 ÷ 木箱长）×（集装箱高 ÷ 木箱宽）=（5.89÷0.3）×（2.35÷0.6）×（2.39÷0.45）

上式中每个括号内的商取整，然后再相乘，得：

装箱量 ≈ 285 件

⑥将运输包装的高、宽、长分别与集装箱的长、宽、高一一对应进行堆码，则：

装箱量 =（集装箱长 ÷ 木箱高）×（集装箱宽 ÷ 木箱宽）×（集装箱高 ÷ 木箱长）=（5.89÷0.3）×（2.35÷0.45）×（2.39÷0.6）

上式中每个括号内的商取整，然后再相乘，得：

装箱量 ≈ 285 件

其中①③装载方式下的装箱量最高，可以装载 315 件。因此，在仅考虑集装箱容积的情况下，①③装载方式最为可取。但同时还须考虑集装箱最大限重，所以，还应计算仅考虑集装箱最大载重量的情况下可以装载的货物数量。

（2）按 TEU 的最大载重量推算装载数量

装箱量 = 最大载重量 ÷ 木箱毛量 = 21,740 ÷ 25 ≈ 869 件

其中，上述计算舍去余数，进行了取整处理。

由于 315 件 <869 件，故该货物在一个 TEU 内最多可装载 315 件。

二、航空运费

航空运输为高效、安全的运输方式，目前已成为高价值货物、鲜活易腐货物以及急需物品的首选运输方式，另外，国际快递业务也大多通过航空运输进行流转。

（一）计费重量

航空运费主要由两个因素决定：货物适用的运费率与计费重量。

航空运费率，也称为航空运价，是指航空承运人或其代理人针对特定航线，

对承运特定类别单位重量货物所收取的费用。航空运费率一般以运输始发地所在国货币进行公布。根据货物分类及等级的不同，航空运费率也不同。

为了充分利用飞机载荷空间和最大载重，国际航空运输协会（IATA）建立了一个计费重量测算体系。航空运输的计费重量，需要在以下三种类别中根据计费规则进行确定：货物的实际毛重、根据货物体积折算出的体积重量以及较高重量分界点的重量。IATA规定，使用公制时，计费重量以0.5千克为单位进行进位。尾数不足0.5千克者，视为0.5千克；尾数在0.5千克以上，则按1千克计算。

1. 实际毛重（actual gross weight）

实际毛重指以千克为计量单位，进行实际称重。这种方式主要适用于每千克体积大于6,000立方厘米的重货。

2. 体积重量（volume weight）

体积重量指将货物体积折算处理后得出的重量。折算标准主要有：6,000立方厘米=1千克；366立方英寸=1千克；166立方英寸=1磅。但应注意，对货物进行体积测量时，不论是规则的货物，还是不规则的货物，均测量其最长、最宽和最高数值。若是圆桶包装，其最长和最宽均为圆桶的直径。因此，这种测量计算的结果，并不一定是货物的实际体积。同时，一次交易中如果包括多件货物，其体积重量按照多件货物的总体积进行计算。

3. 计费重量（chargeable weight）

货物实际毛重和体积重量中数值较高的重量，将被用来计算航空运费，这被称为计费重量。

4. 最低运费（minimum freight）

最低运费指航空承运人规定的寄运小件时的最低运费标准。

（二）航空运价的种类

国际航空货物运价主要分为国际航协运价和协议运价。

1. 国际航协运价

IATA在其《国际航空货物运价及规则手册》中公布的空运货物运价被称为

TACT（the air cargo tariff）运价。该手册主要由以下三个部分组成：《运价规则》（*TACT Rules*）：每年更新两次，规定了空运货物运输的基本规则和要求。《北美运价手册》（*TACT Rates—North America*）：每年更新六次，专门针对北美地区的空运货物运价。《世界（除北美）运价手册》（*TACT Rates—worldwide*）：每年更新六次，涵盖除北美以外的全球其他地区的空运货物运价。空运货物运价分为两种类型：公布直达运价和非公布直达运价。

IATA 公布国际航协运价的主要目的是协调各国空运货物运价体系。但在实践中，各国航空公司并非完全遵照该运价规则。为保持竞争优势，大多数航空公司会在此基础上打折。但该运价依然有现实意义：通过这种价格体系，每个航空公司都能找到参照运价，作为制定本公司运价的重要依据；IATA 对特种货物进行了分类，大多数航空公司在运输这类货物时，一般都采用这一分类及其标准运价；IATA 在全世界范围内建立了空运价格体系，统筹了全球空运市场。

2. 协议运价

协议运价指托运人或货运代理公司与航空货运公司通过单独谈判，签订航空货物运输合同而确定的运价。该运价受市场供求关系的影响最为明显，不同的托运人和航空公司，其协议运价存在一定差异。

值得注意的是，航空运价标准按协议运价、公布直达运价、非公布直达运价的次序适用。上述航空运价只是从始发站机场至目的地机场的航空运输费用，不包括提货费、报关费、制单费、仓储费等其他费用。

（三）普通货物运价的计算

普通货物运价（GCR）是公布直达运价中最常见的运价标准。绝大部分的空运货物均适用于该运价。普通货物运价分为：45 千克以下运价，代号为 N；45 千克以上运价，代号为 Q。45 千克以上运价又可分为 100 千克、300 千克、500 千克、1000 千克、2000 千克等运价。

第三章 国际贸易及单证业务中的核算

1. 计算步骤

第一步：测量货物总毛重。

第二步：测量货物总体积，并计算出货物的体积重量。

第三步：在指定的计量单位下，比较总毛重与体积重量，取数值较大者作为计费重量。

第四步：根据公布运价，找出适合本货物计费重量的适用运价。

（1）计费重量小于45千克时，适用GCR N的运价。

（2）计费重量大于45千克时，适用GCR Q45、GCR Q100、GCR Q300等相对应的运价。

第五步：计算航空运费。

航空运费 = 计费重量 × 适用运价　　　　　　　　　　　　　（3.57）

第六步：采用较高重量分界点重新计算航空运费，并与第五步计算出的航空运费进行比较，取较低者。

2. 计算实例

例题 3.11

某公司计划采用空运出口货物，适用普通货物运价（GCR）。运输路线为中国上海到美国洛杉矶。该批货物共计5件，每件毛重为15.2千克，外包装尺码为：80厘米×50厘米×32厘米。经查询，上海至洛杉矶的人民币运价如下：

CITY NAME	CODE	45KGS	100KGS	300KGS	500KGS	1000KGS
Los Angeles	LAX	21CNY	19.5CNY	16.5CNY	15CNY	14.5CNY

试计算该批货物的航空运费。（计算结果保留至小数点后一位）

答：

货物总毛重 =15.2×5=76.0 千克

货物总体积 =80×50×32×5=640,000.0 立方厘米

> 货物体积重量 =640,000.0 ÷ 6000 ≈ 106.7 千克
>
> 该批货物总毛量小于体积重量，因此，取体积重量作为计费重量。同时，由于 0.5<0.7<1，货物的计费重量应进位成 107.0 千克。
>
> 根据运价表，该货物运价为 19.5 元/千克。以此为标准，计算航空运费为：
>
> 航空运费 =107.0 × 19.5=2,086.5 元
>
> 根据该货物的计费重量，采用较高重量分界点重新计算航空运费为：
>
> 航空运费 =300.0 × 16.5=4,950.0 元
>
> 由于 2,086.5 < 4,950.0
>
> 因此，该批货物的航空运费为 2,086.5 元。

在上例中，计费重量与较高重量分界点的重量差别较大，明显不可能适用较高重量分界点的运费。但如果计费重量稍低于较高重量分界点的重量，则以后者计算出来的航空运费可能较低。如果计费重量为 280 千克，依此计算出的航空运费为 5,460.0 元，而依据较高重量分界点计算出的航空运费仍为 4,950.0 元，此时航空公司收取的航空运费应为 4,950.0 元。

三、货运保险费

在国际贸易中，货运风险需要通过投保解决。根据当事人选定的贸易术语，承担货运保险责任的一方需要办理保险事项并支付保险费用。在确定货运保险费的过程中，我们需要考虑投保加成、保险金额、保险险别等因素，有时还会涉及超成保险费的计算。

（一）保险金额与投保加成

保险金额是指保险公司依据保险合同所应承担的最高赔偿金额，同时也是计算保险费的基础。在办理国际货运保险事项的过程中，一般以保险价值（insured value）为基础，在考虑投保加成的基础上确定保险金额（insured amount）。保险金额一般是指所承保货物的 CIF 价值。如果当事人所选择贸易术语的价格构成中不包括运费和/或保费，一般需要先转换成 CIF 价。因为一旦货物发生全损，运

费与保费的损失也必然发生。当事人如果希望保险公司能够赔付这笔损失，就需要把运保费作为保险金额的组成部分。因此，选择 CIF 价格作为保险价值是国际贸易惯例。

除此之外，如果货物发生全损，买方购买该批货物的预期收益也将丧失。根据惯例，预期收益也属于实际损失的一部分。因此，在实际业务中，当事人可以在 CIF 价格基础上，增加一定比例计算保险金额，所增加的比例被称为投保加成。在国际货运投保业务中，使用投保加成是国际贸易惯例，能够更全面地保护当事人的利益。投保加成率一般为 10%。在某些特殊情况下，保险公司最高可接受不超过 30% 的投保加成。这一比例如果超过了 10%，当事人应该事前征得保险公司同意，以免出现保险公司拒保的情形。

国际货运保险金额计算公式：

保险金额 =CIF 价格 ×（1+ 投保加成率） （3.58）

如果使用 CFR 或 FOB 贸易术语，则其计算公式为：

$$CIF = \frac{CFR}{1-(1+投保加成率) \times 保险费率} \quad (3.59)$$

$$CIF = \frac{FOB+运费}{1-(1+投保加成率) \times 保险费率} \quad (3.60)$$

在上述公式中，我们也可以使用 FCA、CPT、CIP 分别替换 FOB、CFR、CIF 贸易术语。

在进口业务中，如果选用买方办理保险事项的贸易术语，为了节约保险费用，买方在办理保险时往往不再考虑投保加成，直接以 CIF 价格进行投保。

（二）保险费

保险费是指保险公司因为承保各类风险而向投保人收取的费用。保险费的计算公式如下：

保险费 =CIF 价格 ×（1+ 投保加成率）× 保险费率 （3.61）

在办理货运保险业务时，不同保险公司的保险费率各不相同。各类普通货物海运基本险费率约为万分之四至万分之八，一般不会超过千分之一。

> **例题 3.12**
>
> 某贸易公司出口一批商品至法国福斯，原报价为 CFR FOS，总金额为 90,000.00 美元。后来，客户又要求改报 CIF FOS，投保一切险。如果投保加成率为 10%，保险费率为 0.08%，在保持利润总额不变情况下，这批货物的 CIF 价格与应付保险费各为多少？（计算结果保留至小数点后两位）
>
> **答：**
>
> $$\text{CIF 价格} = \frac{\text{CRF}}{1-(1+\text{投保加成率})\times\text{保险费率}}$$
>
> $$= \frac{90,000.00}{1-(1+10\%)\times 0.08\%}$$
>
> $$\approx 90,079.27 \text{ 美元}$$
>
> 保险费 = CIF 价格 × (1+ 投保加成率) × 保险费率
>
> $\approx 90,079.27 \times (1+10\%) \times 0.08\%$
>
> ≈ 79.27 美元

在本例中，保险费也可以直接用 CIF 价格减去 CFR 价格获得。

（三）免赔率

在办理保险业务时，保险条款中可能会有免赔率的规定。免赔率指被保险货物发生承保责任范围内损失时，保险公司在一定比率内不承担赔偿责任。其主要针对散装、易碎、易破、易损耗货物。在保险单中，有时也会直接用固定的免赔额代替免赔率。具体又分为以下三种类型：

1. 相对免赔率

它是指如果被保险货物在承保范围内的损失率小于或者等于保险单规定的免赔率，保险公司将不予赔偿；只有当被保险货物损失率超过了保险单规定的免赔率，保险公司才按实际损失给予赔偿。即，只要损失超过了规定的免赔率，保险公司就按实际损失全额赔偿。

2. 绝对免赔率

它是指如果被保险货物在承保范围内的损失率小于或者刚好等于保险公司规

第三章 国际贸易及单证业务中的核算

定的免赔率,保险公司将不予赔偿;保险公司只对保险标的实际损失率超过保险单中规定的免赔率部分给予赔偿。即,保险公司只赔付免赔率以上的部分损失。

3. 不计免赔率

只要被保险货物的损失属于承保范围,保险公司一律按货物的实际损失给予赔偿。即,保险公司对被保险货物的损失全部赔付,不考虑免赔问题。

例题 3.13

某批货物全部保险金额为 100,000.00 美元,假设货物在运输途中,发生了承保责任范围内的损失共计 4,500.00 美元。请按"不计免赔率""3% 相对免赔率"和"3% 绝对免赔率",计算保险公司应赔付的金额。

答:

(1)按不计免赔率,保险公司应全额赔付损失金额:4,500.00 美元。

(2)计算损失率:4,500.00 ÷ 100,000.00 × 100% = 4.50%,损失率大于设定的 3% 免赔率;按相对免赔率,保险公司应赔付:4,500.00 美元。

(3)按绝对免赔率,保险公司应赔付:4,500.00–100,000.00 × 3% =1,500.00 美元。

第四节 其他外贸业务核算

一、佣金

在出口业务中,如果对方是代理人或中间商,往往要求卖方报含佣价。这时卖方的出口报价中则需要包含佣金。佣金大小直接影响到报价高低,也关系到买卖双方以及有关第三方的经济利益。因此,佣金是在国际贸易业务报价中必须明确的问题。

(一)佣金的含义

佣金(commission)是代理人、中间商或经纪人因提供交易信息从而使买卖

外贸单证与实务操作

双方成功交易，或代理委托人的进出口业务而获得的报酬。如果在外贸合同及有关单证上明确写清佣金事项，这种佣金称为明佣。如果在外贸合同及有关单证上没有体现佣金事项，这种佣金称为暗佣。

（二）佣金的计算

1. 按比率计算佣金

这是最常见的佣金计算方式。

佣金 = 含佣价 × 佣金率　　　　　　　　　　　　　　　　（3.62）

根据公式 3.62，可以将对外报价在净价与含佣价之间互换。

含佣价 = 净价 ÷ （1– 佣金率）　　　　　　　　　　　　　（3.63）

净价 = 含佣价 × （1– 佣金率）　　　　　　　　　　　　　（3.64）

> **例题 3.14**
>
> 新顶天公司出口某商品，报 CIF 净价 2,000.00 美元 / 公吨，对方要求改报含佣价。试计算 CIFC1.5% 的含佣价。（计算结果保留至小数点后两位）
>
> **答：**
>
> 含佣价 = 净价 ÷ （1– 佣金率）=2,000.00 ÷ （1–1.5%）≈ 2,030.46 美元 / 公吨

请注意，如果不使用上述计算公式，在计算时，很有可能会出现这样的思路：

含佣价 =2,000.00+2000.00 × 1.5%=2,030.00 美元 / 公吨

这种计算思路使用净价作为计算佣金的基数，最终计算出的含佣价较小，其中，每公吨佣金为30.00美元。根据惯例，如果没有提前约定,第三方在收取佣金时,将按含佣价乘以佣金率计算，这样做势必侵蚀卖方利润空间。

2. 按数量计算佣金

佣金总额 = 单位佣金金额 × 交易数量　　　　　　　　　　（3.65）

> **例题 3.15**
>
> 我方某公司出口塑料制品 5,000 打，协商的佣金为 10 美分 / 打。试计算其佣金总额。

第三章 国际贸易及单证业务中的核算

> 答：
> 佣金总额 = 单位佣金金额 × 交易数量 = 5,000 × 0.10 = 500.00 美元

3. 按约定贸易术语价格计算佣金

虽然佣金的计算一般按以上两种方法进行，但其本质是当事人协商的结果。在以比率计算佣金时，有时对方坚持某佣金率不下降，则可能会侵蚀卖方利润空间。当事人可以通过协商，确定仅适用该次交易的特殊计算方式。例如，在采用 CIF 贸易术语时，因为保险费和运费都非卖方收益，可以与对方协商按 FOB 价为基数计算佣金，即运费和保险费不付佣，这样做将减轻当事人佣金负担。

> **例题 3.16**
>
> 某公司为出口一批货物与买方进行谈判。买方提出采用 CIF 条件成交，该批货物出口总金额为 23 万美元，其中包含 4% 的佣金。佣金由买方在支付时直接扣除，并在合同履行后向中间商支付。卖方为尽量扩大利润空间，提出 4% 的佣金率可以不变，但需要按照 FOB 净价计算佣金。最终买方认可卖方方案。依据业务经验，本笔业务中运费约占 CIF 金额的 20%。保险费约占 CIF 金额的 2%。试计算在上述条件下的佣金总额。（计算结果保留至小数点后两位）
>
> 答：
> 佣金总额 = CIF 价 ×（1 − 运保费率）× 佣金率
> 　　　　 = 23 × [1 −（20% + 2%）] × 4%
> 　　　　 ≈ 0.72 万元

（三）佣金支付的时间

佣金是为那些在促成交易或协助合同履行过程中提供帮助的第三方所支付的报酬。佣金的支付通常以交易完成为必要条件。在实际业务中，佣金的支付主体既可以是卖方，又可以是买方。关键在于，双方应明确约定在买卖合同履行完毕之后，再向中间商支付佣金。这种安排不但可以有效避免佣金诈骗行为的发生，而且在合同履行过程中，如果出现任何分歧或纠纷，中间商能发挥沟通协调的作用。

二、折扣

（一）折扣的使用

在国际贸易合同洽商过程中，价格是核心问题。一般卖方首先报价，之后的价格磋商，主要就是买方围绕该报价，要求卖方给予一定程度折扣的问题。折扣是指卖方为扩大销售，而给予买方一定百分比或其他形式的价格减让。在实际业务中，一般直接以折扣后的实际交易价格作为合同价格，并不需要在合同价格条款中写清折扣率等折扣事项。但有时，一些规模较大或有较高知名度的卖方，为了维持其所售产品价格稳定性，一般只有在符合特定条件下，才会给予买方折扣。折扣率的高低与交易产品的数量、交易季节、交货期密切相关。

如果在合同以及随后制作的商业单据中明确标注了折扣率及折扣金额，这种折扣称为明扣。如果合同中使用原价，但通过口头或另外协议的方式确定折扣率及折扣事项，这种折扣称为暗扣。如果单独的折扣协议规定，买方需要按原价支付货款，等交易完成后，卖方再将折扣额返还给个人，这种行为属于违法行为，超过法定金额将被司法机关认定为犯罪。

（二）折扣的计算

折扣的计算公式：

$$折扣额 = 原价 \times 折扣率 \tag{3.66}$$

$$净价 = 原价 \times (1- 折扣率) \tag{3.67}$$

例如，某商品出口价格为 CIF HONG KONG 2,500 美元/公吨，折扣率 3%，商品折后售价为：

2,500×（1-3%）=2,425 美元/公吨

在实际业务中，也有人在贸易术语中直接加 "D" 或 "R" 表示折扣。例如，使用 CIF D 2% 或 CIF R 2%。这里的 "D" 和 "R" 分别是 "discount" 和 "rebate" 的缩写。但由于当事人可能对 "D" 或 "R" 有不同的理解，故在合同中最好不使用此缩写。

第三章　国际贸易及单证业务中的核算

三、汇率

在外贸业务中，我们往往需要使用外币作为计价货币和支付货币。但对于出口企业而言，根据相关法律法规以及企业经营需要，一般需要将这些外币兑换成人民币在国内使用。进口企业出口也需要通过法定途径购买外汇。这涉及货币兑换比率，即汇率问题。受国内外各种因素影响，汇率不断波动，直接关系到外贸企业经济利益。

（一）直接标价法和间接标价法

汇率是以其他货币表示的特定货币的价格，通常有直接标价法和间接标价法两种表现形式。直接标价法是以本币去标示一定数量外币的价格，包括我国在内的大多数国家使用这种方法。例如，2024年7月6日，人民币汇率中间价为"100美元=726.83元人民币"。间接标价法是以外币去标示本币的价格。美国、英国以及一些英联邦国家采用间接标价法。显然，只有在确定哪一种货币为本币时，区分这两种标价法才有意义。因此，上述"100美元=726.83元人民币"，对于美国来说，就是间接标价法。直接标价法与间接标价法在数值上呈倒数关系，在实际业务中，应注意两者之间的转换。如以人民币为本币，上述汇率转换成间接标价法为"100元人民币=13.76美元"。

（二）外汇买入价和外汇卖出价

外贸企业必须通过银行处理各类外汇业务。银行在外汇买卖业务中有外汇买入价和外汇卖出价两种价格。这里的买入和卖出都以银行视角进行描述。银行为保证外汇业务盈利，外汇买入价必须低于外汇卖出价。其中，外汇买入价又分为现汇买入价和现钞买入价。由于外币在我国市场上不能流通，银行买入现钞的交易会给银行带来现钞整理及储运费用。因此，现钞买入价要比现汇买入价略低。在实际业务中，经营外汇业务的银行对汇率进行标价时的顺序，一般为现汇买入价、现钞买入价、卖出价。

外贸企业把出口外汇收入卖给银行使用现汇买入价，其公式为：

本币金额 = 外汇金额 × 现汇买入价　　　　　　　　　　　　（3.68）

外贸企业在进口业务中向银行买入外汇，使用卖出价，其公式为：

本币金额 = 外汇金额 × 卖出价　　　　　　　　　　　　　　（3.69）

（三）外币互换

外币之间的互换主要有两种方法：一是直接折算法，即使用两种外币之间汇率直接折算。但在我国尚未开展此类业务，我国各银行目前尚无两种外币互换的汇率。二是间接折算法，即以人民币为中介，进行两种外币的折算。按照我国的外汇管理制度，外贸企业需要事先在银行开设不同的外币账户。在进行外币互换时，银行首先将某种外币按现汇买入价兑换成人民币，存入该企业的人民币账户。再利用这些人民币资金去购买所需外币。运用间接折算法计算，从理论上来说是合理的，但由于中间涉及银行买入、卖出两次交易，银行双重收费，对于外贸企业来讲并不划算。

四、利息

外贸企业在日常经营过程中，由于产品订购、货物存仓、延期收款等原因，往往需要使用银行或其他金融机构的资金。这些资金的使用成本主要是利息。利息总额的大小与利率、计算利息的方法、贷款金额以及使用时间密切相关。

（一）利率

利率，又称利息率，是计息周期内利息与本金的比值。利率分为年利率、月利率和日利率，分别表示以年、月、日作为计息周期的利息标准。即使利率水平相同，但使用不同基期来表示，利率的具体数值也不同。

银行等正规金融机构通常使用百分率表示利率，年利率、月利率和日利率之间的折算关系为：

年利率 = 月利率 × 12 = 日利率 × 360　　　　　　　　　　（3.70）

月利率 = 日利率 × 30 = 年利率 ÷ 12　　　　　　　　　　　（3.71）

日利率 = 月利率 ÷ 30 = 年利率 ÷ 360　　　　　　　　　　（3.72）

为了计算的方便，在上述折算中，将360天视为一年，这也是大多数银行的通行做法。目前，很多银行也采用这种方法计算贷款期限。这意味着一年期的贷

第三章 国际贸易及单证业务中的核算

款，贷款人实际使用360天。

在我国民间借贷中，传统上使用"分""厘""毫"来表示利率。其换算关系是1分=10厘=100毫。目前，"毫"很少使用。

按惯例，年利率1分等于年利率10%，月利率一分等于月利率1%，日利率一分等于日利率1‰。例如，年息1分3厘，即年利率13%；月息4厘5毫，即月利率0.45%；日息8厘4毫，即日利率0.84‰。在实践中，民间借贷通常采用月利率表示。但为了防止分歧，借贷双方必须在借款合同中明确规定利率种类。

近年来，有些民间借贷利率居高不下，严重影响了中小微企业正常的生产经营活动。为限制高息，根据最高人民法院的司法解释，借贷双方约定的利率不得超过订立借贷合同时，全国银行间同业拆借中心发布的一年期贷款利率（LPR）的4倍。例如，2024年6月，我国一年期LPR为3.45%。这意味着，借贷双方在本月订立的借贷合同，一旦发生争议提起诉讼，我国法院支持的最高年利率为13.8%。

（二）单利和复利

计息方法包括单利计息和复利计息，两种方法的计算结果有较大差异。如果利率较高，同时计息周期较短，采用复利计息，将迅速提高利息总额。对于贷款人而言，明确这两种计息方法，可以更准确地把控贷款风险，保证企业正常经营。

1. 单利

单利计息（simple interest）是指按照固定的本金计算利息，利息不会计入下一期计算利息的本金。

其计算公式：

利息 = 本金 × 利率 × 期数　　　　　　　　　　　　　　（3.73）

本息和 = 本金 × （1+ 利率 × 期数）　　　　　　　　　　（3.74）

例题 3.17

某外贸公司出口一批货物，合计100,000.00美元。买方延期至见票后90天付款，须支付利息。双方约定月利率0.8%，则该外贸公司到期应收利息总额以及本息各是多少？

答：

利息总额 = 本金 × 利率 × 期数

=100,000.00 × 0.008 × 90 ÷ 30

=2,400.00 美元

本息和 = 本金 ×（1+ 利率 × 期数）

=100,000.00 ×（1+0.008 × 90 ÷ 30）

=102,400.00 美元

请注意，上述利率要与期数相匹配。例如，采用年利率，期数必须以年为单位；采用月利率，期数必须以月为单位。

2. 复利

复利计息（compound interest）是指将前一期利息和本金加在一起作为本期本金，然后计算本期利息。

其计算公式：

利息 = 本金 ×[（1+ 利率）^{期数} –1]　　　　　　　　　　（3.75）

本息和 = 本金 ×（1+ 利率）^{期数}　　　　　　　　　　　（3.76）

例题 3.18

某外贸公司因资金周转需要，向某小额贷款公司借款 50 万元人民币。期限为 30 天，采用按日复利计算。双方协商该笔贷款的日利率为万分之二。则该外贸公司到期应付的利息总额、本息和各是多少？如果折合成单利，其日利率、月利率和年利率各是多少？（计算结果保留至小数点后两位）

答：

利息 = 本金 ×[（1+ 利率）^{期数} –1]=500,000.00 ×[（1+0.02%）^{30} –1]≈ 3008.72 元

本息和 = 本金 ×（1+ 利率）^{期数}=500,000.00 ×（1+0.02%）^{30} ≈ 503008.72 元

平均日利息额 =3008.72 ÷ 30 ≈ 100.29 元

单利日利率 =100.29 ÷ 500,000.00 ≈ 0.02%

单利月利率 =100.29 ÷ 500,000.00 × 30 ≈ 0.60%

单利年利率 =100.29 ÷ 500,000.00 × 360 ≈ 7.22%

第三章 国际贸易及单证业务中的核算

(三) 贴现息

贴现息是指持票人在急需资金的情况下,向银行等机构申请提前兑现未到期的远期票据。贴现人在原票据金额基础上扣除贴现息后,将余额支付给被贴现人,即票据持有人。

贴现息计算方法与利息计算相同,贴现率的实质为利率,也可以用年贴现率、月贴现率、日贴现率表示。

其计算公式:

贴现利息 = 票据金额 × 贴现率 × 贴现期 　　　　　　　　(3.77)

票据净值 = 票据金额 − 贴现利息 　　　　　　　　　　　　(3.78)

公式中,贴现期应当与贴现率的表示方法相一致。

例题 3.19

某出口商持有远期汇票 150,000.00 美元,将于 45 天后到期。但因资金周转需要,该出口商现向银行申请贴现。该银行按贴现年利率 8.5% 扣除贴现息后付款。请计算银行的付款金额是多少?

答:

贴现利息 = 票据金额 × 贴现率 × 贴现期

　　　　= 150,000.00 × 8.5% ×(45 ÷ 360)

　　　　= 1,593.75 美元

付款金额 = 票面金额 − 贴现利息

　　　　= 150,000.00 − 1,593.75

　　　　= 148,406.25 美元

案例分析与讨论

1. 某贸易公司计划向埃及出口制砖设备(商品编码 84748020.00)20 套。双方约定采用美元报价。该设备含税采购成本为 78,200.00 元/套;增值税税率为 13%;出口退税率为 13%;出口环节业务费用占采购成本的 5%;国内运费为 20,000.00 元;其他国内费用为 14,500.00 元;银行费用为出口报价的 0.10%;需

外贸单证与实务操作

要提交的各类证书及认证费 8,000.00 元；商检费率为货值的 0.08%；计划按 CIC 条款投保一切险、战争险和罢工险，保险费率合计为 0.1%，投保加成率 10%；国际运费共计 81,580.00 元；经查询，中美汇率为：1 美元 =7.2684 元人民币。

若预期销售价格利润率不低于 15%，试计算 CIFC3% Cairo 的报价。（计算结果保留至小数点后两位）

2.某公司计划从美国公司进口一批特制螺钉（商品编码 73181510.01）。根据 20 英尺集装箱载荷，双方确定交易数量为 2,800 盒，采用 FOB Seattle 贸易术语。经查询，该批货物国际运费 7,630.00 元；一切险保险费率 0.08%；增值税税率 13%，进口关税税率 8%；报关费 150.00 元；单证录入费 100.00 元；检验费率为交易金额的 0.25%；港口码头费 260.00 元；T/T 付款手续费率为交易金额的 0.1%；其他进口费用约占交易金额的 1.5%；国内销售费用约占销售价格的 6%；核算时的汇率为：1 美元 =7.2684 元人民币。该公司计划在国内市场的销售单价为 50.00 元/盒，并确保 15% 的销售价格利润率水平。

请问，在与美国公司谈判时，该公司应坚持 FOB Seattle 最高价格是多少？（计算结果保留至小数点后两位）

课后测试

一、判断题

1. 佣金必须在合同中体现出来，否则就是违法行为。（　　）

2. 国际货物运输的运费以货物净重进行测算。（　　）

3. 在出口业务报价时，要按照进口国货币进行标示。（　　）

4. 在固定的销售价格利润率下，出口方最终获得的利润总额受所选择的贸易术语的影响。（　　）

5. 含佣价 = 净价 /（1- 佣金率），其中的净价就是不包括运输费用与货运保险费的价格。（　　）

第三章 国际贸易及单证业务中的核算

6. 在航空运费计算时，首先需要确定货物的体积重量和实际毛重，再从中选择价高者作为计费标准。（   ）

7. 在货物进口时，海关只对货物征收进口关税。（   ）

8. 出口退税是指将出口货物已缴纳的出口关税进行退还。（   ）

9. 出口货物的实际采购成本往往比进货成本更低。（   ）

10. 海关在征收关税时，完税价格一律以 CIF 价格为基础确定。（   ）

二、单项选择题

1. 在计算航空运价时，运价表中"N"是指（   ）。

A. 应收取的最低运费

B. 普通货物运价（计费重量不足 45 千克）

C. 普通货物运价（计费重量超过 45 千克）

D. 特殊货物运价

2. 进出口贸易中支付佣金的当事人是（   ）。

A. 买方 B. 卖方

C. 买方或卖方 D. 介绍生意的第三方

3. 在国际贸易中，含佣价的计算公式是（   ）。

A.CIF 价格 × 佣金率 B. 含佣价 × 佣金率

C. 净价 × 佣金率 D. 净价 /（1- 佣金率）

4. 某商品出口价格为 CIF 香港 1000 美元 / 公吨，折扣为 3%，则商品折后净价为（   ）。

A.30 美元 B.300 美元

C.970 美元 D.97 美元

5. 国际贸易中，卖方为买方投保时，正常情况下，保险金额的计算公式为（   ）。

A.CPT 价格 ×110% B.FOB 价格 ×110%

C.CIF 价格 ×110% D.CFR 价格 ×110%

6. 进口商向银行买入外汇时使用（　　）。

A. 外汇买入价　　　　　　　　B. 外汇卖出价

C. 外汇中间价　　　　　　　　D. 上一交易日外汇收盘价

7. 出口商持有远期汇票 23,500.00 美元，180 天后到期，现向银行申请贴现。已知年贴现率为 4.9%，则本笔业务贴现利息为（　　）。

A. 575.75 美元　　　　　　　　B.1,151.5 美元

C.5,757.50 美元　　　　　　　D.11,515.00 美元

8. 根据我国法律规定，消费税属于（　　）。

A. 价内税　　　　　　　　　　B. 价外税

C. 流转税　　　　　　　　　　D. 营业税

9. 根据 CISG，在合同订立过程中，合同生效的时间是（　　）。

A. 发盘送达受盘人　　　　　　B. 受盘人做出接受的意思表示时

C. 接受的通知送达原发盘人时　D. 发盘有效期届满时

10. 在计算国际货运保险金额时，往往需要使用"投保加成"，其目的是（　　）。

A. 抵消不计免赔额　　　　　　B. 对国际运费进行投保

C. 抵消保险费支出　　　　　　D. 对预期收益进行投保

三、论述题

1. 试述在出口报价核算中，各贸易术语项下报价公式的推导。

2. 试述在进口报价核算中，各贸易术语项下报价公式的推导。

3. 在国际贸易业务中，运保费如何计算？

第四章 信用证与相关国际贸易惯例

> **学习提示**
>
> 信用证是国际货款收付中最为典型的形式，也是最安全和规范的收付方式，较好地解决了买卖双方互不信任的问题。信用证是国际支付业务中最基础的知识点。信用证业务受国际商会《跟单信用证统一惯例》和《国际标准银行实务》等国际贸易惯例的约束。通过本章的学习，我们应重点掌握信用证的基本原理、业务流程以及信用证文本，学会填制信用证申请书，同时熟悉信用证相关的国际贸易惯例。

第一节 国际结算票据

伴随互联网金融的发展，国际贸易结算方式也有了很多新发展。但在国际贸易结算中，金融票据依然发挥重要作用，是国际结算和贸易融资的重要工具。金融票据可以代替货币行使支付手段和流通功能。它使各市场主体之间因经济活动产生的债权债务关系得以清偿，促进了经济以及外贸业务的发展。在实际业务中，一般将金融票据简称为票据。

一、票据概述

（一）票据的定义和种类

票据是为了便于流通和支付，用来清偿债务的有价证券。它是通过出票人出票，命令他人或自己承诺在规定的时间支付票面金额的法律行为。

票据主要包括汇票、本票和支票。在国际贸易结算业务中，我们一般使用汇票。

（二）票据法

票据是一种要式单据，其内容必须符合法律规定的要件。票据流转也必须严格按照相关法律的规定。为了保障当事人权益，规范票据业务流程，各国都有票据方面的法律规范，这些法律对其定义、类别、内容、票据行为、法律后果等各方面进行规定。在世界范围内具有代表意义的票据法，主要是《英国票据法》《日内瓦统一法》等。

为促进各国票据法的协调统一，联合国曾试图统一票据法。1988年联合国通过了《联合国国际汇票和国际本票公约》。但公约规定，该公约须经至少10个国家批准才能生效。截至2024年年底，该公约仍未生效。

1995年，全国人民代表大会常务委员会借鉴各国票据立法经验，结合中国实际，制定并通过了《中华人民共和国票据法》。该法于2004年进行了修正，成为规范我国市场票据行为、保障票据活动当事人的合法权益、维护社会经济秩序的重要保障。凡在我国境内的票据行为，都要受到该法律约束。

二、汇票

汇票（bill of exchange）是国际贸易结算中最常使用的票据。

（一）汇票的定义

《英国票据法》最早定义了汇票的内涵，指出汇票是由一方签发给另一方，要求其在见票时或将来某个时间，按票面金额支付给指定人或其后手的无条件书面支付命令。世界其他国家关于汇票的定义均受其重要影响。

根据我国《票据法》，汇票是出票人签发的，委托付款人在见票时或者在指定日期无条件支付确定的金额给收款人或者持票人的票据。该定义通俗易懂，更符合中国国情。

（二）汇票的基本当事人

出票人（drawer），即完成汇票缮制，并交付给指定的当事人。出票人通过出票，签发了一项支付命令，赋予汇票中的收款人向付款人收取一定款项的权利。在国

第四章　信用证与相关国际贸易惯例

际贸易中，如果已完成发货，卖方就有权利通过签发汇票的方式命令买方或其代理银行支付款项。

付款人（payer）是出票人在汇票中指定的需要承担付款责任的当事人。该当事人是汇票的最终接受者，因此，付款人也被称为受票人（drawee）。

收款人（payee）也被称为受款人，是汇票中规定的有权利接受款项的当事人。受款人可以在汇票约定的时间内通过付款提示要求付款人付款，也可以通过背书的形式转让该汇票，还可以在付款人拒付的情况下向其前手行使追索权。

（三）汇票的内容

汇票的内容和使用流程都必须符合相关国家法律规定，汇票属于要式单据的范畴。

1. 标明"汇票"字样

除《英国票据法》外，其他各国票据法一般规定，汇票中必须写清"汇票"字样，以作为该票据名称，否则汇票无效。

2. 无条件支付命令

汇票是出票人向付款人发出的无条件书面支付命令，因此，在汇票中必须包含该意思表示。不能将其他事件的完成作为支付的先决条件。但是，在外贸业务中使用的汇票，一般会体现出票依据条款。例如，在信用证业务中，往往要标明开证银行、信用证号码和开证日期。这些内容并不构成支付的附加或限制条件。

3. 确定的金额

汇票的支付标的必须是货币金额，并且数额必须确定，即该数额不能够有上下浮动的范围，但在远期汇票中可以体现利息条款。汇票金额应同时以文字和数字两种形式表示，并且其表示的金额应当一致。

4. 付款人

汇票中应当明确标明付款人的名称和地址，否则汇票无效。

5. 收款人

该栏目被称为汇票的抬头栏，主要有三种形式：

（1）限制性抬头

汇票中直接写清收款人的名称。这种汇票由于指定了具体的收款人或者做出了特别说明，因此不能转让。

（2）指示式抬头

汇票中明确收款人为某人或其指定人。使用"Pay to the order of ×××"的形式。这种汇票可以通过背书实现转让。

（3）来人抬头

汇票中明确以持票人作为收款人。这种汇票可以随时转让，转让时也不需要背书。但我国《票据法》不允许使用这种汇票。

6. 出票日期

汇票应写明具体的出票日期。该日期往往是计算汇票到期日和付款日的依据。在发生争议的场合，有时也需要依据该日期判定汇票的效力。

7. 付款日期

汇票应写明具体的付款日期或能够计算出付款日期。如果未写明付款日期，该汇票将被视为即期汇票。在计算付款日期时，应从第二天起算。最后一天如果遇法定节假日，则顺延至第一个工作日。

8. 出票地点和付款地点

汇票可以写明出票地点和付款地点。未记载出票地点的汇票，推定出票人的经营处所为出票地点；未记载付款地点的汇票，推定付款人的经营处所为付款地点；汇票上未记载出票地的，出票人的营业场所、住所、经常居住地为出票地。按照国际通行做法，一般采用行为地法律规范汇票的使用。因此，出票地点和付款地点的记载，对于国际贸易领域所使用的汇票具有较强的现实意义。

9. 出票人签章

出票人在出票时必须进行签字或盖章，否则无效。

（四）汇票的种类与使用

汇票的应用场景广泛，可从不同角度对其进行分类。以出票人进行区分，可

第四章　信用证与相关国际贸易惯例

分为银行汇票和商业汇票；以付款时间进行区分，可分为即期汇票和远期汇票；以是否随附货运单据，可分为光票和跟单汇票。对于远期汇票，又可以按承兑人的不同，分为银行承兑汇票和商业承兑汇票。前者由银行承兑，信用度较高；后者由企业或商业主体承兑，其风险与企业或商业主体经营状况相关，具有不确定性。

汇票的使用包括出票、提示、承兑、付款等环节。在汇票不被付款人接受的情况下，还将涉及拒付、追索等环节。在法律意义上，出票是汇票其他票据行为的前提，属于主票据行为，其他行为均为从票据行为。

三、本票

（一）本票的定义

本票（promissory note）是付款人向收款人签发，保证其在将来见票时，无条件支付票面金额给收款人的票据。因此，本票的付款人即出票人，也是本票的主债务人。

（二）本票的内容及种类

本票的内容必须符合相关国家法律规定，本票属于要式单据的范畴。根据我国《票据法》，本票中必须包含以下信息：表明"本票"的字样；无条件支付的承诺；确定的金额；收款人名称；出票日期；出票人签章。缺少以上事项之一者，该本票无效。本票在出票人填写完成后，必须向收款人交付，才具有法律效力。

以出票人为依据，本票可分为一般本票和银行本票。但我国仅限银行本票的签发与使用。

（三）本票与汇票的主要区别

本票和汇票同属于金融票据，但二者也有明显的区别：

第一，本票是自身承诺票据，汇票是命令付款票据。

第二，本票只有出票人（付款人）和收款人两方当事人，汇票有出票人、收款人和付款人三方当事人。

第三，远期本票不需要承兑。远期汇票在承兑后，才能进入付款环节。

第四，本票、即期汇票以及未承兑的远期汇票，其主债务人是出票人；经承兑的远期汇票，其主债务人是承兑人。

四、支票

（一）支票的定义

支票是由存款人签发的票据，要求其开户银行在持票人提示付款时，无条件向持票人或收款人支付票面金额。

支票在本质上属于特殊类型的汇票，它的典型特征是以银行为付款人。因此，支票的基本当事人和汇票相同，包括出票人、付款人和收款人。其中，支票的出票人是在银行设有支票存款账户的储户，付款人是该银行，收款人是出票人的债权人。

（二）支票的内容及种类

根据我国《票据法》，支票中须包含以下信息：表明"支票"的字样；无条件支付的委托；确定的金额；付款人名称；出票日期；出票人签章。缺少以上事项之一者，该支票无效。支票在出票人填写完成后，向收款人交付才具有法律效力。

支票全部为即期付款。在我国，支票依据用途不同可分为普通支票、现金支票和转账支票。在国际上，以支票中有无收款人信息，可分为记名支票和不记名支票；以票面上是否有平行横线，可分为划线支票和未划线支票。

（三）支票与汇票的区别

支票作为特殊形式的汇票，二者有很多相同点，但也存在以下差别：

第一，支票必须以银行为付款人，汇票付款人可以是银行、企业和商业主体。

第二，支票只能用作结算工具，汇票除可作为结算工具外，还可以作为融资的信贷工具。

第三，支票只能是即期的，汇票包括即期汇票和远期汇票两种形式。

第四章 信用证与相关国际贸易惯例

第二节 信用证结算方式

跟单信用证是国际结算业务中最安全、最规范的结算方式。它较好地解决了买卖双方互不信任的问题，对推动国际贸易的发展发挥了重要作用。

一、跟单信用证的含义及分类

跟单信用证是银行根据开证申请人出具的开证申请书的指示，向受益人开出的一种款项兑付保证文件。该文件向受益人承诺，只要受益人在规定的时间和地点，向指定银行提交符合约定的所有单据，开证银行即应承担相应的付款责任。

跟单信用证的使用场景广泛，可以从不同角度对信用证进行分类：按是否加具保兑，可分为保兑信用证和不保兑信用证；按兑付款项的方式，可分为议付信用证、承兑信用证、即期付款信用证和延期付款信用证；按用途和使用方式，可分为可转让信用证、对开信用证、循环信用证、对背信用证等。

二、跟单信用证的性质

信用证是以开证行的银行信用为基础作出的书面付款承诺。因此，信用证属于一种典型的银行信用方式，这是区别于其他支付方式的重要性质。在信用证项下，开证行承担第一位的付款责任。使用信用证支付，在操作规范的前提下，受益人的安全收汇将得到最大保证。

信用证支付是纯粹的单据买卖业务。在信用证业务下，各当事人围绕单据开展工作。开证行的付款责任与受益人是否提交了符合信用证约定的单据密切相关。只要受益人提交的单据与信用证要求相符，开证行就应承担兑付责任，即使单据所代表的实际货物与合同约定不符，也与开证行无关。

信用证与买卖合同相互独立。在信用证支付业务中，信用证虽以买卖合同作为交易背景，其中所列条款也应与买卖合同的规定相一致，但信用证开立的直接依据是信用证开证申请书，而不是买卖合同。因此，信用证从开立源头上确保了其独立性。信用证一经开立，就是不依附于买卖合同的独立法律文件，从而使买卖合同与信用证业务在法律上完全区分开来。信用证仅为银行与各方当事人之间的凭单付款约定。

三、跟单信用证的基本内容

在实际业务中，大多数银行使用 SWIFT 系统开立并传递信用证。因此，SWIFT 信用证已成为跟单信用证的主流形式。但是，基于某些特定场景和需求，仍有一些信用证会采用其他格式。

信用证的主要项目包括：

（一）基本信息

基本信息包括编号、开立日期和地点、信用证到期日和到期地点等。

（二）信用证的性质与种类

本项目明确信用证是否可转让、是否为备用信用证等信息。

（三）信用证业务中的当事人

当事人包括开证行、申请人、受益人、通知行、付款行、议付行、偿付行等。

（四）汇票信息

明确信用证是否使用汇票。如果使用汇票，要明确汇票中的各项内容。

（五）款项兑付

指定信用证的兑付方式。选择即期付款、延期付款、议付或承兑中的一种。

（六）合同交易的商品信息

必须写清商品名称、质量、数量、包装等信息。

（七）交易价格

交易价格包括商品单价、总价、币制以及所使用的贸易术语。

（八）信用证金额

明确信用证金额以及是否有机动幅度。

（九）装运信息

装运信息包括装运港/地、目的港/地、中转港/地、装运期限、分批装运

第四章 信用证与相关国际贸易惯例

和转运等信息。

（十）对受益人提交单据的要求

信用证一般会要求提交商业发票、装箱单/重量单/尺码单、提单或其他运输单据、保险单、原产地证书、各类检验证书等。

（十一）特殊说明条款

有时信用证还会结合具体交易情况提出一些特殊条款。例如，在议付信用证中，限制由指定银行进行议付；限装某公司船舶甚至某特定船舶，或者不许装载于某类船舶；运输途中不准停靠某港或者不准途经某条航线等。

四、跟单信用证的业务流程

跟单信用证的种类不同，其业务流程也存在一些差别。但就其主要环节而言，则基本相同。下面以即期议付信用证为例，阐述信用证的主要业务流程（图4-1）。

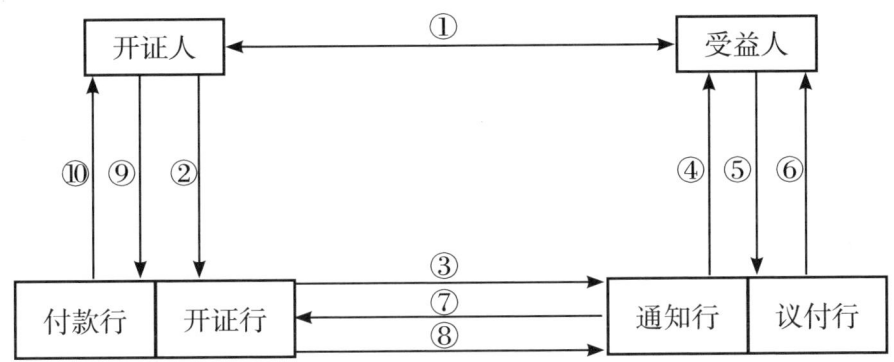

图4-1 即期议付信用证业务流程

说明：

①合同规定采用议付信用证方式结算，并规定使用即期汇票；

②申请人/买方准备所需材料及保证金，向其往来银行申请开证；

③银行依据开证标准，对申请人/买方进行审查后，向通知行开出并传递信用证；

④通知行接收信用证后，辨别真伪并进行政策性审查，然后通知受益人/卖方；

⑤受益人/卖方审证，确认无误后及时交货，并制备各种单据，在规定的时间内交单议付；

⑥议付行审单，认为单据无误后，接受单据并垫付款项给受益人/卖方；

⑦议付行将全套跟单汇票邮寄至开证行/付款行，要求其偿付已垫付给受益人/卖方的资金；

⑧开证行/付款行对单据进行审核，确认无误后，向议付行偿付其要求的款项；

⑨开证行通知申请人/买方审查单据，申请人/买方确认无误后付款赎单；

⑩开证行向申请人/买方交付单据，申请人/买方使用其中的运输单据提货。

信用证开证申请人在申请开立信用证时，需要填写开证申请书，提供买卖合同等相关交易背景材料。信用证一旦开出，意味着开证行要承担相应款项兑付责任。因此，开证行必须考虑信用证的开证风险。通常，开证行对该类风险的规避，是通过审查开证申请人的资信状况来确定的。因此，资信状况良好是开证申请人成功申请开立信用证的前提条件。开证申请人在提出开证申请时，除了上述资料外，还需要提供公司的营业证件、经营状况和资产信息等，以便银行对申请人的资信状况进行判断。开证行通常在该申请人的授信额度范围内或提供担保的前提下，在申请人缴纳一定比例的保证金后，开出信用证。如果开证申请人的资信状况较差，可通过缴纳100%保证金的形式申请开证。申请开立信用证后，受理银行一般3~5个工作日可以开出信用证。

需要注意的是，开证银行开出信用证后，通常并不直接交付给受益人或开证申请人，而是通过通知行向受益人转递。这一设计主要是基于安全考虑。由于受益人和开证银行身处不同国家，受益人往往对开证银行的相关信息了解较少。如果受益人直接接收来自国外开证银行的信用证文本，受益人难免会对该信用证的真实性产生较多顾虑。通过与受益人在同一国家的通知行进行信用证通知，可以较好地解决受益人的顾虑。同时，在使用SWIFT信用证的情况下，由于受益人无登录SWIFT系统的权限，开证行直接向受益人签发信用证，也存在现实的限制。

五、SWIFT信用证

（一）概述

1973年，来自北美及欧洲15个国家的239家银行，宣布成立环球银行金融

第四章　信用证与相关国际贸易惯例

电信协会（Society for Worldwide Interbank Financial Telecommunications, SWIFT）。SWIFT作为国际各商业银行的合作机构，通过专门的SWIFT金融数据传输系统，为包括信用证在内的各类国际金融业务提供全面服务。

该组织成立后，其会员单位不断增加。截至2024年，SWIFT已经覆盖全球200多个国家和地区、11,000多个用户（银行、金融机构等）。1983年，中国银行加入该组织。之后，我国各商业银行及证券交易所等金融机构也先后加入。

SWIFT信用证是指开证银行利用SWIFT的标准格式，并通过其系统开立、传递的信用证。它具有简明、快速、准确、安全等特点。开立SWIFT信用证需要全面遵守SWIFT手册的标准，使用规定的代号，并遵循《跟单信用证统一惯例》的相关规定。在实际业务中，使用SWIFT信用证，其文本可省去开证行的承诺条款，但不会因此免除银行义务。

（二）SWIFT代码

拟申请加入SWIFT的银行，应事先按照SWIFT规则，制定本行的SWIFT识别代码，以待批准。银行识别代码（Bank Identifier Code, BIC）作为成员银行的专属代码，由11位或8位字符构成，与特定银行相互对应。例如，使用电汇时，汇出行只需按照收款行的BIC发送相关报文，就可将款项汇至该行。

11位BIC包含银行、国家、总部和分行等信息。以中国建设银行股份有限公司临沂分行为例，其BIC为PCBCCNBJSDL。其中：PCBC是银行代码，CN是国家代码，BJ代表总部地址，SDL是分行代码。

同时，SWIFT还为尚未加入SWIFT的银行，按照此规则编制了代码，用于在报文中代替其银行全称。该类代码在最后三位有"BIC"标识，可以区别于正式的银行识别代码。

国内各国有银行总行的BIC分别为：中国银行（BKCHCNBJ）；工商银行（ICBKCNBJ）；建设银行（PCBCCNBJ）；农业银行（ABOCCNBJ）。

（三）SWIFT系统的特点

目前，SWIFT系统在全球国际结算业务中居于垄断地位，具有巨大影响力。

同时，SWIFT 系统是一个封闭系统，只有会员单位才能够登录和使用。我国绝大多数能够办理国际结算业务的商业银行都是其成员。该系统为独立于因特网的专用网络，其封闭性也强化了安全性。相比于电传，SWIFT 系统的密押机制更加可靠，安全性更高，文本保密性更好，信息自动化处理水平不断提升。该系统的文本格式标准化，不仅提升了传输与使用效率，也大幅降低了文本的利用难度。同时，使用该系统的费用远低于电传等通信方式。

（四）SWIFT 信用证报文格式

1. 报文结构

SWIFT 报文主要分为 5 个部分，每部分用 { } 隔开。

{1. BASIC HEADER BLOCK} 为基本报头，包括数据块标识符 "1"、应用标识符、服务类型、逻辑终端地址、对话序号、序列号等；

{2. APPLICATION HEADER BLOCK} 为应用报头，包括数据块标识符 "2"、输入/输出标识符、报文类型、接收地址、电报优先级、传送监控、失效时限等；

{3. USER HEADER BLOCK} 为用户报头，其为可选项，用于用户和用户间传递的信息，包括数据块标识符 "3"、银行业务优先级、电报用户参考号等；

{4. TEXT BLOCK} 为正文部分，包括数据块标识符 "4"、正文信息等；

{5. TRAILER BLOCK} 为报尾部分，主要用于对报文或数据传输过程进行监督和控制；在特殊情况下，系统可以通过报尾对电报等信息进行特定的处理；报尾部分也可用于传达某些特殊的附加信息。报尾可由用户或系统添加。

2. 项目表示方式

SWIFT 信用证由若干项目组成。例如，"59: Beneficiary – Name & Address" 就是一个表示收款人的项目。其中，59 是项目代号（Tag），项目代号可以用两位数字表示或两位数字加上字母来表示，如 "51D: Applicant Bank – Name & Address"，可以用于表示申请人。特定的代号表示特定的含义。每个项目均由项目代号、名称和内容三部分组成。

在报文中，项目分为必选项目（mandatory field）和根据需要进行选定的可

第四章 信用证与相关国际贸易惯例

选项目（optional field）。二者共同组成一份完整的信用证报文。

3. 日期的表示

SWIFT报文的日期表示为六位阿拉伯数字（按顺序分别表示年、月、日）。例如，2024年9月22日应表示为：240922。

4. 数字的表示

在SWIFT报文中，数字不需要使用分隔号，小数点用","进行表示，"%"用"PERCENT"表示。例如，数字543,428.37应表示为：543428,37；6%应表示为：6 PERCENT。

5. 常见项目代码及名称

常见项目概况如表4-1所示。

表4-1 常见项目概况

必选/可选 （M/O）	项目 代号	项目名称	项目性质
M	20	Documentary Credit Number	跟单信用证号码，由开证银行设定
O	23	Reference to Pre-advice	预先通知书参考号码
M	27	Sequence of Total	报文序次，表示信用证由几份报文组成及此份的序次
M	31C	Date of Issue	开证日期，2018年以前为可选项目
M	31D	Date and Place of Expiry	信用证到期日和到期地点
M	32B	Currency Code，Amount	使用的货币及金额
O	39A	Percentage Credit Amount Tolerance	金额的浮动范围
O	39B	Maximum Credit Amount	信用证的最大金额
O	39C	Additional Amounts Covered	额外金额，如支出的运保费等
M	40A	Form of Documentary Credit	信用证种类，是否可撤销、保兑等
M	41A	Available with...by...	指定的兑付银行及兑付方式

续表

必选/可选（M/O）	项目代号	项目名称	项目性质
O	42A	Drawee	汇票受票人，应为开证行/付款行
O	42C	Drafts at...	此处界定汇票为即期还是远期以及远期汇票的付款期限）
O	43P	Partial Shipments	表明是否允许分批装运
O	43T	Transshipment	表明是否允许转运
O	44A	Loading on Board/dispatch/Taking in Charge at/from	发货地点
O	44B	For Transportation to...	收货地点
O	44C	Latest Date of Shipment	最迟装运日期
O	44D	Shipment Period	装运日期，与上一项目二选一
O	45A	Description of Goods and/or Services	货物描述，应详细列明品名、数量、单价、包装等信息
O	46A	Documents Required	所需单据，受益人需要提交的单据在此列明
O	47A	Additional Conditions	额外条件，受益人需要遵守的其他事项
O	48	Period for Presentation	交单期限，与信用证有效期是两个不同的概念
M	49	Confirmation Instructious	保兑指示，加具保兑时填写
M	50	Applicant	开证申请人
O	51A	Applicant Bank	开证申请人的银行，即申请人的业务往来银行
O	53A	Reimbursement Bank	偿付行
O	57A	Advise through bank	通知行
M	59	Beneficiary	受益人
O	71B	Charges	费用情况
O	72	Sender to Receiver Information	附言
O	78	Instruction to The Paying/Accepting/Negotiating Bank	给相关银行的指示

第四章 信用证与相关国际贸易惯例

第三节 信用证开证申请书

一、开证申请程序

买卖双方在签署国际货物买卖合同后,如果确定采用信用证支付,买方需要在规定的时间内向其所在地银行申请开立信用证。

(一)填写开证申请书,提交相关单证

各银行都有自己标准的开证申请书模板(通常一式三份)。申请人向银行申请开立信用证时,只需要按合同条款的约定,规范填写即可。申请书各栏目内容要求正确、完整、清晰、无歧义。若申请人符合开证的其他条件,受理银行将依据申请人提交的开证申请书,开立信用证。值得注意的是,开证申请书的填写,只是申请人单方面的工作,并不能保证与合同条款完全一致。这也导致日后银行开立的信用证,也可能和合同不一致。因此,在信用证业务中,受益人在收到信用证后,都需要审证这一环节。

此外,申请人在申请开证时,除提交开证申请书外,还要向银行递交合同等交易背景材料。

如果是首次办理信用证业务,申请人还需要向受理银行提交营业执照、法定代表人身份证件、企业财务报表等材料,申请开通企业开证业务。银行经审查,认为该企业符合相关条件的,将给予相应授信额度。

(二)缴付保证金

已取得受理银行授信额度、申请的信用证金额又未超出授信额度的企业,可以缴纳部分保证金。缴纳比例一般为30%,这对于大额进口贸易融资,比较有利。未取得受理银行授信额度或超出授信额度的企业,如果申请开立信用证,则需要向开证行缴纳100%的保证金。申请人缴纳保证金后,将获得资金到位水单。

(三)支付开证手续费

信用证业务是银行的一项金融产品,申请人办理信用证业务,需要缴纳相关手续费。根据《UCP 600》,除非双方另有约定,开证申请人应承担全部银行费用。但一般情况下,信用证往往约定,申请人和受益人各自承担所在国家的银行费用。因此,申请人在申请开证时,必须按规定支付开证手续费。各银行信用证开证手续费有一定差异。一般为信用证开证金额的1‰~1.5‰,并设有最低收费标准。

(四)银行开出信用证

完成以上步骤后,开证银行将根据开证申请人提交的开证申请书,通过SWIFT系统或其他系统开出信用证。开证银行需要保证所开出的信用证条款与开证申请书的相关条款完全相符,否则将承担由此产生的相关责任。

二、开证申请书的填制

各银行信用证开证申请书在格式上有一些区别,但其主要内容相差不大。

(一)开证申请书文本

样单4-1 信用证申请书

不可撤销跟单信用证申请书

APPLICATION FOR IRREVOCABLE DOCUMENTARY CREDIT

Date: SEP. 20, 2024

TO: INDUSTRIAL AND COMMERCIAL BANK OF CHINA **** BRANCH

Please establish by SWIFT an Irrevocable 【 】 Transferable Credit as follows:

Contract No.: SALE240912

Advising Bank: (to be left for bank to fill in)	Irrevocable Documentary Credit No. (31D) Date and Place of Expiry OCT. 31st, 2024, U.K. (44C) Latest Date of Shipment OCT. 15th, 2024
(50) Applicant: (Full name & detailed address) SHENZHEN ALNICE IMPORT & EXPORT CO., LTD. ROOM 8011, 8 FLOOR, INTERNATIONAL TRADE BUILDING, LANSHAN ROAD, LUOHU DISTRICT, SHENZHEN, CHINA	(59) Beneficiary: (Full name & detailed address) HISESERCO TRADE CO., LTD. ROOM 201, 5 FLOOR, COMMERCIAL BUILDING, NO.360 BATH ROAD, SOUTHAMPTON PORT, U.K.
(32B) Currency Code, Amount (In figures) [USD1,590,933.88] (39A) Percentage Credit Amount Tolerance [±5%] (In words) [U.S. DOLLARS ONE MILLION FIVE HUNDRED AND NINETY THOUSAND NINE HUNDRED AND THIRTY THREE AND CENTS EIGHTY EIGHT]	
(41A) Available with 　【√】Any bank　　　【　】Issuing bank　　　【　】Other（pl. indicate） 　By 　【√】Negotiation　　【　】Acceptance　　　【　】Sight payment 　【　】Deferred payment	
(42C) Drafts at [30 DAYS AFTER B/L DATE]for [100]% of invoice value (42A) Drawn on Issuing Bank	
(43P) Partial Shipments 　【√】Allowed 　【　】Not Allowed	(43T) Transhipment 　【√】Allowed 　【　】Not Allowed
(44A) Loading on Board from (44E) Port of Loading SOUTHAMPTON PORT, U.K.	(44B) For Transportation to (44F) Port of Discharge SHENZHEN, CHINA

续表

(45A) Description of Goods
Description   Quantity   Unit Price   Amount
1) NOTE BOOK   1000 PCS   USD1,590.00/PC   USD1,590,000.00
2) BAREBONE   1 PCS   USD933.88/PC   USD933.88
Price Terms: CIF SHENZHEN, CHINA
Shipping Marks: HISESERCO /SALE080301
Packing: IN CARTONS SUITABLE FOR LONG DISTANCE TRANSPORTATION

(46A) Documents Required: (Marked with number: 1.2.3.4.5.6.etc.in 【 】, with "X" in【 】)
〔1〕Signed Commercial Invoice in [TRIPLICATE] indicating L/C No. and contract No.
〔2〕Packing List in [TRIPLICATE] indicating quantity / gross and net weight and packing conditions as called for by the L/C.
〔3〕[3/3]set of original clean on board ocean Bills of Lading【 X 】made out to order and blank endorsed,【 】consigned to applicant, marked "freight【 X 】prepaid【 】to collect", notifying【 X 】applicant【 】[   ], indicating L/C No.
〔 〕Air Waybills consigned to【 】applicant【 】issuing Bank, showing "freight【 】to collect【 】prepaid"【 】indicating freight amount and【 】L/C No.
〔 〕Cargo Receipt in [   ] issued and signed by【 】applicant,【 】authorized person（s）of applicant whose signature（s）must be in conformity with the specimen kept in the issuing bank, certifying that goods have been received in good order and conditions, stating value and quantity of the goods,【 】delivery date not later than the date in 44C,【 】L/C No.
〔 〕Forwarding Agent's Cargo Receipt.
〔4〕Insurance Policy/Certificate for 110 % of the invoice value showing claims payable at destination in currency of the credit blank endorsed, covering (【 X 】Ocean Marine Transportation【 】Air Transportation 【 】Over Land Transportation) All Risks, War Risks as per【 X 】CIC Clause【 】[   ].
〔 〕Certificate of Quantity / Weight in [   ].
〔 〕Certificate of Quality in [   ]issued by【 】beneficiary【 】manufacturer【 】.
〔5〕Beneficiary's certified copy of fax dispatched to the applicant within [48] hours/ [   ]day（s）after shipment advising【 X 】name of vessel【 X 】B/L No.【 】flight No.【 】wagon No.【 X 】shipping date【 X 】contract No.【 X 】L/C No., commodity, quantity, weight and value of shipment.
〔6〕Certificate of Origin in [   ] issued by【 】beneficiary【 】Chamber of Commerce【 】manufacturer【 】
〔 〕Other documents, if any.

第四章　信用证与相关国际贸易惯例

续表

（47A）Additional conditions:（Marked with "X"）
（X）Documents issued earlier than L/C issuing date are not acceptable.
（X）All documents to be forwarded in one cover, unless otherwise stated.
（　）Third party as shipper is not acceptable.
（71B）All banking charges and interest if any outside the issuing bank are for account of 【X】beneficiary【　】applicant.
（48）Documents to be presented within [15] days after date of shipment but within the validity of the credit.

〔　〕To be continued in the attached sheets（以上位置如果不够用，请用附页说明，并加盖骑缝章。）

开证申请人（公章或授权印鉴）：

法定代表人或被授权人：

本公司授权贵行扣收保证金或在对外支付信用证项下款项时，直接从我公司以下账户扣款。

账号：_____（人民币）

账号：_____（外币）

联系人：_____ 电话：_____

银行填写：

开证资金落实情况：（　　）% 保证金，（　　）% 额度

银行核验印鉴：

经办：

主管（主办）：

（二）开证申请书填制规范

根据上述开证申请书范例，现说明其填制规范。

31D：到期日和到期地点。到期日指信用证有效期，但不同于受益人最迟交单日期，最迟交单日期在项目48中规定。为了督促受益人及时交单，防止货物

滞港等意外事件发生，根据《UCP 600》，受益人在向银行交单时既要受制于信用证到期日，又要符合信用证中关于交单日的规定。到期地点指受益人交单的地点，应当规定为受益人所在国家。

44C：最迟装运日期。该日期应该与合同中规定的日期一致。

50：开证申请人名称、地址。此处信息应与合同中买方的信息一致。

59：受益人名称、地址。此处信息应与合同中卖方的信息一致。

32B：信用证金额。In figures 处填写货币代码以及阿拉伯数字金额，In words 处填写货币名称以及用单词表示的金额，二者金额应一致。

39A：货物数量溢短装和信用证金额浮动比例。例如，±5%。本项目信息应与合同一致。

41A：款项兑付方式。一般为以下组合：ISSUING BANK BY SIGHT PAYMENT, ANY BANK BY NEGOTATION; ISSUING BANK BY ACCEPTANCE; ISSUING BANK BY DEFERRED PAYMENT。

42C：汇票付款期限。如果所选择的信用证需要使用汇票，则需要根据约定填写此项。

43P：分批装运选项。依合同约定选择。

43T：转运选项。依合同约定选择。如果申请人在开证申请书当中没有填写这两个项目，意味着信用证文本中不会出现分批装运和转运信息。根据《UCP 600》的规定，信用证中没有规定是否允许分批装运或转运的，视为允许。

44A：出口国内陆卖方交货地点。它主要适用于多式联运，在海运或空运下的港至港运输无须填写。

44B：进口国内陆买方收货地点，主要适用于多式联运。

44E：填写装运海港或空港。

44F：填写卸货海港或空港。

45A：货物描述。本项目需要根据合同约定，详细写清货物名称、规格和包装方式。一般情况下，在本项目中申请人还需要写清货物数量、价格、贸易术语、包装情况等信息。如果在合同的价格条款里有"AS PER INCOTERMS 2020"字样、数量条款有"MORE OR LESS""ABOUT""APPROXIMATELY"等字样或对货物的某种特殊要求，则必须清楚列明。

46A: 所需单据。主要包括商业发票、运输单据（海运提单、航空运单等）、保险单、装箱单、数量/重量证书、装船通知、受益人证明、原产地证明书等，最后还可以加列其他单据。例如，CERTIFICATE OF FREE SALE、CERTIFICATE OF CONFORMITY、CERTIFICATE OF NO SOLID WOOD PACKING MATERIAL 等。为避免纠纷，选择的单据应与合同约定相一致。对需要选择的单据，应在其单据名称前标注"X"。

47A: 附加条款。可以对一些特殊事项进行约定。例如，是否接受第三方单据、超额运费、略式提单等问题。

71B: 信用证费用的划分。一般约定开证行之外的费用由受益人承担。根据《UCP 600》，如果信用证中没有对相关费用作出明确规定，则全部费用由开证申请人承担。

48: 单据提交的日期。受益人的交单既要受到该项目的约束，又要受到信用证有效期的限制。即受益人必须在信用证所规定的交单期和信用证有效期的共同时段完成交单。根据《UCP 600》，银行所能接受的最长交单期限为运输单据签发之日起 21 天。

第四节 信用证范例

一、信用证范例解读

(一) 信用证范例

1. 信用证通知书

样单 4-2　信用证通知书

INDUSTRIAL AND COMMERCIAL BANK OF CHINA LINYI BRANCH

DENGHUANG STREETMIDDLE, HEDONG DISTRICT, CHINA

SWIFT: ICBKCNBJSDG

ADVICE OF LETTER OF CREDIT

TO:　　　　　　　　　　　　　　　　　　　　　　　DATE: 2024-05-24

山东奥纳时国际贸易有限公司

OUR REF.（我行通知编号）	AV38413C400175（PLEASE ALWAYS QUOTE）
L/C NO.（信用证号）	319LC095864
DATE OF ISSUE（开证日）	2024-05-24
ISSUER（开证行）	JAMUNA BANK, GULSHAN-1 DHAKA CITY, BANGLADESH
L/C AMOUNT（信用证金额）	USD 130,500.00（+5%/-5%）
EXPIRY DATE（有效期）	2024-06-23
LATEST SHIPMENT DATE（最迟装运期）	2024-06-09

第四章 信用证与相关国际贸易惯例

DEAR SIR/MADAM,

WE HAVE PLEASURE IN ADVISING YOU, THAT WE HAVE RECEIVED FROM THE A/M BANK A LETTER OF CREDIT, CONTENTS OF WHICH ARE AS PER ATTACHED SHEET(S). THIS ADVICE AND THE ATTACHED SHEET(S) MUST ACCOMPANY THE RELATIVE DOCUMENTS WHEN PRESENTED.

兹通知贵司，我行收到上述银行信用证一份，现随附通知。贵司在交单时，请将本通知书及信用证一并提示。

PLEASE NOTE THAT THIS ADVICE DOES NOT CONSTITUTE OUR CONFIRMATION OF THE ABOVE L/C NOR DOES IT CONVEY ANY ENGAGEMENT OR OBLIGATION ON OUR PART.

本通知书不构成我行对此信用证之保兑及其他任何责任。

PLEASE CONTACT THE APPLICANT IMMEDIATELY IF YOU FIND ANY TERMS AND CONDITIONS IN THE L/C WHICH YOU ARE UNABLE TO COMPLY WITH AND/OR ANY ERROR（S）.

如本信用证中有无法办到的条款及/或错误，请直接与开证申请人联系进行必要的修改。

ADVISING CHARGES ARE TO BE BORNE BY THE BENEFICIARY.

本次通知费用由受益人承担。

THIS TRANSACTION IS SUBJECT TO THE LATEST VERSION OF USP.

适用规则：UCP 最新版本。

IF YOU HAVE ANY FURTHER QUERIES, PLEASE DON'T HESITATE TO CONTACT US ON THE ABOVE MENTIONED NUMBER.

如果贵司有任何疑问，请按上述业务编号与我行联系。

GENERAL BUSINESS TIPS:

一般业务提示：

1. 47A: IF DOCUMENTS ARE PRESENTED IN OUR BANK, THE

DOCUMENT LANGUAGE SHOULD BE IN ENGLISH, OTHERWISE WE WILL NOT BEAR THE RISK CAUSED BY THE DOCUMENT LANGUAGE.

1. 47A: 如在我行交单，单据语言应使用英文，否则我行将不承担由于单据语言导致的相关风险。

2. WE WILL WAIVE NOTIFICATION FEE FOR DOCUMENTS SUBMITTED.

2. 我行交单免收通知费。

3. PAY ATTENTION TO THE 47A PENALTY DEDUCTION.

3. 注意47A中的惩罚性扣费。

OUR CHARGES ADVISED:

CHARGES	CURRENCY	AMOUNT
通知或转递费	CNY	200.00

THIS IS A COMPUTER-GENERATED LETTER, NO SIGNATURE REQUIRED.

RFF AV38413C400175 Page 1/1

2. 信用证正文

样单4-3 跟单信用证正文

FORMAT CODE: MTS700

REF NO　　319LC095864　　VER NO: 3　　TX NO: 0
FROM　　　UOVBMYKLXXX
RECIVER　　ICBKCNBJXXX　　　　PRIORITY: N2
OBS PERIOD : 0　BANK PRIORITY:　USER REF: TRDO319LC095864X

27:SEQUENCE OF TOTAL　　　　　　　1/1

40A:FORM OF DOCUMENTARY CREDIT　　IRREVOCABLE

20: DOCUMENTARY CREDIT NUMBER　　319LC095864

31C:DATE OF ISSUE　　　　　　　　240524

40E:APPLICABLE RULES　　　　　　　UCP LATEST VERSION

31D:DATE AND PLACE OF EXPIRY	240623
	BENEFICIARY'S COUNTRY
50:APPLICANT	MEETOL LIMITED
	98/B BECHARAMDEWRI
	ROAD,DHAKA CITY,BANGLADESH
59:BENEFICIARY	SHANGDONG ALNICE
	INTERNATIONAL TRADING CO.,
	LTD（ADDRESS PLS REFER TO
	FIELD 47）
32B:CURRENCY CODE,AMOUNT	CURRENCY:USD(US DOLLAR)
	AMOUNT:130500,00
39A:PERCENTAGE CREDIT AMOUNT TOLERANCE	5/5
41D:AVAILABLE WITH...BY...–NAME & ADDRESS	ANY BANK IN CHINA
	BY NEGOTIATION
42C:DRAFTS AT...	AT SIGHT
42D:DRAWEE	ISSUING BANK
	FOR 100PCT INVOICE VALUE
43P:PARTIAL SHIPMENT	NOT ALLOWED
43T:TRANSHIPMENT	ALLOWED
44E:PORT OF LOADING/AIRPORT OF DERARTURE	
	ANY PORT IN CHINA
44F:PORT OF DISCHARGE/AIRPORT OF DESTINATION	
CHATTOGRAM SEA PORT, BANGLADESH	
44C:LATEST DATE OF SHIPMENT	240609
45A:DESCRIPTION OF GOODS AND/OR SERVICES	
COMMODITY:STAINLESS STEEL FAUCET	

BRAND:ALNICE

MODEL:ART-2302

+QUANTITY:13,050 PCS

UNIT PRICE:USD10.00/PC

+PACKING:TO BE PACKED IN CARTONS THAT NEED TO BE SUITABLE FOR SEA

50PCS IN A CARTON,261 CARTONS IN TOTAL

+COUNTRY OF ORIGIN:CHINA

INCOTERMS（2020）:CIF CHATTOGRAM SEA PORT,BANGLADESH

TRANSPORTATION:BY SEA

46A:DOCUMENTS REQUIRED

+BENEFICIARY'S MANUALLY SIGNED DRAFT IN DUPLICATE AT SIGHT DRAWN ON L/C ISSUING BANK, MARKED-DRAWN UNDER GLOBAL ISLAMI BANK LIMITED, GULSHAN CORPORATE BRANCH, DHAKA, COVERING FULL INVOICE VALUE OF THE MERCHANDISE, MENTIONING L/C NUMBER AND DATE.

+BENEFICIARY'S SIGNED AND DATED COMMERCIAL INVOICE IN OCTUPLICATE IN ENGLISH, CERTIFYING MERCHANDISE TO BE OF CHINESE ORIGIN. COMMERCIAL INVOICE MUST BE SHOWN 'VALUE OF GOODS', 'FREIGHT CHARGE' AND 'PREMIUM' SEPARATELY.

+FULL SET OF ORIGINAL CLEAN 'SHIPPED ON BOARD' OCEAN BILL OF LADING OF A REGULAR LINER VESSEL, CONSIGNED TO THE ORDER OF GLOBAL ISLAMI BANK LTD, GULSHAN CORPORATE BRANCH, DHAKA, BANGLADESH, SHOWING 'FREIGHT PREPAID' AND MARKED NOTIFY APPLICANT AND US, GIVING FULL NAME AND ADDRESS.

+CERTIFICATE OF ORIGIN IN DUPLICATE ISSUED BY CHAMBER OF

第四章　信用证与相关国际贸易惯例

COMMERCE AND INDUSTRY/CONCERNED GOVERNMENT AGENCY/APPROVED AUTHORITY/INSTITUTION OF EXPORTING COUNTRY, CERTIFYING THAT THE MERCHANDISE IS OF CHINA ORIGIN.

+BENEFICIARY'S SIGNED PACKING LIST IN SIX FOLDS SHOWING NET AND GROSS WEIGHT, SHIPPING MARKS, NUMBER AND MEASUREMENT OF PACKAGE/CARTON.

+INSURANCE POLICY OR CERTIFICATE IN DUPLIATE, ENDORSED IN BLANK FOR 110PCT OF INVOICE VALUE COVERING INSTITUTE CARGO CLAUSES（A）AS PER ICC 2009 DATED 1/1/2009.

+BENEFICIARY'S CERTIFICATE CERTIFYING THAT ONE SET OF COPIES OF SHIPPING DOCUMENTS HAS BEEN SENT TO APPLICANT WITHIN 3 DAYS AFTER SHIPMENT.

+BENEFICIARY/SUPPLIE'S INSPECTION CERTIFICATE MENTIONING VALUE, QUANTITY, QUALITY SPECIFICATION MUST ACCOMPANY WITH ORIGINAL SHIPPING DOCUMENTS.

47A: ADDITIONAL CONDITIONS

+A DISCREPANCY FEE OF USD66.00 AND CABLE CHARGES OF USD18.00 WILL BE DEDUCTED FROM THE PROCEEDS FOR EACH PRESENTATION OF DISCREPANT DOCUMENTS UNDER THIS CREDIT, WHICH IS SUBJECT TO ISSUING BANK'S ACCEPTANCE. HOWEVER, ACCEPTANCE OF SUCH DOCUMENTS DOES NOT IN ANY WAY ALTER THE TERMS AND CONDITIONS OF THIS CREDIT.

+BENEFICIARY'S ADDRESS TO READ AS:
ROOM 1716, NO. 100, LINGONG ROAD, YIHE NEW ZONE, LINYI CITY, SHANDONG PROVINCE, CHINA.

+ALL BANKING CHARGES OUTSIDE BANGLADESH INCLUDING REIMBURSEMENT CHARGES, IF ANY, ARE FOR ACCOUNT OF

BENEFICIARY.

+05 PCT MORE OR LESS ON QUANTITY AND AMOUNT ACCEPTABLE.

+HOUSE B/L IS ACCEPTABLE.

+ALL DOCUMENTS MUST INDICATE OUR L/C NUMBER.

+DOCUMENTS MUST BE PRESENTED WITHIN 14 DAYS AFTER THE DATE OF ISSUANCE OF THE TRANSPORT DOCUMENT, BUT WITHIN VALIDITY OF CREDIT.

+IN CASE OF L/C AMOUNT OVERDRAWN AND SUBJECT TO ISSUING BANK'S ACCEPTANCE, A FEE OF 0.1 PCT (MINIMUM USD66.00) FOR THE ACCOUNT OF THE BENEFICIARY SHALL BE LEVIED ON THE OVERDRAWN AMOUNT.

+IN CASE OF L/C EXPIRATION AND SUBJECT TO THE ISSUING BANK'S ACCEPTANCE, A FEE OF 0.1 PCT PER MONTH (MINIMUM USD66.00) FOR THE ACCOUNT OF THE BENEFICIARY SHALL BE LEVIED.

+ALL DOCUMENTS PRESENTED MUST BE IN ENGLISH .

+ONE EXTRA COPY/PHOTOCOPY OF ALL REQUIRED DOCUMENTS MUST BE PRESENTED TOGETHER WITH THE DOCUMENTS, FOR ISSUING BANK'S RETENTION AND WILL NOT BE RETURNED, EVEN IF DOCUMENTS ARE FINALLY REFUSED. FAILING WHICH, A HANDLING FEE OF USD10.00 OR EQUIVALENT WILL BE DEDUCTED FROM THE PROCEEDS OF PAYMENT.

+DOCUMENTS MUST BE PRESENTED TO US THROUGH THE PRESENTING/ NEGOTIATING BANK.

+THIS CREDIT IS SUBJECT TO THE UNIFORM CUSTOMS AND PRACTICE FOR DOCUMENTARY CREDITS, 2007 REVISION, ICC PUBLICATION NO.600

49:CONFIRMATION INSTRUCTIONS

WITHOUT

第四章 信用证与相关国际贸易惯例

78:INSTRUCTIONS TO THE PAYING /ACCEPTING/NEGOTIATING BANK

+UPON RECEIPT OF DOCUMENTS IN COMPLIANCE WITH THE TERMS AND CONDITIONS OF THIS CREDIT, WE WILL REIMBURSE THE NEGOTIATING BANK IN ACCORDANCE WITH THEIR INSTRUCTIONS.

+NEGOTIATING/PRESENTING BANK MUST SEND ALL DOCUMENTS IN ONE COVER.

57A:'ADVISE THROUGH' BANK – FI BIC

ICBKCNBJSDG

INDUSTRIAL AND COMMERCIAL BANK OF CHINA(LINYI BRANCH)

LINYI, CN

72Z:SENDER TO RECEIVER INFORMATION

PLEASE ADVISE THE CREDIT ACCORDINGLY UNDER INTIMATION TO US.

(二)信用证范例解读

1. 通信格式：MTS700

MTS700，或称MT700，是SWIFT的报文类型，用于跟单信用证的开证。每份SWIFT信用证字符量限定在10,000个字符以内。在开立信用证时，其文本如果大于10,000个字符，该报文类型自动变更为MTS701，意味着这个信用证的完整文本由多份报文组成。如果使用SWIFT系统修改信用证，其报文类型为MTS707。

在SWIFT信用证中，其文本由若干项目组成。每个项目包括3个部分，如表4-2所示。

表4-2 SWIFT信用证项目结构示例

项目名称（FIELD）	项目代号（TAG）	项目值（VALUE）
SEQUENCE OF TOTAL	27	1/1
FORM OF DOCUMENTARY CREDIT	40A	IRREVOCABLE

其中，项目名称与项目代号唯一对应，项目值依据交易具体情形填写。

ISSUE，指开立（信用证），也可以用 OPEN、ESTABLISH 表示。

DOCUMENTARY CREDIT，指跟单信用证，有时缩写为 D/C，在国际贸易业务中通常使用这种信用证类型。

2. 报文序次：27

报文序次是指本证包含的报文总数量及排序，分母表示该信用证所使用的报文总数量，分子指本报文的排序。MTS700 类型的报文，此处只能是"1/1"。如果信用证内容较多，需要由 2 份报文组成，则需要使用 MTS701 类型的报文。其第一份是"1/2"，第二份是"2/2"。注意，此项目不能理解成信用证文本的页次。

3. 跟单信用证类型：40A

《UCP 600》第三条明确规定"信用证是不可撤销的，即使未如此表明"。在实际业务中，可撤销的信用证基本已退出历史舞台。因此，在 2018 年 SWIFT 信用证格式的升级安排中，该项内容删除了可撤销信用证选项，不再支持开立可撤销的信用证。目前只有 3 种形式：

（1）IRREVOCABLE

（2）IRREVOCABLE TRANSFERABLE

（3）IRREVOCABLE STANDBY

其中，TRANSFERABLE 指"可转让的"。根据《UCP 600》的规定，只有在信用证中明确出现 TRANSFERABLE，该信用证才被视为可转让的信用证。同时，可转让信用证在使用过程中也可以不进行转让。

4. 跟单信用证号码：20

信用证号码由开证行依据内部规则统一编制。各银行编码规则差别较大。

5. 开证日期：31C

根据 2018 年 SWIFT 信用证格式的升级安排，此项目由可选项目改为必选项目。在 SWIFT 信用证中，"日期"的标准化格式为 6 位阿拉伯数字，即：年、月、日均用两位数字表示。确定信用证的开证日期非常重要，有时需要使用该日期计

第四章　信用证与相关国际贸易惯例

算到期日；有时信用证中会明确表示银行不接受开证日期之前出具的单据。另外，开证日期也是证明买方是否根据合同规定的开证期限开立信用证的依据。

6. 信用证到期日和到期地点：31D

到期日是指信用证有效日期的截止日。到期地点是指受益人向指定银行提交单据的地点。这一地点一般规定为受益人所在国家，从而方便受益人交单。如果该地点规定为受益人所在国家以外的其他国家，则受益人需要设法将单据在规定的交单截止日前递交该国指定银行。受益人需要承担单据邮寄途中延迟或丢失的风险。如果受益人亲自赴第三国交单，又会增加额外费用。

7. 开证申请人：50

开证申请人，一般是指该笔交易的买方。要写清申请人名称及地址。有时，开证申请人项目还会记录电话、传真等信息。

8. 受益人：59

受益人一般是指该笔交易的卖方。受益人是信用证文本中极为重要的项目。受益人在审查信用证时，要注意核对名称、地址以及其拼写正确性，如有错误或遗漏，应立即要求开证申请人修改。

9. 信用证金额：32B

此栏标明了该信用证项下银行应兑付的具体金额。通常以货币符号加阿拉伯数字金额进行表示。在SWIFT信用证文本中，信用证金额的小数点用","表示，整数位数连续，不需要添加千分号。如果信用证金额在多处出现，则前后应保持一致。

根据《UCP 600》第30条的规定，在信用证文本中，可以规定具体的信用证金额浮动范围。在SWIFT信用证中，要使用项目39A表明这一浮动范围。一些散装等特殊类别的商品，还可以根据第30条规定直接适用相应的增减幅度。

10. 指定银行与兑付方式：41D

指定银行是指由开证行指定的作为付款、承兑或议付的银行。在本信用证中，指定银行使用了"ANY BANK IN CHINA"，表示没有指定银行，即不限制指定银行。受益人可以选择中国境内任一银行作为交单银行，此为自由兑付信用证；如果出现具体的银行名称，表示只能在该指定的银行办理兑付，这就称为限制兑付信用证。

本信用证使用了"BY NEGOTIATION"作为兑付方式，表明该信用证为议付信用证。议付信用证是信用证的典型形式。值得注意的是，在实务中，鉴于汇票在使用及事后纠纷处理中的复杂性，越来越多的银行和客户在开立议付信用证时选择不要汇票，这也符合惯例的规定。为了适应这一新形势，根据2018年SWIFT信用证格式的升级安排，将该项目的补充项目42P变更为：Negotiation/Deferred Payment Details，即由延期付款详情变更为议付/延期付款详情。这样，如果当事人在议付信用证中不使用汇票，则可以在项目42P中添加付款期限。

11. 汇票付款日期：42C

此处应明确汇票的付款日期，表明汇票是即期汇票还是远期汇票。

12. 汇票付款人：42D

在信用证业务中，开证银行承担第一位的付款责任。因此，信用证中汇票的付款人一般为开证银行，但也有可能是第三家银行。在具体制作汇票时，要严格按照信用证要求进行填写。

13. 分批装运：43P

通过这一项目来表明该信用证项下的货物是否可以分批装运。本例为不允许。该项目固定显示为"ALLOWED/ NOT ALLOWED/ CONDITIONAL"3个可选项。如果选择"CONDITIONAL"，则详细的分装条款需要在45A货物描述或者47A附加条款中显示。货物是否允许分批装运，需要依据合同来确定。

14. 转运:43T

这一项目表明该信用证项下的货物是否可以转运。本例为允许。该项目固定显示为"ALLOWED/ NOT ALLOWED/ CONDITIONAL"3个可选项。如果选择"CONDITIONAL"，则详细的转运条款需要在45A货物描述或者47A附加条款中显示。货物是否允许转运，需要依据合同加以确定。

第四章　信用证与相关国际贸易惯例

15. 装运港 / 启运机场：44E

本例中，装运港为"ANY PORT IN CHINA"，表示任何中国港口，这样有利于卖方选择合适的港口进行交货。除这一规定方式之外，也可具体列明港口。

16. 卸货港 / 目的机场：44F

卸货港 / 目的机场通常需要具体列明。

17. 最迟装运日：44C

受益人不能晚于这个日期装运。一般情况下，信用证的最迟装运日应在信用证到期日之前，并且两个日期之间应有一个合理的间隔。本例为14天。如果间隔太长，容易造成受益人怠于交单，从而影响买方凭单提货；如果间隔太短，容易导致受益人制备单据的时间太短，造成交单紧张或在到期日前无法交单。这个日期通常要比信用证有效期早10~21天。

18. 货物描述：45A

该项目为货物描述，记录货物名称、规格、价格、数量、贸易术语等信息。信用证中的货物描述信息应准确、明确和完整，但不宜超出相应合同中关于货物的描述。如果货物描述过于烦琐，应要求开证申请人修改，否则会给受益人制单带来麻烦，极可能造成不符点。

站在开证申请人的角度，本项目的描述如果过于简洁，受益人将在制单时享有过度的自主权，相关信息不一定能够完全反映申请人所需求的必要信息。

19. 单据要求：46A

信用证的单据条款为信用证的核心条款之一，它是开证行在信用证中列明的受益人必须向指定银行提交的整套单据。在该条款中，应对所提交单据种类、份数、签发机构、签发条件等内容作出明确的规定，并且各条款之间不能存在矛盾。

（1）汇票

在使用汇票的信用证中，汇票是所有结汇单据的统领，其他单据都将作为汇票的随附单据。本信用证要求受益人提交汇票。因此，受益人要严格按照信用证的要求进行制单。在本例中，关于汇票的要求有：手签的即期汇票；以开证行作为付款人；写清出票依据；汇票金额为全部发票金额。受益人在制单时，以上要求必须保证全部满足。

（2）商业发票

商业发票作为卖方的销售凭证，应写清楚买卖双方的基本信息、交易商品的名称、规格、数量、单价及总金额，商品的装运信息及所适用的贸易术语、支付条件也应在商业发票中予以体现。在本例中，该商业发票要求签署。因此，受益人在制单时必须进行签署。但根据《UCP 600》，如果信用证文本没有作出明确约定，商业发票也可以不进行签署。同时，本例要求，在发票中注明货物为中国原产，货物价值、运费以及保险费应当分别显示。

（3）提单

提单作为货运单据，也是买方目的港提货凭证。在本项目中，当事人一般都会对提单的种类及要求作出明确约定。根据本项目的文本，解释如下：

第一，"FULL SET"指全套提单，意味着所有正本提单都必须提交。提单的正本通常为1~3份。如果指定正本份数为"3份"，则可使用"3/3 SET"的写法，以表明需出具3份正本提单，并且全部需要提交。如果该项目中出现"2/3 SET"的描述，是指提交3份正本中的2份，而最后1份正本往往要单独寄送给开证申请人。这种做法意味着开证申请人可以直接凭单提货，受益人存在较大风险。

第二，"CONSIGNED TO THE ORDER OF GLOBAL ISLAMI BANK LTD, GULSHAN CORPORATE BRANCH, DHAKA, BANGLADESH"，是指对提单收货人（CONSIGNEE栏）的规定。根据本句，提单抬头栏应制成凭开证银行指示的形式。这种做法，无须托运人在交单时进行背书转让。但如果信用证文本中要求提单的抬头栏写成记名指示的形式，如"TO ORDER OF SHIPPER"，则需要托运人进行背书后交单。

第三，"FREIGHT PREPAID"，指运费已付。此项约定和交易采用的贸易术语相关。在采用由卖方承担运费的贸易术语（CFR、CIF、CPT或CIP）情况下，一般由卖方预付运费；反之，采用由买方承担运费的贸易术语（FOB、FAS、

第四章　信用证与相关国际贸易惯例

FCA）情况下，一般由买方到付运费。

第四，"NOTIFY APPLICANT AND US"，指通知人为开证申请人和开证银行。这意味着在提单的通知人栏中要将开证申请人与开证银行的名称、地址和电话等信息写清楚。

（4）产地证

产地证主要证明货物的"经济国籍"，是进口国海关确定进口关税的重要依据。在我国，产地证可由中国海关的检验检疫部门或中国国际贸易促进委员会签发。中国海关可以签发全部类型的产地证，中国国际贸易促进委员会依据中国海关的授权，可以签发一般产地证和大部分优惠性产地证书。在具体实践中，出口企业往往向中国海关申请办理优惠性产地证书，而向中国国际贸易促进委员会申请办理一般产地证。

（5）装箱单

装箱单往往作为商业发票的补充而存在。当事人需要写清楚商品的名称、数量、毛重、净重、体积、件数或集装箱数等包装信息。有时，信用证中还会要求在装箱单中写清每件包装的毛重、净重和体积等信息。其他常见的包装单据还有重量单（WEIGHT MEMO）、尺码单（MEASUREMENT LIST）等。

（6）保险单据

受益人是否需要提交保险单据，主要依据交易所采用的贸易术语。在采用CIF或CIP贸易术语的情形下，受益人有义务办理保险事项，因此，信用证一般规定需要提交保险单据。根据本信用证文本的规定，受益人需要提交"INSURANCE POLICY"或"CERTIFICATE"，一式两份。保险金额为发票金额的110%。投保险别为"INSTITUTE CARGO CLAUSES（A）"。

（7）受益人证明

受益人证明是指由受益人出具的、证明某类事项已经办理或证实某项事实的文件。受益人证明往往需要依据信用证的规定出具。在不同交易条件下，受益人证明的具体信息有很大差异。例如，可以证明单据副本的寄送、货物的具体生产厂家和日期、承载货物的船舶信息等。

（8）检验证书

检验证书主要分为厂商检验和第三方检验。当事人需要结合交易实际进行确定。本例要求厂商出具检验证书，但同时，对检验证书的内容做了较为具体的规定。受益人需要遵照办理。

20. 附加条款：47A

开证申请人需要明确的其他信息可以在该条款中加以注明。在本例中，项目"ADDITIONAL CONDITIONS"要点如下：

受益人提交的每一份具有不符点的单据，如果开证行最终接受，将扣除66.00美元的不符点费和18.00美元的电报费。开证行接受此类单据，并不意味着以任何方式改变本信用证的条款和条件。

受益人地址：山东省临沂市沂河新区临工路100号1716房间。

孟加拉国境外的所有银行费用，包括偿付行费用（如果有），均由受益人承担。

数量和金额上允许有5%的增减幅度。

可以接受货代提单。

所有单据上必须注明我们的信用证号码。

所有单据必须在运输单据签发之日起14天以内，同时在信用证有效期之内提交。

如信用证金额需要透支，必须经开证行同意。透支金额将在受益人账户扣除0.1%（最低66.00美元）的费用。

如果信用证逾期，必须经开证行同意才能兑付，同时，将在受益人账户按月扣除0.1%（最低66.00美元）的费用。

提交的所有文件必须为英文。

所有所需文件的额外副本/影印本，必须与正本文件一起提交给开证行保留。即使正本文件最终被拒绝接受，这些副本/影印本也不退还。否则，将从受益人付款中扣除10.00美元或等值的手续费。

第四章 信用证与相关国际贸易惯例

单据必须通过提示行/议付行提交给我们。

本信用证受国际商会第 600 号出版物《跟单信用证统一惯例》2007 年修订本的约束。

21. 保兑指示：49

信用证是否加具保兑在本项目中予以体现。一旦信用证加具保兑，受益人将得到开证银行和保兑银行的双重付款保证。保兑银行通常为通知银行。本例信用证为非保兑信用证。

22. 对付款/承兑/议付银行的指示：78

本项目明确表示开证银行的付款承诺，但强调必须是相符交单。同时，单据需要整理、存放于一个信封内。

23. 通知行：57A

通知行一般在受益人所在地。在将信用证文本通知受益人之前，须审查该信用证本身的真伪、使用该信用证是否存在政治及法律障碍等信息。

24. 附言：72Z

不同信用证中，本项目内容有一定差异。在本例中，当事人授权通知行通知本信用证，同时要将相应信息告知开证行。

二、信用证的审核

为保证信用证顺利使用，当事人在收到信用证后应对其进行认真审核。如果发现信用证与合同不符等问题，应及时向开证申请人反馈，提出修改意见，要求对方申请修改信用证，保证收汇安全性。

（一）通知行审核信用证

通知行收到信用证后，首先要对信用证进行真实性、有效性、合规性审核。根据《UCP 600》，通知行只负责鉴别信用证的真伪，并及时将信用证信息通知给受益人。通知行并无审核信用证条款的责任。然而，我国国内各通知行，为了保证信用证的顺利履行，维护受益人利益，仍会对信用证中的一些重要内容进行审核，并在信用证通知书或信用证相关条款上作出批注。受益人对银行的批注应当高度重视并及时采取相应措施。

（二）受益人审核信用证

受益人在收到信用证后，应对照相应的国际货物买卖合同，逐条审核信用证文本。如有与合同不符的相关条款，要联系对方修改。特别是如果有受益人无法办到的或有损害受益人利益的条款，必须要求取消。否则，该信用证对受益人来讲可能就是一张废纸，受益人会因难以提交约定的单据而处于极为被动的地位。

受益人在审核信用证时，重点审查的项目如下：

1. 信用证的兑付方式、保兑信息

注意审查信用证的兑付方式与合同的要求是否一致。信用证的兑付方式包括即期付款、延期付款、议付或承兑等4种。一般来讲，采用即期付款或即期议付的信用证对受益人比较有利。如果开证银行本身资信状况不佳，可要求对方开立保兑信用证，这时当事人需要查看信用证中是否注明了保兑信息。

2. 受益人的名称与地址是否准确

（1）受益人的名称

受益人的名称是信用证文本中的重要信息。如果信用证文本中把受益人名称写错了，必须进行修改，否则，将会出现以下问题：

①缮制的单据容易出现不符点

有些单据的签署和背书都需要加盖受益人的单位印章，尽管打印时勉强可以根据信用证文本中的写法将错就错，但这会与单位印章不一致。

②本应结汇款项无法入账

付款银行的付款凭证中"收款人"名称与进账银行账户中"客户名称"不一致，即使进账银行明知是名称写错，也只能退回这笔款项。在我国，公司名称中行政区划的拼写，对于国外客户来讲非常陌生，容易出现拼写错误。

（2）受益人地址

根据《UCP 600》，信用证中如果只是把受益人地址写错了，只要其国家名称没有错误，也可以不用修改。在受益人向银行提交的单据上，受益人地址及联系

方式只要与信用证上列明的地址同在一国即可；至于详细地址，单据和信用证上列明的是可以不同的。但在制单时，受益人应尽量按照信用证中标明的地址填写。

3. 信用证中货物单价、数量、总金额等是否与买卖合同相符，可否溢短装

信用证文本中关于货物单价、数量、总金额等信息，如果没有明确规定可以增减，也没有加注"about""approximately"等相似文字，单据中相关信息一般不能随意增减。但如果交易的商品属于非件数或个数计量等情形时，根据《UCP 600》第 30 条规定，相关数量和金额也可有一定增减幅度。

4. 有关货物的规定

审查货物的名称、规格、型号、颜色等信息是否与合同规定相符。有时信用证中会加列多于合同条款中所要求的货物信息，此时受益人需要判断这种要求是否增加了其交货难度及生产费用。如果所增加的要求，对于受益人来讲属于难以完成的事项或者需要增加大量费用，则必须要求对方申请修改信用证。

5. 信用证的各类期限及地点是否可以接受

交单时间和地点都是重要信息，受益人必须认真核对。

（1）截止日期

受益人使用信用证必须考虑信用证的截止日期(有效期)。但在信用证文本中，有信用证的交单期和截止日期这两个时间，在实际业务中要以先到者为准。例如，某份信用证截止日为"July 25，2024"，根据装船日推算出的受益人最迟交单日为"July 31，2024"，则该信用证的受益人必须在 2024 年 7 月 25 日之前完成交单。在审查信用证时，需要考虑到这些日期是否合理。

（2）交单地点

为方便受益人交单，信用证中规定的交单地点一般需要确定为受益人所在国家。如果规定为开证申请人所在国或者为第三国，将会给受益人交单带来不便，最好要求对方改证。

6. 信用证的装运条款是否合理

受益人应审查信用证中是否允许分批装运或转运、开证申请人是否限制或指

定了特定的船公司或承运人等。

信用证如果指定船公司,对于受益人而言相对不利。这主要表现在两个方面,一是指定的船公司或承运人的运费或其他收费可能会比较高,议价空间较小。二是指定的船公司可能对受益人的配合度较低。例如,指定船公司的服务较差、提单的一些内容不按受益人的要求填写、收费方式不予通融等。这种情况往往会给受益人带来麻烦,甚至造成收汇风险。

7. 信用证兑付方式是否与合同一致

信用证兑付方式关系到受益人收款的时效与条件。受益人要审查信用证中的兑付方式(付款、议付、即期、延期)以及指定银行等是否与合同规定一致。

8. 所需单据的种类和份数,受益人是否可以提供

如果发现信用证规定的单据中存在陌生的单据类型或对单据有特殊要求,例如,要求提供船舶等级证书、领事发票等,受益人需要咨询银行、贸促会、货代公司、同行或行业组织,确定是否可以接受。如果不能接受,就需要通知买方改证。

9. 辨别信用证软条款

信用证软条款泛指对受益人交单产生不利影响,甚至直接导致无法交单的信用证条款。信用证软条款对于受益人较为不利,使受益人面临极大的收汇风险。例如,要求受益人"凭买方签发的检验证明或货物样品验收证明装运"(Shipment to be made upon receipt of the Inspection Certificate issued by the Applicant or on receipt of the Applicant's Confirmation Certificate to the Shipment Samples)、" 凭买方指定代表认证的发票交单"(Commercial Invoice certified by the Applicant's nominated representative)等。

三、信用证的修改

受益人在审证中,如发现信用证某些条款必须修改,则需要通过开证申请人向开证行提出改证申请。有时,开证申请人也可能由于形势的变化而要求修改信用证。

第四章 信用证与相关国际贸易惯例

（一）信用证修改的程序

《UCP 600》指出，未经全体当事人同意，信用证不得修改。信用证修改应由开证申请人向开证银行提出，在由开证银行修改后，经受益人认可后生效。

第一步，开证申请人向开证银行提交信用证修改申请书。申请书内容必须清晰、完整。

第二步，开证银行接受改证申请后，依原信用证传递路径，向通知银行传递信用证修改通知书。

第三步，通知银行收到信用证修改通知书，鉴别真伪后通知受益人。

第四步，受益人在收到修改通知书后，应明确表示接受或拒绝修改。该接受或拒绝必须是全部接受或全部拒绝，否则无效。如果受益人对修改的全部内容表示接受，则原来信用证中与修改通知书相抵触的部分失效，其余部分仍然有效；如果受益人对修改的全部内容表示拒绝，则原来的信用证依然有效。

（二）注意事项

银行一般不会拒绝信用证的改证申请，但开证银行、通知银行等关联银行都要收取相应的手续费，增加当事人的负担。由申请人还是受益人承担这些费用，也往往会引起争端。另外，改证及其通知，必然会影响到后续的发货安排。因此，受益人应谨慎决定是否启动信用证修改程序。

1. 必须修改的情形

第一，严重损害卖方利益的，如信用证中单方面降价、总值减少等。

第二，卖方做不到或难以做到的，如交货期提前而卖方事先又无准备、交单时间太短、须由大使馆认证单证、涉及费用昂贵但事先未达成一致的检验等。

第三，对于卖方风险很大的，如大批量货物又不允许分批装运、须经买方检验合格后才能装运等。

第四，受益人单位名称出现错误。

2. 不需修改的内容

第一，一般单词拼写错误，不会产生歧义的。

第二，卖方不难做到、卖方额外支出较少的，如装运期提前，卖方经努力也可按时交货等。

四、信用证结汇单据常见不符点及处理

(一) 常见的不符点

1. 单据的内容与相关信用证的规定不相符

例如，信用证规定的商品颜色为海蓝色、栗色，而商业发票上列明的商品颜色为蓝色、深棕色。

2. 单据的类别或数量与信用证的规定不符

信用证规定的单据由于疏忽或无法办到而没有全部提交。例如，信用证规定受益人提交"一正二副"共三份原产地证明书，而受益人只提交了"一正一副"两份产地证。

3. 各种单据的内容在逻辑上互相矛盾或不一致

例如，装箱单上的货物总体积为27.73立方米，毛重19.21公吨，但提单上标明的货物体积为28立方米，毛重19.50公吨。又如，商业发票上的出票日期是"JULY 23，2024"，而产地证上列明的发票日期是"JULY 20，2024"。

4. 不清洁提单

提单签发人在提单上加列了一些反映装运货物或包装表面不良状况的文句。这类提单一般都会遭到银行拒付。

5. 单据的出单日期不符合逻辑性要求

例如，保险单据的签发日期一般要早于或等于提单日期，该日期如果晚于提单日期，则货物从发货人仓库到装运港这一期间的风险，不属于保险公司的承保责任范围。

6. 逾期交单

信用证的交单期和截止日期是互相制约的，并以先到日期为准。受益人没有在规定的交单期和信用证有效期内交单，将构成逾期交单。如果信用证没有规定交单期，受益人也必须在装运日期以后的21天之内（包含第21天）向银行提交

第四章　信用证与相关国际贸易惯例

结汇单据。

7. 货物数量短装

实际装货数量低于信用证条款规定的数量，或者在信用证允许溢短装的情况下，装货数量超过了允许短装的幅度。

（二）不符点的处理

受益人所提交的结汇单据如果被银行判定出现不符点，导致拒付时，需要受益人及时应对，积极处理。否则，将导致信用证在事实上失效。因此，受益人接到银行拒付通知后，首先，应确认该拒付是否有效，是否在法定的时间内提出。根据《UCP 600》，银行的拒付通知必须在 5 个工作日内发出。其次，对照留底单据确认银行提及的不符点，如果确实存在问题且单据能够进行更正的，可及时换单，并在信用证有效期内再次提交结汇单据。再次，如果单据无法更改，受益人只能联系开证申请人说明情况，要求开证申请人指示开证银行，接受相关单据。最后，如果开证申请人不接受相关单据，可以考虑对申请人进行一定让步，或寻找中间人协调解决，但这必然给受益人带来较大损失。

认真审核信用证，规范制备并及时提交各类结汇单据，对于受益人维护自身权益具有重要意义。

外贸单证与实务操作

案例分析与讨论

请根据以下合同，审核相关信用证条款：

SALES CONTRACT

NO.: SC2024072801

DATE: JULY 28, 2024

PLACE: SHENZHEN, CHINA

THE SELLERS	THE BUYERS
SHEN ZHEN SINRO INTERNATIONAL TRADE CO., LTD NO. 3858, GUANGQIAO AVENUE, BAOAN DISTRICT, SHENZHEN CITY, GUANGDONG PROVINCE, CHINA	JYSK AB 39/FL, BRIGHT PLAZA, NO. 457, DROTTNINGGATAN STREET, STOCKHOLM, SWEDEN

NAME OF COMMODITY	ART NO.	QUANTITY	UNIT PRICE	AMOUNT
LEATHER GLOVE LEATHER GLOVE AS PER P/I NO. PI2024072501	3900300 3901400	8,400PCS 15,520PCS	USD1.25/PC USD1.02/PC CIF STOCKHOLM	USD10,500.00 USD15,830.40
TOTAL		23,920PCS		USD 26,330.40
IN WORD: SAY US DOLLAR TWENTY-SIX THOUSAND THREE HUNDRED THIRTY AND CENTS FORTY ONLY				

PACKAGING: EACH PIECE IS PACKED IN A SEPARATE PLASTIC BAG, EACH 20 PIECES IN A CARTON, PACKING PATTERN AND SHIPPING MARK ACCORDING TO P/I NO. PI2024072501.
LOADING PORT: CHINESE PORT
FOR TRANSPORT TO: STOCKHOLM, SWEDEN
TRANSHIPMENT: ALLOWED
PARTIAL SHIPMENT: ALLOWED
THE LATEST DATE OF SHIPMENT: AUG 28, 2024
INSURANCE: THE INSURANCE SHALL BE COVERED BY THE SELLER FOR 110% OF THE INVOICE VALUE COVERING ALL RISKS AS PER CIC CLAUSE.
PAYMENT: OPEN AN IRREVOCABLE SIGHT L/C IN FAVOUR OF THE SELLER WHICH SHALL REACH THE SELLER 20 DAYS BEFORE THE LATEST DATE OF SHIPMENT AND THE BENEFICIARY SHALL BE VALID FOR NEGOTIATION IN CHINA WITHIN 15 DAYS AFTER THE DATE OF SHIPMENT. BANK CHARGES OUTSIDE THE COUNTRY OF THE APPLICANT SHALL BE BORNE BY THE BENEFICIARY.
ARBITRATION: ANY DISPUTE ARISING OUT OF WHICH NO SETTLEMENT CAN BE REACHED THROUGH NEGOTIATION SHALL BE SUBMITTED TO CHINA INTERNATIONAL ECONOMIC AND TRADE ARBITRATION COMMISSION FOR ARBITRATION. THE ARBITRATION SHALL BE CONDUCTED IN GUANGDONG PROVINCE AND THE ARBITRATION AWARD SHALL HAVE FINAL LEGAL EFFECT.

THE SELLERS:	**THE BUYERS:**
SHENZHEN SINRO INTERNATIONAL TRADE CO., LTD	JYSK AB

DOCUMENTARY LETTER OF CREDIT

TO	BANK OF CHINA GUANGDONG BRANCH, CHINA
FROM	SVENSKA HANDELSBANKEN AB, SWEDEN
27: SEQUENCE OF TOTAL	1/1
40A: FORM OF DOCUMENTARY CREDIT	IRREVOCABLE
20: DOC CR NO.	681293043087
31C: DATE OF ISSUE	240808
40E: APPLICABLE RULES	UCP LATEST VERSION
31D: EXPIRY DATE AND PLACE	240828 SWEDEN
50: APPLICANT	JYSK AB 39/FL,BRIGHT PLAZA NO.457 DROTTNINGGATAN STREET STOCKHOLM, SWEDEN
59: BENEFICIARY	SHEN ZHEN SINRO INTERNATIONAL TRADE CO., LTD NO. 3858 GUANGQIAO AVENUE, BAOAN DISTRICT, SHENZHEN CITY, GUANGDONG PROVINCE, CHINA
32B: AMOUNT	USD 26300.40
41A: AVAILABLE WITH BY	ANY BANK BY NEGOTIATION
42C: DRAFTS AT	AT 60 DAYS SIGHT
42A: DRAWEE	ISSUING BANK
43P: PARTIAL SHIPMENT	ALLOWED
43T: TRANSHIPMENT	NOT ALLOWED

第四章　信用证与相关国际贸易惯例

44A: LOADING IN CHARGE	CHINESE PORTS
44B: FOR TRANSPORT TO	GOTHENBURG, SWEDEN
44C: LATEST DATE OF SHIPMENT	240828
45A: DESCRIPTION OF GOODS	LEATHER GLOVE AS PER P/I NO 2008KG02350 8,400 PCS ART 3900300 USD 1.25/PC 15,520 PCS ART 3901400 USD 1.20/PC CIF STOCKHOLM（INCOTERMS 2020）
46A: DOCUMENTS REQUIRED	+ SIGNED COMMERCIAL INVOICE IN 2 ORIGINALS AND 3 COPIES. +PACKING LIST IN TRIPLICATE +2/3 SET OF CLEAN ON BOARD MARINE BILL OF LADING, MADE OUT APPLICANT, MARKED "FREIGHT PREPAID" AND NOTIFY APPLICANT, MENTIONING L/C NO. +CERTIFICATE OF ORIGIN, CERTIFYING GOODS OF ORIGIN IN CHINA, ISSUED BY CHINA CUSTOMS. +INSURANCE POLICY COVERING FPA OF CIC CLAUSE, INCLUDING WAREHOUSE TO WAREHOUSE CLAUSE UP TO STOCKHOLM, FOR 110 PCT OF INVOICE VALUE, SHOWING CLAIMS PAYABLE IN SWEDEN IN USD IF ANY.

47A: ADDINTIONAL CONDITIONS	+ALL DOCUMENTS MUST BE ISSUED IN ENGLISH. +MULTIMODAL TRANSPORT DOCUMENTS ARE ACCEPTABLE EVIDENCING SHIPMENT CLEAN ON BOARD ON A NAMED VESSEL. +BILL OF LADING MUST SHOW L/C NUMBER. +PACKING LIST MUST BE SPECIFIED PER ART NO. AND L/C NO. +1/3 OF THE ORIGINAL B/L IS SENT DIRECTLY TO THE APPLICANT BY EXPRESS.
71B: DETAILS OF CHARGES	ALL COMMISSION AND CHARGES OUT SWEDEN ARE FOR THE ACCOUNT OF THE BENEFICIARY. OUR CHARGES WILL BE DEDUCTED OR CLAIMED AT THE TIME OF PAYMENT, NEGOTIATION OR EXPIRY.
48: PRESENTATION PERIOD	DOCUMENTS SPECIFIED ABOVE MUST BE PRESENTED WITHIN 7 DAYS AFTER THE B/L DATE, AT THE SAME TIME WITHIN THE VALIDITY OF THE L/C.
79: CONFIRMATION INSTRUCTIONS	ON RECEIPT OF ADVICE OF NEGOTIATION, WE SHALL COVER AS PER INSTRUCTIONS RECEIVED.
72Z: SENDER TO RECEIVER INFORMATION	THIS L/C IS SUBJECT TO UCP, 2007 REVISION, ICC PUBLICATION NO.600.

第四章　信用证与相关国际贸易惯例

课后测试

一、判断题

1. 如信用证未注明"不可转让"字样，则可视为可转让信用证。（   ）

2. 可转让信用证与汇票一样，可以多次转让。（   ）

3. 信用证依据合同开立，因此，信用证的内容与合同相一致。（   ）

4. 采用信用证方式结算货款，属于银行信用，银行承担付款责任。（   ）

5. 开证银行必须在买方授权下，才能向受益人付款。（   ）

6. 可转让信用证只能转让一次，受让人即第二受益人只能有一个。（   ）

7. 受益人可以接受同一信用证修改书中的一部分，而拒绝另一部分。（   ）

8. 信用证中没有规定是否可以转运，则应理解为不允许。（   ）

9. 在汇票中，买方需要购买银行汇票，因此汇票属于银行信用。（   ）

10. 原产地证是信用证业务中必须提交的单证，由海关签发。（   ）

二、单项选择题

1. 根据《UCP 600》，除非信用证另有规定，银行不接受的提单类型是（   ）。

　　A. 转运提单　　　　　　　　B. 直达提单

　　C. 过期提单　　　　　　　　D. 多式联运提单

2. 信用证支付方式是把本应由买方支付的付款责任转移至（   ）。

　　A. 通知银行　　　　　　　　B. 开证银行

　　C. 供货商　　　　　　　　　D. 最终用户

3. 在信用证支付方式下，银行保证向受益人履行付款责任的条件是（   ）。

　　A. 受益人严格履行了买卖合同

　　B. 货物按时送至目的地/目的港

　　C. 受益人按信用证要求提交了单据

　　D. 开证申请人授权银行付款

4. 银行信用对客户具有强大吸引力，以下属于银行信用的是（　　）。

A.T/T　　　　　　　　　　　　B.托收

C.信用证　　　　　　　　　　　D.汇票

5. 在信用证业务中，如果需要开立汇票，则汇票中出票依据栏"DRAWN UNDER"一般应填写（　　）。

A.CONTRACT NO. AND DATE

B.INVOICE NO. AND DATE

C.B/L NO. AND DATE

D.L/C NO. AND DATE

6. 开证银行开立信用证时，其开立依据为（　　）。

A.买卖合同　　　　　　　　　　B.开证申请书

C.提单　　　　　　　　　　　　D.以上都对

7. 开立 SWIFT 信用证的代码是（　　）。

A.MTS 700　　　　　　　　　　B.MTS 707

C.MTS 101　　　　　　　　　　D.MTS 710

8. 信用证中，开证申请人、受益人与合同当事人的对应关系分别是（　　）。

A.卖方　买方　　　　　　　　　B.买方　卖方

C.卖方　银行　　　　　　　　　D.银行　卖方

9. 关于信用证有效期与交单期的规定，正确的说法是（　　）。

A.二者必须一致　　　　　　　　B.有效期比交单期更长

C.交单期比有效期更长　　　　　D.交单期与有效期以先到为准

10. 信用证文本中，要求提交的单据不可能包括（　　）。

A.商业发票　　　　　　　　　　B.出口报关单

C.海运提单　　　　　　　　　　D.原产地证

三、简答题

1. 如何申请开立跟单信用证？

2. 在填制信用证开证申请书时，应注意哪些问题？

3. 审核信用证时，应注意哪些要点？

4. 发生银行拒付时，受益人应如何处理？

5. 简述信用证业务的优缺点。

下篇 单据实训操作

熟练掌握国际贸易合同条款以及信用证文本的准确内涵，理解报价与各类费用的核算，是从事外贸单证缮制业务的基础。本篇将在上篇的基础上，引导学生逐渐熟悉并掌握外贸单证制备的各项要点，主要包括国际贸易单据基本格式及缮制方法，以及各单据缮制时的注意事项。本篇既可供课堂教学使用，又可为学生制单实训提供重要参考。鉴于结汇单证对于外贸企业结算业务的重要意义，本篇阐述的重点为结汇单证。学生应掌握 Excel 等电子表格制单的基本方法，明确各种单证的格式及主要栏目，熟悉各类单证及栏目缮制的具体要求，清晰把握填制规范。

本篇分为结汇单证和非结汇单证两章。

第五章 结汇单证

> 学习提示

本章将结合案例（以下简称本章案例），对主要结汇单据的缮制方法及填制规范进行具体介绍。主要包括商业发票、包装单据、运输单据、保险单据、原产地证书、汇票六个专题。

中国上海新希望贸易有限公司（SHANGHAI NEWHOPE TRADING CO., LTD）与比利时 FITTER BUSINESS S.A. 于2024年5月26日签订了合同，约定采用信用证付款。买方根据合同条款，向荷兰银行比利时分行（ABN AMRO BANK N.V. BELGIAN BRANCH）申请开立信用证。卖方也积极备货、按时履约，顺利完成了交货义务。以下是双方签订的销售合同、相关信用证以及合同履行过程中的相关信息。

样单5-1 销售合同

SALES CONTRACT

NO. NH2024052601
DATE: MAY 26, 2024
SIGNED AT: SHANGHAI

THE SELLER:
SHANGHAI NEWHOPE TRADING CO., LTD
8F BUILDING 3, NO. 555 DONGCHUAN ROAD, MINHANG DISTRICT, SHANGHAI, CHINA（P.C. 201100）
TEL: +86 21 2398844
E-mail: sale@snhtcl.com

THE BUYER:
FITTER BUSINESS S.A.
CHURCHILL INDUSTRIAL AREA, ANTWERP, BELGIUM（P.C. 2000）
TEL: +32 3 496213
E-mail: manager@fitterbsa.com

Item	Commodity	Quantity	Price Terms	
			Unit Price	Amount
01	ANTI-SMASHING WORK SHOES D0900116	1,920 PAIRS	USD12.00/PAIR	USD23,040.00
02	ANTI-SMASHING WORK SHOES D0900117	2,880 PAIRS	USD15.00/PAIR	USD43,200.00
	TOTAL	4,800 PAIRS	CIF ANTWERP	USD66,240.00

AMOUNT（IN WORDS）: SAY U.S. DOLLARS SIXTY SIX THOUSAND TWO HUNDRED AND FORTY ONLY

Specifications: SHOES FOR MEN, ALL BLACK, SIZES FOR 40, 40.5, 41, 42, 42.5, 43, 44, 45. ALL SIZES ARE SHIPPED IN EQUAL QUANTITIES. THE UPPER OF THE SHOE IS MADE OF ARTIFICIAL LEATHER, THE SOLE IS RUBBER, AND THE TOE AND SOLE ARE LINED WITH EFFECTIVE STEEL PLATES. THE QUALITY IS SUBJECT TO THE SAMPLE SENT BY THE SELLER ON APRIL 3RD, 2024, SAMPLE NO. S-240503.

Packing: TO BE PACKED IN COLOR BOXES OF ONE PAIR EACH, 12 BOXES TO A CARTON, TOTAL 400 CARTONS ONLY. THE DESIGN ON THE SHOE BOX SHALL BE SUBJECT TO THE E-MAIL SENT BY THE BUYER TO THE SELLER ON MAY 20, 2024. ALL THE GOODS ARE PACKED IN ONE 40-FOOT CONTAINER.

Shipping Mark: FBSA/ANTWERP/NH2024052601/NOS.1-400

Time of Shipment: SHIPMENT IN AUGUST 2024, SUBJECT TO THE SELLER RECEIVING THE RELEVANT L/C BEFORE JUNE 10, 2024.

Loading and Destination Ports: FROM SHANGHAI PORT, CHINA TO ANTWERP PORT, BELGIUM BY VESSEL WITH
PARTIAL SHIPMENT NOT ALLOWED AND TRANSSHIPMENT ALLOWED.

Insurance Matters: THE SELLER SHALL INSURE ALL RISKS WITH PICC P&C FOR ALL EXPENSES IN ACCORDANCE WITH CIC. THE INSURANCE AMOUNT IS 110% OF THE INVOICE VALUE. IF THE BUYER NEEDS TO INCREASE THE COVERAGE AND INSURANCE AMOUNT, IT SHALL EXPLAIN TO THE SELLER BEFORE THE SELLER HANDLES THE INSURANCE AND BEAR THE ADDITIONAL PREMIUM.

Terms of Payment: PAYMENT BY IRREVOCABLE LETTER OF CREDIT AT SIGHT. THE L/C SHALL REACH THE SELLER BEFORE JUNE 10, 2024. THE L/C SHALL BE NEGOTIATED IN THE COUNTRY OF BENEFICIARY WITHIN 15 DAYS FROM THE DATE OF ISSUE OF THE SHIPPING DOCUMENTS.

Force Majeure: IN THE EVENT OF FORCE MAJEURE, THE SELLER SHALL HAVE THE RIGHT TO DELAY THE DELIVERY OF THE GOODS UNTIL THE ELIMINATION OF THE FORCE MAJEURE EVENTS. HOWEVER, THE SELLER SHALL SUBMIT THE FORCE MAJEURE CERTIFICATE ISSUED BY THE LOCAL CHAMBER OF COMMERCE TO THE BUYER WITHIN 3 DAYS AFTER THE OCCURRENCE OF THE EVENT. HOWEVER, IF THE FORCE MAJEURE EVENT CONTINUES FOR MORE THAN 60 DAYS, THE BUYER HAS THE RIGHT TO CANCEL THE CONTRACT.

Arbitration: ANY DISPUTE IN CONNECTION WITH THE CONTRACT SHALL FIRST BE SETTLED THROUGH NEGOTIATION BETWEEN THE PARTIES. IF NO SETTLEMENT CAN BE REACHED, THE DISPUTE SHALL BE SUBMITTED TO CHINA INTERNATIONAL ECONOMIC AND TRADE ARBITRATION COMMISSION SHANGHAI SUB-COMMISSION FOR ARBITRATION IN SHANGHAI IN ACCORDANCE WITH ITS ARBITRATION RULES. THE ARBITRAL AWARD SHALL HAVE FINAL LEGAL EFFECT ON BOTH PARTIES.

Other Terms（if any）：

THE CONTRACT SHALL BE KEPT IN DUPLICATE BY EACH PARTY.

SELLER	BUYER
王化恩（签字）	Georges Witsel（签字）
SHANGHAI NEWHOPE TRADING CO., LTD.	FITTER BUSINESS S.A.

样单 5-2　跟单信用证

ISSUE OF DOCUMENTARY CREDIT

27:SEQUENCE OF TOTAL	1/1
40A:FORM OF DOC.CREDIT	IRREVOCABLE
20:DOC.CREDIT NUMBER	3565LC678956
31C:DATE OF ISSUE	240618
31D:DATE AND PLACE OF EXPIRY	240815 CHINA
51D:APPLICANT BANK	ABN AMRO BANK N.V.BELGIAN BRANCH
50:APPLICANT	FITTER BUSINESS S.A.CHURCHILL INDUSTRIAL AREA,ANTWERP, BELGIUM（P.C.2000）
59:BENEFICIARY	SHANGHAI NEWHOPE TRADING CO.,LTD 8F BUILDING 3,NO.555，DONGCHUAN ROAD,MINHANG DISTRICT, SHANGHAI,CHINA（P.C.201100）

32B:AMOUNT	USD66240,00
40E:APPLICABLE RULES	UCP LATEST VERSION
41D:AVAILABLE WITH...BY...	ANY BANK IN CHINA BY NEGOTIATION
42C:DRAFTS AT	AT SIGHT
42A:DRAWEE	ABN AMRO BANK N.V. BELGIAN BRANCH FOR 100PCT INVOICE VALUE
43P:PARTIAL SHIPMENTS	NOT ALLOWED
43T:TRANSHIPMENT	ALLOWED
44E:PORT OF LOADING	SHANGHAI PORT,CHINA
44F:PORT OF DISCHARGE	ANTWERP PORT, BELGIUM
44C:LATEST DATE OF SHIPMENT	240831
45A: DESCRIPTION OF GOODS	ANTI-SMASHING WORK SHOES D0900116 1920 PAIRS AT USD 12.00/PAIR D0900117 2880 PAIRS AT USD 15.00/PAIR FOR MEN, ALL BLACK, SIZES FOR 40, 40.5, 41, 42, 42.5, 43, 44, 45 AND SHIPPED IN EQUAL QUANTITIES. TO BE PACKED IN COLOR BOXES OF ONE PAIR EACH, 12 BOXES TO A CARTON, TOTAL 400 CARTONS ONLY. ALL THE GOODS ARE PACKED IN ONE 40-FOOT CONTAINER. TRADE TERM: CIF ANTWERP

46A: DOCUMENTS REQUIRED

　　+MANUALLY SIGNED COMMERCIAL INVOICES IN 2 ORIGINALS AND 2 COPIES, INDICATING THE QUALITY OF THE PRODUCTS IS SUBJECT TO THE SAMPLE NO. S-240503.

　　+PACKING LIST IN QUADRUPLICATE STATING THE COLOR, GROSS WEIGHT, NET WEIGHT AND MEASUREMENT OF THE GOODS, AS

WELL AS THE QUANTITY OF EACH SIZE.
+ORIGINAL CLEAN ON BOARD BILLS OF LADING IN TRIPLICATE, THE CONSIGNEE COLUMN SHOULD BE WRITTEN AS "TO ORDER", AND BLANK ENDORSED, MARKED FREIGHT PREPAID, NOTIFYING THE APPLICANT AND US.
+CERTIFICATE OF ORIGIN IN TRIPLICATE CERTIFYING THAT THE GOODS ARE OF CHINESE ORIGIN.
+ORIGINAL INSURANCE CERTIFICATE IN DUPLICATE COVERING ALL RISKS AS PER OCEAN MARINE CARGO CLAUSES (2009) OF THE PICC PROPERTY AND CASUALTY COMPANY LIMITED. THE INSURANCE AMOUNT IS 110% OF THE INVOICE AMOUNT.

47A: ADDITIONAL CONDITIONS
+ALL DOCUMENTS TO BE PRESENTED MUST BE ISSUED IN ENGLISH.
+A DISCREPANCY FEE OF USD60.00 AND CABLE CHARGES OF USD20.00 WILL BE DEDUCTED FROM THE PROCEEDS FOR EACH PRESENTATION OF DISCREPANT DOCUMENTS UNDER THIS CREDIT WHICH IS SUBJECT TO ISSUING BANK'S ACCEPTANCE. HOWEVER, ACCEPTANCE OF SUCH DOCUMENTS DOES NOT IN ANY WAY ALTER THE TERMS AND CONDITIONS OF THIS CREDIT.
+ONE EXTRA COPY/PHOTOCOPY OF ALL REQUIRED DOCUMENTS MUST BE PRESENTED TOGETHER WITH THE DOCUMENTS FOR THE ISSUING BANK'S RETENTION AND WILL NOT BE RETURNED EVEN IF DOCUMENTS ARE FINALLY REFUSED. FAILING WHICH, A HANDLING FEE OF USD10.00 OR EQUIVALENT WILL BE DEDUCTED FROM THE PROCEEDS OF PAYMENT.
+DOCUMENTS MUST BE PRESENTED TO US THROUGH PRESENTING/NEGOTIATING BANK.
+THIS CREDIT IS SUBJECT TO THE UNIFORM CUSTOMS AND PRACTICE FOR DOCUMENTARY CREDITS, 2007 REVISION, ICC PUBLICATION NO.600.

71B: CHARGES
ALL CHARGES OUTSIDE THE APPLICANT COUNTRY ARE TO BE BORNE BY BENEFICIARY.

48 : PERIOD FOR PRESENTATION
　　 WITHIN 15 DAYS AFTER THE DATE OF SHIPMENT, BUT WITHIN THE VALIDITY OF THIS CREDIT.

第一节　商业发票及其他类型发票

一、商业发票

商业发票是外贸业务中最重要的发票形式。它由卖方作为出票人，是卖方向买方开立的售货凭证，列明了所交易标的的名称、数量、价格等主要交易条件。在进出口通关等多项业务履行环节以及企业结汇、记账、报税、售后等多方面发挥重要作用。在所有结汇单证中，商业发票出票日期最早，同时也是缮制其他单证的依据。

（一）商业发票样单

依据本章案例，并基于通用的商业发票格式，现缮制如下：

第五章　结汇单证

样单5-3　商业发票

SHANGHAI NEWHOPE TRADING CO., LTD

8F BUILDING 3, NO. 555 DONGCHUAN ROAD, MINHANG DISTRICT SHANGHAI, CHINA (P.C. 201100)

TEL：+86 21 2398844　　　　E-MAIL: sale@snhtcl.com

COMMERCIAL INVOICE

To: FITTER BUSINESS S.A. CHURCHILL INDUSTRIAL AREA, ANTWERP, BELGIUM (P.C. 2000) TEL: +32 3 496213 E-mail: manager@fitterbsa.com	**Invoice No.:** INV2024082001 **Invoice Date:** AUG 20, 2024 **S/C No.:** NH2024052601 **Payment:** L/C at Sight

From: SHANGHAI PORT, CHINA　　　　**To:** ANTWERP PORT, BELGIUM BY SEA

Letter of Credit No.: 319LC095864　　　　**Dated:** MAY 24, 2024

Issued By: ABN AMRO BANK N.V. BELGIAN BRANCH
RUE DES COLONIES 11, 1000 BRUXELLES, BELGIUM

Marks and Numbers	Number and kind of package Description of goods	Quantity	Unit Price	Amount
FBSA ANTWERP NH2024052601 NOS.1-400	400 CARTONS OF ANTI-SMASHING WORK SHOES		CIF ANTWERP	
	D0900116	1,920 PAIRS	USD12.00/PAIR	USD23,040.00
	D0900117	2,880 PAIRS	USD15.00/PAIR	USD43,200.00
	TOTAL	4,800 PAIRS		USD66,240.00
Total (In Words)	SAY U.S. DOLLARS SIXTY SIX THOUSAND TWO HUNDRED AND FORTY ONLY			

THE QUALITY OF THE PRODUCTS IS SUBJECT TO THE SAMPLE NO. S-240503.

Signature　王化恩

SHANGHAI NEWHOPE TRADING CO., LTD

(二)主要栏目及缮制规范

1. 出票人信息

出票人信息即卖方的名称、地址等信息。商业发票的出票人信息一般在单据的顶部。通常第一行为公司名称，第二行或使用多行来标明公司地址、联系方式等信息。单据左上角一般还印有公司徽标（logo），从而使单据看起来更加正式、规范。在信用证业务中，出票人的名称应与信用证的受益人保持一致。有时买方会提供发票模板，要求卖方依据这一模板制作商业发票。如果此类要求没有明显增加卖方的工作量及提升缮制难度，卖方一般可满足买方要求。

2. 单据名称

单据应标明 COMMERCIAL INVOICE 字样。《UCP 600》特别强调，包括商业发票在内的每一份结汇单证都必须明确标明单证名称，否则该单证将被视为具有不符点的单证。同时，信用证中如果对商业发票要求了其他名称，例如，"certified invoice"或"detailed invoice"等，卖方则应在制单时填列原词。

3. 买方信息

发票抬头栏要写清买方的名称、地址以及联系方式等信息。在信用证业务中，根据《UCP 600》，买方地址中的国别信息必须准确，其他具体地址、联系方式不属于银行审单的范畴。但当事人制单，还是应当填写准确信息。个别银行在审单时，也会出于谨慎而对这些方面提出异议。有时信用证可能会指定发票的抬头，这时当事人需要依据信用证的要求制单。

4. 编号及日期等相关信息

编号是援引单证的重要依据，外贸单证必须使用编号。商业发票中一般需要自行编写发票号码，并在发票中注明出票日期、相关合同编号、日期等。商业发票是制作其他单证的基础，通常出票日期最早。正常业务中，发票日期不能早于合同签订日期，不得晚于实际的装运日期。卖方需要结合实际，合理填写出票日期。

5. 支付信息

本栏简要写清所使用的货款结算方式，如 L/C at sight、T/T、D/P 等。如果是信用证付款，一般还要写明信用证的号码、开证日期和开证银行。

6. 装运信息

商业发票一般要写清装运港/地、目的港/地，必要时注明中转港/地，有时还要写明承运方式。在信用证业务中，相关信息需要与信用证标明的装运信息一致。

7. 货物名称及描述

商业发票一般需要写清交易商品的名称、品牌、质量、规格、数量、计价货币、贸易术语、单价、总额、包装、唛头等信息。这些信息应当与合同的信息一致。

在信用证业务中，货物名称必须与信用证显示的名称一致，不得直接使用统称。但根据《UCP 600》，商业发票以外的单证在进行货物描述时，可以使用与信用证描述不相矛盾的统称。本部分是商业发票的核心内容。货物的数量、价格等信息必须与合同上的信息一致。在信用证项下，相关信息还必须与信用证上的信息一致。如果有机动幅度的规定，要注意不能超过信用证规定的机动幅度。

8. 其他内容

在商业发票中，有时还需要依据合同或信用证注明其他信息。例如，货物的原产地、生产日期、关联的许可证等号码、运保费信息、注意事项、证明文句等。在信用证项下，如果信用证指定了需要列明的相关信息，也需要一一列明。例如，在本章案例中，信用证要求在商业发票中注明"THE QUALITY OF THE PRODUCTS IS SUBJECT TO THE SAMPLE NO. S-240503"。因此，当事人在缮制商业发票时，就需要添加这一句。

9. 出票人签章

如果合同或信用证要求商业发票必须签章（SIGNED），则出票人必须照办。但如果信用证没有特别要求，根据《UCP 600》，用于结汇的商业发票也可以不进行签章。在本章案例中，信用证要求"MANUALLY SIGNED INVOICE"，则该发票必须手工签署。同时，如果商业发票中有证明文句，则该商业发票也应当签署。

二、海关发票

海关发票（customs invoice）是特定国家的通关文件之一。它主要用于特定进口国海关在货物通关时，准确、快速评估货物价格，从而确定进口税率和货物原产地。它与商业发票显著不同，只适用于个别国家。例如，美国、加拿大、澳大利亚、新西兰、加勒比海共同体以及非洲一些国家在进口特定商品时需要使用海关发票。同时，不同国家对海关发票适用的商品范围有不同规定，且不断调整。因此，当事人应密切关注进口国海关的最新规定。例如，美国对钢材、纺织品、鞋类货物，加拿大对非食品类货物，澳大利亚对食品、药品、化妆品、纺织品、电子产品、玩具等货物使用海关发票。

各国海关发票格式并不统一，由各自进口国海关统一制定。因此，出口方应注意选择正确的海关发票格式，避免出错。在外贸业务中，一般由进口方向出口方提供格式，出口方依据进口国海关的统一要求进行填制。填制时，出口方要注意各栏目信息应与其他单证保持一致，特别是货物名称、金额等关键信息。同时，要注意货物国内生产价格与出口价格之间的关系，确保前者低于后者。

加拿大海关发票样票

加拿大海关发票样票请扫描二维码阅读。

三、形式发票

形式发票（proforma invoice, P/I）并非通常意义上的发票类型。它不是售物凭证，而是双方尚未达成交易，在贸易磋商过程中，由卖方以发票的形式向买方发出的发盘。由于发票包括了交易的主要条件，因此，通过这种形式传递交易信息，简洁明了，效率较高。为与商业发票进行区分，该类发票的标题应写形式发票。

形式发票在实际业务中应用广泛。卖方常常会在磋商的不同阶段，通过发送形式发票，表明自身的谈判立场与条件。同时，形式发票还是买方在其所在国家申请外汇、许可证或其他批准证件的重要依据。为方便后续引用和参考，各个版本的形式发票均需要编号并写明出具日期。事后，如果以某形式发票中写明的交易条件，双方当事人达成交易，则可在合同以及后期信用证等文件中，通过援引该形式发票，达到简化合同文本、提高磋商效率等目的。

四、领事发票

领事发票（consular invoice），是在买方所在国法令要求下，卖方应买方要求，对特定出口商品向买方所在国驻卖方所在国的领事馆申请，由领事馆或其授权机构签证，证明出口货物主要交易信息的特殊类型发票。该发票将作为买方进口报关的必备单据，是此类进口货物通关的法定要件。

领事发票主要用于验证货物的真实信息、进行进口关税评估、贸易统计、进口许可、反倾销反补贴调查、贸易和外汇管制等方面。领事馆在办理领事发票过程中可能会收取一定费用。在实际业务中，一旦某类货物进口通关被要求提供领事发票，往往意味着该类货物进口量已达相当水平，进口国政府可能升级货物进口的管控措施。

领事发票的格式由进口国政府设定，因此，各国的领事发票格式不同。一般当事人可以在领事馆官网上下载相应模板。在进口国政府没有指定领事发票模板时，领事馆可能会直接在商业发票上签章。

目前，一些国家和地区要求使用领事发票，如巴西、阿根廷、智利等拉美国家，沙特阿拉伯、阿联酋、埃及等中东国家，以及菲律宾等东南亚国家。如果卖方被

外贸单证与实务操作

要求提交领事发票，应尽早考虑能否做到。特别是在信用证项下，如果卖方无法做到，应坚决要求对信用证条款进行修改。

第二节 包装单据

一、包装单据概述

包装单据（packing document）是指主要用来说明所交易商品的装载明细以及其数量、净重、毛重、体积、包装等信息的单据。官方机构、检验机构以及买方在最终验货时，通常会参考包装单据，了解所装载的商品详情。

包装单据主要有装箱单、重量单、尺码单三种类型。装箱单主要适用于以个数计数、具有包装的工业制成品，货物每件包装的毛重及净重统一。重量单主要适用于包括散装货物在内以重量计量的货物。尺码单主要适用于以长度、面积、体积计量的货物。另外，包装单据还有 assortment list、packing specification、detailed packing list、packing summary、weight memo 等名称，它们都需要列清产品的名称、数量、包装、净重、毛重、体积等项目。在信用证中，如果要求受益人提供上述名称或类似名称的单据，受益人在制单时应当照办。

二、装箱单

（一）装箱单样单

依据本章案例，并基于通用的装箱单格式，现缮制如下：

第五章　结汇单证

样单5-4 装箱单

SHANGHAI NEWHOPE TRADING CO., LTD

8F BUILDING 3, NO. 555 DONGCHUAN ROAD, MINHANG DISTRICT SHANGHAI, CHINA (P.C. 201100)

TEL：+86 21 2398844　　　　E-MAIL：sale@snhtcl.com

PACKING LIST

To:	FITTER BUSINESS S.A. CHURCHILL INDUSTRIAL AREA, ANTWERP, BELGIUM (P.C. 2000) TEL: +32 3 496213 E-mail: manager@fitterbsa.com	Invoice No.: Invoice Date: S/C No.: L/C No.:	INV2024082001 AUG 20, 2024 NH2024052601 319LC095864
From:	SHANGHAI PORT, CHINA	To:	ANTWERP PORT, BELGIUM BY SEA

Marks and Numbers	Description of goods	Size	Quantity (Pairs)	Package (Cartons)	G.W (kgs)	N.W (kgs)	Meas. (cbms)
FBSA ANTWERP NH2024052601 NOS.1–400	400 CARTONS OF ANTI-SMASHING WORK SHOES IN BLACK COLOR GW./NW.: 9.8/10.2KGS/CARTON　　SIZE OF CARTON: 59CM × 50CM × 40CM						
	ANTI-SMASHING WORK SHOES D0900116	40	240	20	204.0	196.0	2.36
		40.5	240	20	204.0	196.0	2.36
		41	240	20	204.0	196.0	2.36
		42	240	20	204.0	196.0	2.36
		42.5	240	20	204.0	196.0	2.36
		43	240	20	204.0	196.0	2.36
		44	240	20	204.0	196.0	2.36
		45	240	20	204.0	196.0	2.36
	ANTI-SMASHING WORK SHOES D0900117	40	360	30	306.0	294.0	3.54
		40.5	360	30	306.0	294.0	3.54
		41	360	30	306.0	294.0	3.54
		42	360	30	306.0	294.0	3.54
		42.5	360	30	306.0	294.0	3.54
		43	360	30	306.0	294.0	3.54
		44	360	30	306.0	294.0	3.54
		45	360	30	306.0	294.0	3.54
	TOTAL:		4,800	400	4,080.0	3,920.0	47.2
TOTAL OF PACKAGE	SAY FOUR HUNDRED CARTONS ONLY						

Signature 王化恩

SHANGHAI NEWHOPE TRADING CO., LTD

(二) 主要栏目及缮制规范

1. 出票人信息

出票人信息即卖方的名称、地址等信息。该信息与商业发票相同。

2. 单据名称

在单据上应标明包装单据的名称。在信用证项下，受益人在制单时需要严格对照信用证中标明的单据名称。

3. 买方信息

此栏的填写要求与商业发票的要求相同，要写清买方的名称、地址以及联系方式等信息。在外贸制单业务中，当事人的名称和地址一般被视为整体，不能只写名称。

4. 编号及日期等相关信息

包装单据作为商业发票的补充，一般与商业发票同时缮制，也不设独立编号。缮制者在包装单据中会列明商业发票的号码及出票日期并进行业务关联，同时也会列明合同、信用证等编号和/或日期等信息。

5. 装运信息

此栏的填写要求与商业发票的要求相同。在信用证业务中，包装单据的装运信息需要与信用证标明的装运信息一致。

6. 唛头

此栏体现收货人、收货地址、件数等关键货物信息，填写时应与合同的要求一致。同时，卖方在商品外包装上需要依此印制。

7. 货物描述

本部分是装箱单的核心内容，体现商品及包装件数的各类信息，需要认真填写。本栏主要包括货物名称、总件数、型号、尺码、包装方式、件数、数量、净重、毛重、体积等信息。其中，总件数要以大写的形式在单据中注明。在信用证业务中，相关信息须与信用证的信息相一致。尤其是数字小数点位数的控制，各单据必须统一，以免被银行认定为不符点。如果信用证有机动幅度的规定，要注意不能超过其机动幅度。在本章案例中，商品的尺码较多，各项信息需要一一列明。

8. 其他内容

装箱单中有时还需要依据合同或信用证注明其他信息。例如，某些事项的证明文句、包装材料的说明、货物的注意事项、货物生产日期及具体产地等。

9. 出票人签章

本栏的填制要求与商业发票的填制要求相同。

需要注意的是，包装单据更注重货物本身及件数的描述，一般不包括商品的价值信息，如单价及总额等。这有助于保护商业秘密，是与商业发票的显著区别。

第三节　运输单据

一、海运出口货物托运单

海运出口货物托运单（以下简称托运单），也称为海运出口货运委托书，是货主委托货运代理公司或船公司以海洋运输方式承运其货物而提交的单据。托运单中需要详细列明托运人的各委托事项及货物信息，从而方便货运代理公司或船公司安排海运事宜。它是办理海运业务的首个环节。

因此，托运单是托运人申请办理托运事项的凭证，也是船公司受理订舱业务，并开展后续运输业务的依据。从法律意义上讲，一旦货运代理公司或船公司接受了委托，则托运单为托运人与承运人之间的运输合同。托运单还是货物通关的货运凭证，需要在出口报关时，向海关提交。货物装船后，船公司或其代理人依据托运单签发海运提单。

（一）托运单样单

依据本章案例，并基于通用的托运单格式，现缮制如下：

样单5-5 托运单

海运出口货物托运单（Booking Note）

受委托方：SHANGHAI FUSHI OCEAN SHIPPING AGENCY CO., LTD			
联系人：王雪　电话：021-2398745　传真：021-2398746　E-MAIL: business@sfosacl.com			
托运人（Shipper） SHANGHAI NEWHOPE TRADING CO., LTD 8F BUILDING 3, NO. 555 DONGCHUAN ROAD, MINHANG DISTRICT, SHANGHAI, CHINA (P.C. 201100) TEL: +86 21 2398844　E-mail: sale@snhtcl.com		预订开航期	2024年8月26日
^	^	运费条款	FREIGHT PREPAID
^	^	合约号	FS24081001
收货人（Consignee） TO ORDER		提单签发地	上海
^	^	签单方式	（√）正本　（　）电放 （　）Sea Waybill
^	^	船东提单	（√）需要　（　）不需要
通知人（Notify Party） （1）FITTER BUSINESS S.A. CHURCHILL INDUSTRIAL AREA, ANTWERP, BELGIUM (P.C. 2000) 　TEL: +32 3 496213 E-mail: manager@fitterbsa.com （2）ABN AMRO BANK N.V. BELGIAN BRANCH RUE DES COLONIES 11, 1000 BRUXELLES, BELGIUM (P.C. 2000) TEL: +32 2 229580 E-mail: lc@abnamro.com		箱量×箱型 （整箱）	（　）×20GP （1）×40GP （　）×40HQ
启运港	SHANGHAI PORT, CHINA	目的港	ANTWERP PORT, BELGIUM
唛头	件数包装	品名（中英文）	重量　　　　尺码
FBSA ANTWERP NH2024052601 NOS.1-400	SAY FOUR HUNDRED（400）PACKAGES ONLY ANTI-SMASHING WORK SHOES		4,080.0KGS　47.2 CBM
拖车行名称：　上海福德威国际物流有限公司　　电话：+86 21 2396639　　联系人：王杨静			
托运人公司中文名称：上海新希望贸易有限公司 操作人：王化恩 电话：+86 21 2398844 E-MAIL: sale@snhtcl.com			
日期：2024年8月22日　　　　　　　　　　　　　　　　　　　　　　　　（盖章）			
特殊要求	正本提单一式三份。		
注意事项	托运人请务必与受委托人密切配合，并及时提供相关资料，否则由此产生货物不能及时出运或产生额外费用等责任及费用由托运人承担。		
以上内容由托运人如实提供。ABOVE DETAILS DECLARED BY SHIPPER.			

第五章　结汇单证

（二）主要栏目及缮制规范

目前，货运代理企业是大多数托运人办理运输事项的首选。很多大型货运代理企业，拥有业务办理平台，托运人在注册账号后，即可在平台办理托运及相关业务。同时，国内仍有大量中小型货运代理企业没有网络平台。这些企业一般是由业务人员向托运人发放空白的托运单电子文档，待托运人填写完毕后，交还给货运代理企业办理后续业务。托运人无论是直接在平台填报，还是填写电子版托运单，其基本项目和缮制规范相同。由于托运单是制作正式运输单据的依据，因此，在信用证业务中，对运输单据的相关要求，应在填写托运单时就给予足够的重视和体现。

1. 受托方

受托方即货运代理公司。货运代理公司提供的托运单模板往往会在显著位置呈现已印就的受托方的信息。这些信息主要在货运代理公司向真正的船公司办理托运事项时，提醒船公司其货主代理人的身份，也有利于船公司更顺利地与其进行业务沟通。

2. 托运人

托运人一般指卖方。卖方在办理运输事项时，托运人即卖方。实践中，当办理运输事项属于买方责任时，为了船货的顺利衔接，买方往往在指定货运代理公司后，指示卖方直接与货运代理公司联系，此时托运人也为卖方。在本栏中，卖方的名称、地址、联系方式均需要填写清楚。但有时，为保守商业秘密，买方可能会要求将货运代理公司的名称填在托运人栏中。

3. 收货人

本栏的填写，有记名抬头、不记名抬头和指示抬头三种写法。记名抬头，即收货人栏写清收货人的名称、地址及联系方式。不记名抬头即收货人栏直接填写"To Holder"或类似语句。指示抬头即收货人栏写"To Order"或类似语句。在国际贸易中，我们通常使用指示抬头的写法。例如，在本章案例中，本栏应填写"To Order"。

4. 通知人

它是指货物到港后，承运人通知到货信息的当事人。此栏一般填写买方的名称、详细地址和联系方式。在信用证项下，应按信用证的规定进行办理。有时开证银行也被列为通知人。

5. 预定开航期

预定开航期，即托运人计划装运时间。该日期的确定需要考虑事先选定的航线及其船期表。

6. 运费条款

本栏需要根据交易选定的贸易术语进行确定：卖方办理运输事项，填写"Freight Prepaid"；买方办理运输事项，填写"Freight Collected"。

7. 合约号

合约号为后期的运输合同号码，当事人在填写本栏时留空，待确认运输合同后由受托方填写。

8. 提单签发地、签单方式及提单种类

签发地主要用来确定提单的法律效力和当事人的相关义务。签单方式主要有三种，即正本提单、电放提单和海运单。在信用证项下，我们一般需要提交正本提单。在近洋运输的场合，有时提单无法及时送达目的港，为了节省时间，托运人可授权承运人，由其向目的港代理人发送电放指示，允许收货人凭有效身份证明进行提货，这种提单即电放提单。从性质上讲，电放提单仍具有物权凭证的性质，也可以进行转让。海运单是一种不可转让的运输单据，它不具有物权凭证的作用，收货人凭适当身份证明进行提货。在非信用证交易的场合，在把控风险的前提下，当事人可以选择后两种运输单据。按签发人的不同，提单可分为船东提单（MBL）和货代提单（HBL）。船东提单由船公司签发，收货人可以直接向船方提货。在使用货代提单时，收货人需要通过货运代理公司处理提货事宜。如果信用证有特别约定，则需要按要求办理。

第五章　结汇单证

9. 箱量、箱型

集装箱主要有 20 英尺、40 英尺和 40 英尺高箱三个类别。选箱基本原则：重货小箱、抛货大箱。为充分利用箱容，集装箱装载量通常是合同洽商过程中确定交易数量的重要依据。在本章案例中，交易数量正是依据一个 40 英尺集装箱的装载量确定的。

10. 启运港、目的港

启运港与目的港依据实际需求填写即可。注意必须填写国别。

11. 唛头、件数、包装、品名、重量、尺码

本部分填写货物信息。对于普货而言，船方主要依据箱型收取运费。内装货物的相关信息主要用于通关等业务。当事人须保证相关事项填写真实、准确。其中，商品名称填写统称即可。件数等各栏目填写总计信息即可。

12. 拖车行名称

本栏是指拖运集装箱至工厂，装货后再拖至港区的承运人。货主可以委托货运代理公司，也可以另行指定拖车行。

13. 托运人公司信息

托运人公司信息用中文填写，便于业务联系。

14. 特殊要求

合同或信用证条款中往往会涉及对运输单据的特殊要求。这些要求应在本栏中一一列明，以便承运人在出具正式提单时参考。

二、海运提单

海运提单是船公司或货运代理公司出具的，证明其已经受托承运并接管货物，具有物权凭证作用的正式运输单据。转让提单意味着转让了货物的所有权。提单也可视为货主与承运人之间运输合同的证明。在信用证业务中，银行一般只接受已装船提单。

托运单是船公司或货代签发提单的主要依据。因此，托运单的缮制规范基本适用于海运提单。依据样单 5-5，并基于中远集装箱运输有限公司的提单格式，以承运人的身份缮制如下：

样单 5-6　海运提单

中远集装箱运输有限公司

COSCO CONTAINER LINES　　　　ORIGINAL　　TLX: 8876 COSCO CN

FAX:+86 7889 7394

PORT TO PORT OR COMBINED TRANSPORT BILL OF LADING

1.Shipper　Insert Name Address and Phone/Fax SHANGHAI NEWHOPE TRADING CO., LTD 8F BUILDING 3, NO. 555 DONGCHUAN ROAD, MINHANG DISTRICT, SHANGHAI, CHINA (P.C. 201100) TEL: +86 21 2398844　E-mail: sale@snhtcl.com		Booking No. FS24081001	Bill of Lading No. DNHY802023
2.Consignee　Insert Name Address and Phone/Fax To Order		Export Reference	
^		Forwarding Agent and References FMC/CHB No. 上海福仕海运代理有限公司刘杰 General manager as agent for the carrier	
^		Point and Country of Origin	
3.Notify Party　Insert Name Address and Phone/Fax　(It is agreed that no responsibility shall attach to The Carrier or his agents for failure to notify) FITTER BUSINESS S.A. CHURCHILL INDUSTRIAL AREA, ANTWERP, BELGIUM (P.C. 2000) TEL: +32 3 496213　E-mail: manager@fitterbsa.com		Also Notify Party-routing &Instruction ABN AMRO BANK N.V. BELGIAN BRANCH RUE DES COLONIES 11, 1000 BRUXELLES, BELGIUM (P.C. 2000) TEL: +32 2 229580 E-mail: lc@abnamro.com	
4. Combined Transport Pre-carriage by	5. Combined Transport Place of Receipt	^	
6. Ocean Vessel　Voy. No. XINLINYI　V. 0056W	7. Port of Loading SHANGHAI PORT, CHINA	Service Contract No.	Commodity Code
8. Port of Discharge ANTWERP PORT, BELGIUM	9. Combined Transport Place of Delivery	Type of Movement FCL CY/CY	
Marks & Nos. Container /Seal No.	No of containers or Packages	Description of Goods (If Dangerous Goods, See Clause 20)	Gross Weight	Measurement
FBSA ANTWERP NH2024052601 NOS.1-400 COSU17638970/ 276483	1 × 40' GP	ANTI-SMASHING WORK SHOES	4,080.0KGS	47.2 CBM

第五章　结汇单证

Declared Cargo Value US$	Description of Contents for Shipper's Use Only (NOT part of This B/L Contract)						
10.Total Number of Container and/or Package　SAY FOUR HUNDRED（400）PACKAGES ONLY. (in words)							
Subject to Clause 7 Limitation							
11. Freight &Charges	Revenue Tons	Rate	Per	Amount	Prepaid	Collect	Freight &Charge Payable at/by
FREIGHT PREPAID							
Received in external apparent good order and condition except as otherwise noted.The total number of the packages or units stuffed in the container, the description of The goods and the weights shown in this Bill of Lading are furnished by the Merchants, and which the carrier has no reasonable means of checking and is not a part of this Bill of Lading contract. The carrier has issued　3　original Bill of Lading, all of this tenor and date, one of the original Bill of Lading must be surrendered and endorsed or signed against the delivery of the shipment and whereupon any other original Bill of Lading shall be void. The merchants agree to be bound by the terms and conditions of this Bill of Lading as if each had personally signed this Bill of Lading. *Applicable Only When Document Used as a Combined Transport Bill of Lading.							Date Laden on Board　AUG 26, 2024
							Signed by: 刘长新
Date of Issue AUG 26, 2024 Place of Issue SHANGHAI,CHINA							Signed for the Carrier,COSCO CONTAINER LINES

外贸单证与实务操作

第四节 保险单据

一、海洋货物运输保险投保单

国际货物运输途中面临较大风险，我们需要通过投保的方式将这些风险转移给保险公司。这样外贸企业就将这些风险转化为固定的费用，这有利于企业长期稳定经营。货主向保险公司提出投保申请，是保险业务的起点。因此，当事人在确定了基本保险事项后，便可填写货物运输保险投保单，发起货运保险业务。

（一）投保单样单

依据本章案例，并基于中国人民财产保险集团股份有限公司的投保单格式，现缮制如下：

样单 5-7 投保单

投保单序号：PICC No. 2408630

PICC 中国人保 中国人民财产保险股份有限公司
PICC Property and Casualty Company Limited
地址：北京市海淀区大钟寺13号华杰大厦6B7室　邮编：100098
ADD: Room 6B7, Huajie Building, No.13 Dazhong Temple, Haidian District, Beijing 100098, China
电话（TEL）：010-62196431　　传真（FAX）：010-62192421

货物运输保险投保单
APPLICATION FORM FOR CARGO TRANSPORTATION INSURANCE

被保险人：
Insured: SHANGHAI NEWHOPE TRADING CO., LTD
　　　　8F BUILDING 3, NO. 555 DONGCHUAN ROAD, MINHANG DISTRICT, SHANGHAI, CHINA

发票号（INVOICE NO.）　　　INV2024082001
合同号（CONTRACT NO.）　　NH2024052601
信用证号（L/C NO.）　　　　319LC095864
发票金额（INVOICE AMOUNT）　USD66,240.00　　投保加成（PLUS）110 %

兹有下列物品向中国人民财产保险股份有限公司上海市分公司投保。（INSURANCE IS REQUIRED ON THE FOLLOWING COMMODITIES）：

第五章　结汇单证

标记 MARKS &NOS.	包装及数量 QUANTITY	保险货物项目 DESCRIPTION OF GOODS	保险金额 AMOUNT INSURED
FBSA ANTWERP NH2024052601 NOS.1-400 CONTAINER / SEAL NO. COSU17638970/ 276483/40'GP	400 CARONS	ANTI-SMASHING WORK SHOES	USD72,864.00

启运日期：　　　　　　　　　　　　　　装载运输工具：
DATE OF COMMENCEMENT　AUG 26, 2024　PER CONVEYANCE:　XINLINYI　V. 0056W
自　　　　　　　　　经　　　　　　　　至
FROM　SHANGHAI PORT, CHINA　VIA _____ TO　ANTWERP PORT, BELGIUM
提单号：　　　　　　　　　　　　赔款偿付地点：
B/L NO.: _____　CLAIM PAYABLE AT　　ANTWERP, BELGIUM　IN USD
投保险别：(PLEASE INDICATE THE CONDITIONS &/ OR SPECIAL COVERAGES:)
COVERING ALL RISKS AS PER OCEAN MARINE CARGO CLAUSES (2009) OF THE PICC PROPERTY AND CASUALTY COMPANY LIMITED

请如实告之下列情况:(如'是'在 [ ] 中打'√','不是'在 [ ] 中打'×' IF ANY, PLEASE MARK '√' OR '×')
货物种类：袋装 [√]　散装 [×]　冷藏 [×]　液体 [×]　活动物 [×]　机器/汽车 [×]　危险品等级 [×]
GOODS: BAG/JUMBO　BULK　REEFERR　LIQUID　LIVE ANIMAL　MACHINE/AUTO　DANGEROUS CLASS
集装箱种类：普通 [√]　开顶 [×]　框架 [×]　平板 [×]　冷藏 [×]
CONTAINER: ORDINARY　OPEN　FRAME　FLAT　REFRIGERATOR
转运工具：海轮 [√]　飞机 [×]　驳船 [×]　火车 [×]　汽车 [×]
BY TRANSIT: SHIP　PLANE　BARGE　TRAIN　TRUCK
船舶资料：　　　　　　　　船籍 [中国]　船龄 [15]
PARTICULAR OF SHIP:　　REGISTRY　　　　AGE

备注：被保险人确认本保险合同条款和内容已经完全了解。投保人（签名盖章）APPLICANT'S SIGNATURE
　　　THE ASSURED CONFIRMS HEREWITH THE
　　　TERMS AND CONDITIONS OF THESE INSURANCE
　　　CONTRACTS FULLY UNDERSTOOD.　　　　王化恩（签字）
　　　　　　　　　　　　　　　　　　　　电话：(TEL.) +86 21 2398844
投保日期：(DATE) AUG 24, 2024　地址：(ADD) MINHANG DISTRICT, SHANGHAI, CHINA

　　　　　　　　　　本公司自用（FOR OFFICE USE ONLY）
费率：　　　　　　　保费：　　　　　　　备注：
RATE:_____　PREMIUM:_____　NOTE:_____
经办人：　　　　　　核保人：　　　　　　负责人：
BY_____　　　UNDER WRITER_____　MANAGER_____

（二）主要栏目及缮制规范

1. 被保险人

填写能够得到保险利益的当事人。在装运合同中，买方承担运输途中的风险。因此，被保险人一般为买方。但在 CIF/CIP 合同中，卖方办理保险事项，因此，本栏应填写卖方的名称和地址。等卖方完成装运，向银行交单时，再通过背书的形式向买方转让保险单。转让后，被保险人转为买方。在信用证项下，有时会规定被保险人的填写要求，例如，使用 "TO ORDER OF …" 的形式。此时，受益人应按规定办理。

2. 发票、合同、信用证号码

应注意填写准确，避免麻烦。

3. 发票金额、加成及保险金额

在 CIF 合同中，发票金额即货物的 CIF 价格。投保时，需要在该价格基础上，再增加一定比例，作为对买方预期收益的保障。按惯例，我们一般在 CIF 价格基础上乘以 110% 作为保险金额。如果投保加成的比例过高，对保险公司存在潜在风险时，需要事先征得保险公司的同意。

4. 货物标记、包装及数量、保险货物项目

货物标记应包含货物的识别信息，如合同号、订单号、目的地等，以便在运输过程中快速识别货物。包装及数量是指货物的运输包装类型及件数，而非销售单位项下的数量。保险货物项目栏只需填写与信用证要求一致的货物统称，无须列明货物明细。

5. 启运日期

投保时如果已明确货物的启运日期，当事人应填写相应的启运日期。投保后，万一启运日期有变，根据《UCP 600》，只要实际的启运日期在该填写的日期前后各 5 天的范围内，都属于相符交单。此外，该栏也可直接填写成 "AS PER B/L"。

6. 装载运输工具、装运港、目的港、提单号码

在办理运输事项后，装载运输工具及航次、装运港、目的港均最终确定。但

一般货物装船后，托运人才能换发已装船提单。因此，如果保险事项在货物装船之前办理，提单号码一栏可以留空。

7. 赔款偿付地点

赔款偿付地点一般为买方所在地。同时，本栏一般还需写清保险公司在偿付时所使用的币种。

8. 保险的险别

本栏需要严格按合同和信用证的规定进行办理。保险险别及解释它的保险条款（含版本号），均需要在本栏中明确列出。

9. 货主如实告知事项

本栏包括货物类型、集装箱种类、转运工具、船舶资料等。投保人必须如实填写。

10. 声明

声明文句为印就的条款，旨在提醒被保险人应当全面了解该保险合同的条款及相应内容。

11. 投保日期、签署

投保日期关系到被保险人的切身利益。在实际业务中，投保人应在货物运离发货人仓库前进行投保，从而充分利用"仓至仓条款"的规定，保障国内货物运输的安全，实现利益最大化。投保单应当由企业法定代表人或其授权人签署。

二、货物运输保险单

货物运输保险单是保险公司出具的，表明运输中货物的特定风险已经被其承保，承诺一旦发生责任范围内的损失，将按保险条款进行赔付的书面文件。

投保人在提交投保单、商业发票等书面文件，经保险公司核保、投保人缴纳保险费后，保险公司将依据投保单的内容缮制正式的货物运输保险单。保险公司一旦签发保险单，意味着保险合同正式生效。货物运输中的特定风险，将由保险公司承担。

依据样单 5-7，并基于中国人民财产保险集团股份有限公司的保险单格式，以保险人的身份缮制如下：

样单 5-8 货物运输保险单

PICC 中国人保

货 物 运 输 保 险 单
CARGO TRANSPORTATION INSURANCE POLICY

总公司设于北京　一九四九年创立
Head Office: Beijing　Established in 1949

AEYIA2024Z03

印刷号（Printed Number）　PICC 44030996859 YIE　保险单号（POLICY NO.）<u>PYIE202444039407</u>
发票号（INVOICE NO.）　<u>INV2024082001</u>
合同号（CONTRACT NO.）<u>NH2024052601</u>
信用证号（L/C NO.）　<u>319LC095864</u>
被保险人（INSURED）:<u>SHANGHAI NEWHOPE TRADING CO., LTD</u>
<u>8F BUILDING 3, NO. 555 DONGCHUAN ROAD, MINHANG DISTRICT, SHANGHAI, CHINA</u>

中国人民财产保险股份有限公司（以下简称本公司）根据被保险人的要求，以被保险人向本公司缴付约定的保险费为对价，按照本保险单列明条款承保下述货物运输保险，特订立本保险单。
THIS POLICY OF INSURANCE WITNESSES THAT PICC PROPERTY AND CASUALTY COMPANY LIMITED (HEREINAFTER CALLED " THE COMPANY ") AT THE REQUEST OF THE INSURED AND IN CONSIDERATION OF THE AGREED PREMIUM PAID TO THE COMPANY BY THE INSURED, UNDERTAKES TO INSURE THE UNDERMENTIONED GOODS IN TRANSPORTATION SUBJECT TO THE CONDITION OF THIS POLICY AS PER THE CLAUSES PRINTED BELOW.

标　记 MARKS & NOS.	包装及数量 QUANTITY	保险货物项目 GOODS	保险金额 AMOUNT INSURED
FBSA ANTWERP NH2024052601 NOS.1-400 CONTAINER / SEAL NO. COSU17638970/ 276483/40' GP	400 CARONS	ANTI-SMASHING WORK SHOES	USD72,864.00

总保险金额：
TOTAL AMOUNT INSURED: <u>US DOLLARS SEVENTY TWO THOUSAND EIGHT HUNDRED AND SIXTY FOUR ONLY</u>

保费（PREMIUM）: <u>AS ARRANGED</u>　启运日期（DATE OF COMMENCEMENT）: <u>AUG 26, 2024</u>
装载运输工具（PER CONVEYANCE）: 　<u>XINLINYI　V. 0056W</u>

自：　　　　　　　　　　　　经：　　　　　　　到：
FROM:　<u>SHANGHAI PORT, CHINA</u>　VIA:　　　　　TO:　<u>ANTWERP PORT, BELGIUM</u>

第五章 结汇单证

承保险别（Conditions）：
COVERING ALL RISKS AS PER OCEAN MARINE CARGO CLAUSES (2009) OF THE PICC PROPERTY AND CASUALTY COMPANY LIMITED

所保货物如发生保险单项下可能引起索赔的损失，应立即通知本公司或下述代理人查勘。如有索赔，应向本公司提交正本保险单（本保险单共有 贰 份正本）及有关文件，如一份正本已用于索赔，其余正本自动失效。

IN THE EVENT OF LOSS OR DAMAGE WHICH MAY RESULT IN A CLAIM UNDER THIS POLICY, IMMEDIATE NOTICE MUST BE GIVEN TO THE COMPANY OR AGENT AS MENTIONED. CLAIMS, IF ANY, ONE OF THE ORIGINAL POLICY WHICH HAS BEEN ISSUED IN TWO ORIGINAL(S) TOGETHER WITH THE RELEVENT DOCUMENTS ALL BE SURRENDERED TO THE COMPANY. IF ONE THE ORIGINAL POLICY HAS BEEN ACCOMPLISHED, THE OTHERS TO BE VOID.

保险人：中国人民财产保险股份有限公司上海市分公司
UNDERWRITER：PICC PROPERTY AND CASUALTY CO., LTD. SHANGHAI BRANCH
电话（TEL）：86-21-2517522
传真（FAX）：86-21-2517523
地址（ADD）：中国上海市黄浦区福佑路8号
8 FUYOU ROAD, HUANGPU, SHANGHAI, CHINA

赔款偿付地点
CLAIM PAYABLE AT ANTWERP PORT, BELGIUM IN USD

签单日期（Issuing Date） AUG 24,2024   授权人签字
核保人：王强 制单人：刘小可 经办人：刘林   AUTHORIZED SIGNATURE

第五节　原产地证书

一、概述

原产地证书（certificate of origin, C/O）是由法定机构签发、用以证明出口货物实质性产地的书面文件。它是进口国海关确定进口货物税率、实施进口贸易管制、进行海关贸易统计的主要依据。在外贸单证业务中，原产地证书不可或缺。

原产地证书包括一般原产地证书、优惠性原产地证书和专用原产地证书三类。一般原产地证书是普通的原产地证书，主要适用于无关税互惠的国家之间贸易。它是进口国海关征收最惠国税率、普通关税或特别关税的依据。同时，一般原产地证书也是进行国别贸易统计的重要依据。有些国家用海关发票或领事发票替代一般原产地证书。优惠性原产地证书是依据当事国之间优惠性贸易安排或协定，为享受进口国海关特殊关税优惠而出具的原产地证书。签发优惠性原产地证书的前提是贸易双方所在国缔结了优惠性贸易安排或协定。因此，每个协定项下都规定了该协定所适用的优惠性原产地证书名称及格式。卖方需要根据这些规定提供或填写相关信息，并由签发机构进行发证。专用原产地证书是针对某些特定行业的特定产品，根据贸易管制需要和国际协定而签发的原产地证书。例如，"输欧盟农产品原产地证书""烟草真实性证书"等。

在我国，原产地证书的发证机构为中国海关和中国国际贸易促进委员会。前者可以签发任何类型的原产地证书，后者可以签发一般原产地证书和海关授权的特定类型的优惠性原产地证书。出口方申请原产地证书，需要在"国际贸易单一窗口""互联网＋海关""原产地证书申报系统"等发证机构的官网平台上注册后，依据各自操作手册，直接在网上进行申报，并在指定地点申领纸质证书。2019年，海关总署全面推广了原产地证书自助打印业务，可实现绝大多数原产地证书的自助打印。申报单位声明栏的加盖公章与签字事宜,由事前上传平台的企业电子签章和申办员电子签名取代。目前,中国国际贸易促进委员会开通了原产地证书的自助打印功能。企业在提交"自主打印申请材料",经复核通过并上传电子印章和签名后,可以自主打印大部分原产地证书。值得注意的是,少数国家不接受打印印章与签字。申领企业事前应与进口方进行充分沟通。

二、一般原产地证书

(一)一般原产地证书样单

依据本章案例,并基于中国国际贸易促进委员会的一般原产地证书格式,现缮制如下:

样单 5-9 一般原产地证书

ORIGINAL

1.Exporter SHANGHAI NEWHOPE TRADING CO., LTD 8F BUILDING 3, NO. 555 DONGCHUAN ROAD, MINHANG DISTRICT, SHANGHAI, CHINA (P.C. 201100) TEL : +86 21 2398844 E-mail: sale@snhtcl.com	Serial No. CCPIT240476599 Certificate No. 24C3101A1122/00688 CERTIFICATE OF ORIGIN OF THE PEOPLE'S REPUBLIC OF CHINA
2.Consignee FITTER BUSINESS S.A. CHURCHILL INDUSTRIAL AREA, ANTWERP, BELGIUM (P.C. 2000) TEL : +32 3 496213 E-mail: manager@fitterbsa.com	
3.Means of transport and route FROM SHANGHAI PORT, CHINA TO ANTWERP PORT, BELGIUM BY SEA	5.For certifying authority use only THE CHINA COUNCIL FOR THE PROMOTION OF INTERNATIONAL TRADE IS CHINA CHAMBER OF INTERNATIONAL COMMERCE
Country / region of destination BELGIUM	

6.Marks and numbers	7.Number and kind of packages; description of goods	8.H.S.Code	9.Quantity	10.Number and date of invoices
FBSA ANTWERP NH2024052601 NOS.1-400	ANTI-SMASHING WORK SHOES TOTAL: FOUR HUNDRED (400) CTNS ONLY. *** *** *** *** ***	6402910000	4,800 PAIRS	INV2024082001 AUG 20, 2024

11.Declaration by the exporter	12.Certification
The undersigned hereby declares that the above details and statements are correct, that all the goods were produced in China and that they comply with the Rules of Origin of the People's Republic of China. （出口方盖章、签字） Shanghai, China AUG 22, 2024	It is hereby certified that the declaration by the exporter is correct. （发证机构盖章、签字） Shanghai, China AUG 22, 2024
Place and date, signature and stamp of authorized signatory	Place and date, signature and stamp of certifying authority

（二）主要栏目及缮制规范

原产地证书尽管由发证机构签发，但证书中绝大多数栏目信息均由申请人提供。发证机构在进行必要核查并打印出证书后，直接盖章、签字。

1. 出口方、收货人

这两栏应填写出口方及收货人的全称、包括国别在内的详细地址以及电话等联系方式。注意，这里的收货人为最终收货人。

2. 运输方式及路线

我们一般采用"from...to...by...（via...）"格式填写装运港/地、中转港/地、目的港/地及运输方式。如果涉及多式联运，要分段进行说明。

3. 目的国或地区

本栏填写计划最终运抵的目的国或地区。如果货物计划运抵我国国内保税区域，应填写具体的保税区名称。

4. 仅供官方使用栏

本栏为官方声明栏。本例解释了中国国际贸易促进委员会与中国国际商会的关系。如申请人在发货后才申请产地证，这类产地证被称为"后发证书"；如申请人丢失产地证申请补发，这类产地证被称为"补发证书"。这两种情况都需要签发机构在本栏作出声明。

5. 唛头及件数

本栏直接写清唛头及件数。件数通常作为唛头的组成部分，写在唛头的最后一行。如果没有唛头，可直接写"N/M"。

6. 包装件数及种类、货物描述

在填写本栏时，当事人一般在第一行或前几行填写商品名称、型号等信息，然后再填写"TOTAL:+大写件数（阿拉伯数字）+件数的单位+ONLY"，最后一行以星号作为终止符。添加终止符的目的是防止发证机构出证后，当事人再添加产品或其他信息。

7.HS 编码

本栏填写 4 位及以上阿拉伯数字偶数编码，中间不能有空格、逗号或圆点。如果该证书包含了不同编码的货物，则应列明全部编码。

8. 数量

本栏填写商品的数量及计量单位。如果以重量计量，应标明计价时使用的毛重或净重。

9. 商业发票的号码及日期

本栏先填写号码，再填写日期。为避免混淆，注意月份应使用英文缩写。

10. 出口方声明

本栏以自证的方式，强调货物依据中国原产地规则，为中国原产。本栏应填写声明的时间和地点，并加盖出口方公章，由出口方法定代表人或其授权人签字确认。自主打印的原产地证书，本栏为电子印章和签名。

11. 出证机构证明

本栏应填写该证明的时间和地点，并加盖出证机构公章，由出证机构法定代表人或其授权的人签字确认。自主打印的原产地证书，本栏为电子印章和签名。

三、优惠性原产地证书

（一）我国签署的自由贸易协定

截至 2024 年，我国已与 29 个国家和地区签署了《区域全面经济伙伴关系协定》（RCEP）等 22 项自由贸易协定（含升级），有力促进了自由贸易的发展。这些自由贸易协定涵盖的主要国家和地区有：日本、韩国、澳大利亚、新西兰、东盟、瑞士、智利、格鲁吉亚、冰岛、秘鲁、巴基斯坦等。不同贸易协定项下，有不同的产地证书名称、格式及填写规范。多数贸易协定还专门编制了原产地证书的代码（表 5-1）。下面以中国—东盟自由贸易区、中国—澳大利亚自由贸易区、RCEP 协定项下的优惠性原产地证书为例，介绍其各自的缮制要点。

第五章　结汇单证

表 5-1　我国签署的部分自由贸易协定与对应优惠性原产地证书代码

序号	贸易协定或安排	原产地证书代码
01	普惠制	FORM A
02	亚太贸易协定	FORM B
03	中国—东盟自由贸易协定	FORM E
04	中国—智利自由贸易协定	FORM F
05	中国—巴基斯坦自由贸易协定	FORM P
06	中国—秘鲁自由贸易协定	FORM R
07	中国—新西兰自由贸易协定	FORM N
08	中国—新加坡自由贸易协定	FORM X
09	中国—哥斯达黎加自由贸易协定	FORM L
10	中国—瑞士自由贸易协定	FORM S
11	中国—冰岛自由贸易协定	FORM I
12	海峡两岸经济合作框架协议	ECFA
13	区域全面经济伙伴关系协定	FORM RCEP

（二）中国-东盟优惠原产地证书

2010年，中国—东盟自由贸易区正式建立。它是我国第一个自由贸易区，也是发展中国家最大的自由贸易区。申请该协定项下优惠性原产地证书，当事人应通过平台填报相关信息，并上传商业发票和装箱单作为证明材料。除遵循产地证书填写的一般规范外，主要涉及以下几个问题：

1. 货物运输尽量选择直航

如果货物经区域外国家或地区转运时，应在卸货港栏目中以"via..."的方式填写转运地。同时，转运地海关或指定机构应针对本批货物签发"未再加工证明"。个别国家可能因为中转问题拒绝关税优惠。

2. 唛头

不得出现"见提单""见发票"等类似表达，也不能显示产品制造地。

3. 商品描述

如果货物涉及卖方以外的第三方发票，需要在备注栏标明第三方信息，并上传第三方发票。

4. 原产地标准

本栏是优惠性原产地证书的特有栏目，应认真填写。如果货物为自然获得或简单加工的产品，填写"WO"；货物为纯国产制品，填写"PE"；含进口成分或无法提供成分原产地，产品列入《产品特定原产地规则清单》并符合其规定标准的货物，填写"PSR"；含进口成分或无法提供成分原产地，产品未列入上述清单，但区域价值成分（RVC）不少于40%的货物，填写"%"；含进口成分或无法提供成分原产地，产品未列入上述清单，同时属于特定税目项下的4位税目编码发生改变的货物，填写"CTH"。

5. 数量

当货物适用RVC标准时，此栏应填写FOB金额。

6. 发票号码、发票日期

发票号码不得含有特殊字符。

7. 申请日期

申请日期应与签发日相同。

样单 5-10 中国—东盟优惠原产地证书

1.Products consigned from (Exporter's business name, address, country)	Serial No.: Reference No.:
2.Products consigned to(Consignee's name, address, country)	ASEAN–CHINA FREE TRADE AREA PREFERENTIAL TARIFF CERTIFICATE OF ORIGIN (Combined Declaration and Certificate) FORM E Issued in <u>THE PEOPLE'S REPUBLIC OF CHINA</u> (Country) See Overleaf Notes
3.Means of transport and route(as far as known) 　　Departure date 　　Vessel's name/Aircraft etc. 　　Port of Discharge	4.For Official Use ☐ Preferential Treatment Given ☐ Preferential Treatment Not Given(Please state reason/s) --- Signature of Authorised Signatory of the Importing Party

5.Item number	6.Marks and numbers on packages	7.Number and type of packages, description of products (including quantity where appropriate and HS number in six digit code)	8.Origin criteria (see Overleaf Notes)	9.Gross weight or net weight or other quantity, and value (FOB) only when RVC criterion is applied	10. Number, Date of Invoices

11.Declaration by the exporter The undersigned hereby declares that the above details and statement are correct; that all the products were produced in 　　　　　CHINA 　--------------------------- 　　　　　(Country) And that they comply with the origin requirements specified for these products in the Rules of Origin for the ACFTA for the products exported to 　--------------------------- 　　　(Importing Country) 　--------------------------- Place and date, signature of authorized signatory	12.Certification It is hereby certified, on the basis of control carried out, that the declaration by the exporter is correct. --- Place and date, signature and stamp of certifying authority
13. ☐ Issued Retroactively　　☐ Exhibition 　　☐ Movement Certificate　☐ Third Party Invoicing	

资料来源：中国国际贸易促进委员会官网

(三) 中国－澳大利亚优惠原产地证书

2015年，中澳自由贸易区正式生效并开始第一轮降税。目前，中澳两国间零税率税目超过90%。申请该协定项下优惠性原产地证书，当事人应通过平台填报相关信息。除遵循产地证书填写的一般规范外，主要涉及以下几个问题：

1. 生产商信息

当事人填写所有生产商的名称、地址和国别信息，并上传生产商的营业执照和在国家企业信息公示系统查询的该企业信息截图。如果生产商与出口商相同，直接填写"SAME"。

2. 运输事项

离港日期、运输工具、装货港、卸货港都必须填报。卸货港应为澳大利亚港口，转运时，在卸货港后用"VIA …"表示。

3. 备注栏

备注栏可填写 L/C 号码、订单号等信息。如果发票为第三方出具，应在此栏详细列出票人的名称、地址和国别。

4. 唛头

不得出现"见提单""见发票"等类似表达，也不能显示产品制造地。

5. 原产地标准

如果货物为自然获得或简单加工的产品，填写"WO"；纯国产制品，填写"WP"；含进口成分或无法提供成分原产地的产品，填写"PSR"。

6. 毛重或其他数量

货物以重量计量时，填写毛重，并以千克作为计量单位。货物以其他方式计量时，可据实填写。

7. 发票号码、发票日期

发票号码不得含有特殊字符。

8. 申请日期

申请日期应与签发日相同。

样单5-11 中国—澳大利亚优惠原产地证书

1.Exporter's name, and address, country:	Certificate No.:
	CERTIFICATE OF ORIGIN
2.Producer's name and address(if known):	Form for China-Australia Free Trade Agreement
	Issued In:THE PEOPLES'REPUBLIC OF CHINA
3.Importer's name, address and country (if known):	4.For Official Use Only:
4.Means of transport and route(if known): Departure Date: Vessel/Flight/Train/Vehicle No.: Port of loading: Port of discharge:	5.Remarks:

6.Item number (Max20)	7.Marks and Numbers on Packages (optional)	8.Number and kind of packages; description of goods	9.HScode (6 digit code)	10.Origin criterion	11.Gross weight or net weight or other quantity(e.g.Quantity Unit,Litres,m³)	12.Invoices (Number and date)

| 13.Declaration by the exporter or producer
The undersigned hereby declares that the above-stated information is correct and that the goods exported to

AUSTRALIA

(Importing Party)
Comply with the origin requirements specified in the China-Australia Free Trade Agreement.

Place and date, signature of authorized person | 14.Certification
On the basis of the control carried out,it is hereby certified that the information herein is correct and that the described goods comply with the origin requirements of the China-Australia Free Trade Agreement.

Place and date, signature and stamp of the Authorized Body |

（四）RCEP 优惠原产地证书

2022 年 1 月 1 日，《区域全面经济伙伴关系协定》（RCEP）正式生效，共涉及中国、日本、韩国、澳大利亚、新西兰、东盟 10 国共 15 个国家，构成世界人口最多、规模最大的自由贸易区。申请 RCEP 项下优惠性原产地证书，当事人需要通过平台填报相关信息。除遵循产地证书填写的一般规范外，主要涉及以下几个问题：

1. 出口商信息

本栏只允许填写一个出口商的名称、地址和国别信息。不能填写多个出口商。

2. 收货人信息

本栏只允许填写 RCEP 成员方收货人信息。不能填写非收货人信息。

3. 生产商信息

如果货物有多个生产商，应在本栏填写"SEE BOX 8"，并在第 8 栏货物描述后列明这些生产商信息。如果当事人希望保密，可在本栏填写"CONFIDENTIAL"。如果生产商信息未知，应填写"NOT AVAILABLE"。

4. 运输工具及路线

离港日期、运输工具名称及航次、卸货港/地都必须填报。卸货港应为 RCEP 成员的口岸。

5. 原产地标准

如果货物为自然获得或简单加工的产品，填写"WO"；货物为纯国产制品，填写"PE"；含进口成分、以税则归类改变为标准的货物，填写"CTC"；含进口成分、以区域价值增值为标准的货物，填写"PVC"；含进口成分、以加工工序为标准的货物，填写"CR"；如果货物使用了"累积规则"或"微小含量"条款，应分别加注"ACU"或"DMI"。

6. 数量

货物以重量计量时，填写毛重或净重，并以千克作为计量单位。货物以其他方式计量时，可据实填写。以区域价值增值为标准时，本栏应填写货物的 FOB 价格。

第五章 结汇单证

样单 5-12 RCEP 优惠原产地证书

1.Goods Consigned from (Exporter's name, address,country)	Serial No.　　　　　Form RCEP Certificate No. REGIONAL COMPREHENSIVE ECONOMIC PARTNERSHIP AGREEMENT CERTIFICATE OF ORIGIN
2.Goods Consigned to (Importer's/ Consignee's name, address, country)	Issued in　　THE PEOPLE'S REPUBLIC OF CHINA (Country)
3.Producer's name, address and country (if known)	5. For Official Use Preferential Treatment
4.Means of transport and route (if known) Departure Date: Vessel's name /Aircraft flight number, etc.: Port of Discharge	☐ Given ☐ Not Given (Please state reason/s) - Signature of Authorised Signatory of the Customs Authority of the Importing Party

6.Item number	7.Marks and numbers on packages	8.Number and type of packages;and description of goods	9.HS Code of the goods (6 digit-level)	10.Origin Conferring Criterion	11.RCEP Country of Origin	12.Quantity(Gross weight or other measurement),and value(FOB) where RVC is applied	13.Invoice number(s) and date of invoice(s)

14.Remarks	
15.Declaration by the exporter or producer The undersigned hereby declares that the above details and statements are correct and that the goods covered in this Certificate comply with the requirements specified for these goods in the Regional Comprehensive Economic Partnership Agreement. These goods are exported to: - (Importing Country) - Place and date, and signature of authorised signatory	16.Certification On the basis of control carried out, it is hereby certified that the information herein is correct and that the goods described comply with the origin requirements specified in the Regional Comprehensive Economic Partnership Agreement. - Place and date,signature and seal or stamp of Issuing Body
☐ Back-to-back Certificate of Origin　　☐ Third-party invoicing　　☐ ISSUED RETROACTIVELY	

外贸单证与实务操作

7. 发票号码、发票日期

发票号码及日期应与当事人进口清关所使用的发票信息保持一致。发票日期要早于装运日期和签发本证的日期。

8. 备注

如果使用了第三方发票，应在本栏加列第三方公司信息。如果证书为背对背证书，应在本栏加列原产地证信息。如果该证书为签发的副本，也需要在本栏说明。

第六节 汇票

一、概述

在国际贸易中，人们很少采用现金办理结算，大多数情况下使用金融票据作为国际业务的结算和信贷工具。汇票是最常见的票据类型之一，是国际结算中使用最广泛的一种信用工具，也是国际贸易单证业务中非常重要的结汇单证。有关汇票的概念、种类、票据行为等内容前面章节已做过介绍，此处不再赘述。

二、汇票样单

依据本篇案例，并基于国际贸易中商业跟单汇票一般格式，现缮制如下：

第五章 结汇单证

样单5-13 汇票

BILL OF EXCHANGE

Drawn Under: ABN AMRO BANK N.V. BELGIAN BRANCH BRUXELLES, BELGIUM

Irrevocable L/C NO. 319LC095864   Dated MAY 24, 2024

Date AUG 28, 2024   At SHANGHAI, CHINA   Payable With interest @ ____ %

No. INV2024082001   Exchange for USD66,240.00

At *** Sight of this FIRST of Exchange (Second of the same tenor and date unpaid)

The sum of SAY U.S. DOLLARS SIXTY SIX THOUSAND TWO HUNDRED AND FORTY ONLY

Pay to the order of BANK OF CHINA LIMITED SHANGHAI MINHANG SUB-BRANCH
256 XINJIAN ROAD, MINHANG DISTRICT, SHANGHAI

To ABN AMRO BANK N.V. BELGIAN BRANCH
RUE DES COLONIES 11, 1000 BRUXELLES, BELGIUM

王化恩（签字）
SHANGHAI NEWHOPE TRADING CO., LTD
8F BUILDING 3, NO. 555 DONGCHUAN ROAD,
MINHANG DISTRICT SHANGHAI, CHINA

三、主要栏目及缮制规范

（一）单据名称

在外贸业务中，汇票中应明确标明"Bill of Exchange"或"Draft"字样。

（二）出票依据

出票依据指开立本汇票的法律依据。基于L/C业务出票时，填写开证行名称、L/C号码和开证日期。基于D/P业务出票时，填写"BILL OF COLLECTION D/P"。D/A业务也照此办理。

（三）出票日期和地点

通常当事人在向银行交单时，再填写交单日期和交单地点。

（四）利率

如果使用远期汇票，当事人可事先约定利率以计算利息。该利息是指因收款人未即期收款而收取的报酬。但一般远期汇票中，没有关于利率的约定。这意味着受票人无须支付利息。

(五) 编号

汇票一般不独立编号，本栏直接援引商业发票号码。

(六) 汇票金额

汇票中"Exchange for:"后面填写"币制 + 阿拉伯数字金额"，保留两位小数。汇票中"The Sum of:"后面填写"SAY+ 币制 + 大写金额 +ONLY"。大小写要保持一致。填写汇票金额，需要考虑信用证条款对汇款金额的限定，确保相符交单。

(七) 付款时间

写于汇票 At 与 sight 之间。即期汇票，填写 ***，远期汇票填写"××days (after)"，意为见票后若干天付款。付款时间也可以写成出票后或提单日后若干天付款。此时，当事人需要删除模板中"sight"字样后，分别添加"date"或"date of B/ L"。

(八) 支付文句

汇票中一般都注明"付一不付二、付二不付一"。这是指汇票通常制作为一式两份，付款人支付任何一联后，不再承担另一联的付款责任。

(九) 收款人

本栏为汇票的抬头，指定汇票收款人，默认为指示式抬头。在 L/C 业务中，一般填写结汇单据的收单银行。在 D/P、D/A 项下，一般填写托收行，并在托收业务中，通过背书，转让给代收行，进而向买方提示收款。汇票还可以做成限制性抬头或来人抬头，但实际业务中使用较少。

(十) 受票人 / 付款人

在 L/C 业务中，填写开证银行名称和地址。在 D/P、D/A 项下，填写买方的名称和地址。

(十一) 出票人签章

一般要写清卖方的名称、地址，并由法定代表人签名。

第五章　结汇单证

案例分析与讨论

以下是中国公司收到的跟单信用证，请结合给出的补充信息，制作全套结汇单据。

	MT 700　ISSUE OF A DOCUMENTARY CREDIT
40A: FORM OF DOC. CREDIT	IRREVOCABLE
20: DOC. CREDIT NUMBER	T02LC76519358
31C: DATE OF ISSUE	2420616
31D: EXPIRY	DATE 240731 PLACE AT THE NEGO BANK
50 : APPLICANT	SUMITOMO TRADING
	P.O.BOX1236, 60078 SIBU, MALAYSIA
59 : BENEFICIARY	HENAN YIHAI IMPORT AND EXPORT COMPANY LTD.
	NO.91 WENHUA ROAD ZHENGZHOU, CHINA
32B: AMOUNT	CURRENCY USD　AMOUNT 10800,00
41D: AVAILABLE WITH…BY…	ANY BANK
	BY NEGOTIATION
42C: DRAFTS AT…	SIGHT
42A: DRAWEE	HOCK HUA BANK BERHAD
	SIBU, MALAYSIA
43P: PARTIAL SHIPMENTS	ALLOWED
43T: TRANSHIPMENT	ALLOWED
44A: LOADING IN CHARGE	CHINA
44B: FOR TRANSPORT TO…	SIBU, MALAYSIA
44C: LATEST DATE OF SHIP	240716

45A: DESCRIPT OF GOODS　　　　AGRICULTURAL IMPLEMENT

　　　　　　　　　　　　　　　300 DOZEN S301B SHOVEL

　　　　　　　　　　　　　　　100 DOZEN S302B SHOVEL

　　　　　　　　　　　　　　　100 DOZEN S303B SHOVEL

　　　　　　　　　　　　　　　AT USD21.60 PER DOZEN CIF SIBU

46A: DOCUMENTS REQUIRED

+SIGNED COMMERCIAL INVOICE IN THREE FOLDS

+PACKING LIST AND WEIGHT NOTE IN THREE FOLDS

+3/3 SET OF CLEAN ON BOARD OCEAN BILLS OF LADING MADE OUT TO ORDER OF HOCK HUA BANK BERHAD AND ENDORSED IN BLANK MARKED FREIGHT PREPAID AND NOTIFY ACCOUNTEE IN TWO FOLDS

+MARINE INSURANCE POLICY/CERTIFICATE ENDORSED IN BLANK FOR FULL CIF VALUE PLUS 10 PERCENT SHOWING CLAIMS IF ANY PAYABLE AT DESTINATION IN THE CURRENCY OF THE DRAFT COVERING ALL RISKS AND WAR RISK AS PER CIC

47A: ADDITIONAL COND.

+DOCUMENTS MUST BE NEGOTIATED IN CONFORMITY WITH THE CREDIT TERMS

+A FEE OF USD 50 OR EQUIVALENT IS TO BE DEDUCTED FROM EACH DRAWING FOR THE ACCOUNT OF BENEFICIARY IF DOCUMENTS ARE PRESENTED WITH DISCREPANCY (IES)

+ALL DOCUMENTS MUST BEAR OUR CREDIT NUMBER

+COMBINED TRANSPORT B/L ACCEPTABLE

+ONE FULL SET OF NON-NEGOTIABLE SHIPPING DOCUMENTS MUST BE FORWARDED TO THE APPLICANT IMMEDIATELY AFTER SHIPMENT A BENEFICIARY'S CERTIFICATE TO THIS EFFECT IS REQUIRED

第五章 结汇单证

71B:DETAILS OF CHARGES

ALL BANKING CHARGES INCLUDING REIMBURSING IN CHARGE OF OUTSIDE MALAYSIA ARE FOR THE ACCOUNT OF THE BENEFICIARY

48: PRESENTATION PERIOD

WITHIN 21 DAYS AFTER THE B/L DATE OF ISSUE BUT WITHIN THE VALIDITY OF THIS CREDIT

49: CONFIRMATION   WITHOUT

53A:REIMBURSING BANK NION BANK OF CALIFORNIA INTERNATIONAL
     NEW YORK,U.S.A.

78: INSTRUCTIONS

ALL DOCS MUST BE MAILED TO HOCK HUA BANK BERHAD,SIBU BY COURIER IN ONE LOT

单据制作可能用到的其他关键信息（非关键信息自行补充，但须符合逻辑）：

SALES CONTRACT NO.: 2024AG018

TRADE TERM: CIF SIBU

COMMERCIAL INVOICE NO.: HYL-A008   DATE: 020625

DATE OF SHIPMENT: 240701

PORT OF SHIPMENT: TIANJIN PORT

THE AUTHORIZED SIGNATORY FOR THE SELLER: 张雪婷

ACTUAL NEGOTIATING BANK: CHINA CONSTRUCTION BANK HENAN BRANCH

课后测试

一、判断题

1. 国际贸易合同条款和信用证条款必须同时拟定。（   ）

2. 信用证申请书由买卖双方共同签署，才能发挥法律效力。（　　）

3. 信用证文本和合同条款不一致时，必须修改信用证。（　　）

4. 商业发票必须依据税务机关的统一格式进行缮制。（　　）

5. 商业发票必须签字或盖章才能向银行或买方交付。（　　）

6. 包装单据是由出口方出具的包含货物数量、包装及毛净重等信息，作为商业发票补充的单据。（　　）

7. 海运提单必须由实际的承运人出具，货运代理公司出具的提单无效。（　　）

8. 保险单中的保险金额为发票金额。（　　）

9. 原产地证书主要用来证明商品的优质特征，与进口关税率没有关系。（　　）

10. 在信用证业务中，必须出具汇票。（　　）

二、单项选择题

1. 关于国际贸易合同条款，正确的说法是（　　）。

A. 商品说明部分可以使用统称

B. 可以约定一个或多个装运港

C. 在支付条款中，不能同时使用信用证和托收两种付款方式

D. 在仲裁条款中，必须指定在卖方或买方所在国进行仲裁

2. 关于信用证业务，正确的说法是（　　）。

A. 信用证的开证申请人是合同的卖方

B. 信用证的开证银行是卖方所在国家的银行

C. 信用证中所确定的金额越大，对受益人的保障就越大

D. 信用证条款中一般既规定有效期，又规定受益人的交单期

3. 商业发票的抬头是指（　　）。

A. 卖方　　　B. 买方　　　C. 承运人　　　D. 银行

4. 装箱单的栏目中，一般不包含（　　）。

A. 货物名称　　　B. 商品数量　　　C. 商品体积　　　D. 商品金额

第五章 结汇单证

5. 使用 CIF 贸易术语时,海运提单的运费栏一般写成( )。

A.FREIGHT PREPAID   B.FREIGHT COLLECT

C.N/M   D.AS PER L/C

6. 关于海运提单的说法正确的是( )。

A. 海运提单都可以进行转让

B. 海运提单的通知人栏应写船公司的名称和地址

C. 海运提单中货物名称可以使用统称

D. 海运提单只有一份正本

7. 关于保险单中的栏目,以下说法正确的是( )。

A. 被保险人必须填写买方的名称

B. 货物名称及型号必须一一列明

C. 开航日期必须与实际的开航日期相同,才能被银行接受

D. 保险条款必须进行签署才具有法律效力

8. 优惠性原产地证书主要适用于( )。

A. 享受最惠国待遇时

B. 享受国民待遇时

C. 享受进口关税优惠时

D. 享受出口关税优惠时

9. 关于一般原产地证的说法,正确的是( )。

A. 主要适用于贸易统计,而不适用于征收进口关税

B. 主要适用于出口通关,征收出口关税

C. 提交一般原产地证,意味着进口货物将适用普通关税

D. 一般原产地证,不适用于自由贸易区的关税减免

10. 关于汇票的说法,正确的是( )。

A. 汇票是买方出具的付款承诺

B. 汇票是一项书面支付命令

253

C. 汇票金额可以规定机动幅度

D. 汇票是国际贸易结算业务中不可缺少的单据

三、论述题

1. 试述商业发票与其他类型发票之间的区别与联系。

2. 如何办理海运托运业务？

3. 试述优惠性原产地证书的种类和作用。

4. 在缮制汇票时应注意哪些问题？

第六章 非结汇单证

学习提示

在国际贸易业务中，为了使货物能够顺利通关，在办理相关出口手续时，当事人还需要填报或申领各种单据及证明，如进出口货物报关单、进出口许可证等，这类单据统称为非结汇单据。没有这些单据，货物就不能顺利通关，因此，我们必须了解它们的填制或申领规范。

第一节 进出口货物报关单

一、概述

进出口货物在通关后才能进入国内市场或运输至其他国家或地区。通关业务的起点为当事人对特定货物的进出口申报。其中，填报进出口报关单是单证业务中的重要一环。所谓报关单，是指当事人或其授权的代理人，按照法定填制规范、格式和程序，对特定进出口货物需要申报的法定信息进行书面或电子数据声明，并据以要求海关审查后放行货物的法律文书。

依据现有海关管理制度，企业在首次申报时首先需要在"中国电子口岸""国际贸易单一窗口""互联网+海关"等平台办理企业电子口岸入网。经海关核准后，海关将发放电子口岸企业法人卡。然后，企业登录上述平台，在法定时间内进行申报或委托报关企业进行申报。对于出口货物，企业应在将货物置于海关监管后，装至实际运输工具的24小时前向海关申报。对于进口货物，企业应在承载该货物的实际运输工具申报进境之日起14日内，向进境口岸的海关申报。

外贸单证与实务操作

目前,电子数据申报是进出口报关的主要形式。因此,纸质报关单已基本被电子数据报关单所取代。申报人报关的过程就是登录申报平台,按填制规范填写相关电子数据信息的过程。当申报人填写完成后,系统首先会进行计算机逻辑审查,审查通过,意味着申报成功。随后相关报关信息进入中国海关通关管理系统。当事人如果需要纸质报关单,可以通过后台进行打印。

二、出口货物报关单

(一)出口货物报关单样单

依据第五章案例,并基于中国海关出口货物报关单的输出格式,模拟制作的样单如下:

第六章　非结汇单证

样单6-1　出口货物报关单

 中华人民共和国海关出口货物报关单　　*221820240E88888888*

预录入编号：221820240E999999999　　海关编号：221820240E88888888（外高桥关）

仅供核对用　页码/页数：1/1

境内发货人 （74114444777785555） 上海新希望贸易有限公司	出境关别（2218） 外高桥关	出口日期 20240826		申报日期 20240826	备案号	
境外收货人 FITTER BUSINESS S.A.	运输方式（2） 水路运输	运输工具名称及航次号 XINLINYI/0056W		提运单号 DNHY802023		
生产销售单位 （74114444777785555） 上海新希望贸易有限公司	监管方式（0110） 一般贸易	征免性质（101） 一般征税		许可证号		
合同协议号 NH2024052601	贸易国（地区） （32）比利时	运抵国（地区）（32） 比利时		指运港 （BEANT） 安特卫普（比利时）	离境口岸 （310701） 上海外高桥保税区	
包装种类（22） 纸制或纤维板制盒/箱	件数 400	毛重（千克） 4080.00	净重（千克） 3920.00	成交方式（1） CIF	运费 502/9010/3	保费 502/529/3	杂费

随附单证及编号
随附单证1：合同；发票；装箱单
随附单证2：代理报关委托协议（电子）

标记唛码及备注
唛头：FBSA/ANTWERP/NH2024052601/NOS.1-400
集装箱标箱数及号码：2;COSU17638970

项号	商品编号	商品名称及规格型号	数量及单位	单价/总价/币制		原产国（地区）	最终目的国（地区）	境内货源	征免
1	6402910000	防砸工作鞋	1862千克	12.00		中国	比利时	（11909）北京其他	照章征税
		D0900116 人造革鞋面	1920双	23040.00	（CHN）		（BE）		（1）
		内衬钢板，橡胶底	1920双	美元					
2	6402910000	防砸工作鞋	2058千克	15.00		中国	比利时	（11909）北京其他	照章征税
		D0900117 人造革鞋面	2880双	23040.0	（CHN）		（BE）		（1）
		内衬钢板，橡胶底	2880双	美元					

特殊关系确认：否	价格影响确认：否	支付特许权使用费：否	自报自缴：否

报关人员　报关人员证号 53115133 电话 申报单位（90044242） 上海福仕海运代理有限公司	兹申明对以上内容承担如实申报， 依法纳税之法律责任 申报单位（签章）	海关批注 及签章

（二）主要栏目及缮制规范

在利用申报平台填报出口货物报关单各栏目时，企业需要严格遵守中国海关下发的各类最新填报规范。由于内容较为繁杂，下面仅对基本的填报规范进行说明。

1. 预录入编号与海关编号

由系统按规则生成，分别表示海关代码、年份、进出口分类以及顺序号等。

2. 境内发货人

目前每个中国企业都有其统一社会信用代码，本栏填报发货人的信用代码及公司中文名称。

3. 出境关别

本栏要填写申报出境口岸的关区代码及中文名称。

4. 出口日期和申报日期

两栏内容均免予申报。对于出口日期，后期系统将调用承运工具办结出境手续的具体日期。申报日期为系统接收申报信息的具体日期。

5. 备案号

一般贸易免予填报。此栏主要用于加工贸易、征免税业务等需要备案的情形。

6. 境外收货人

一般为买方或其指定的人。

7. 运输方式

按实际情况填写本栏。在货物运输至境内保税区域时，需要依具体情形，填报不同代码。海洋运输应填写水路运输。

8. 运输工具名称及航次号、提运单号

申报人在申报时，必须严格依据承运人提供的运输工具信息进行填报，系统将自动与承运人申报的信息进行比对。

9. 提运单号

本栏只允许填报一个号码。如果有多个号码，需要分别填报。

第六章　非结汇单证

10. 生产销售单位

生产销售单位指实际生产或销售该批货物的单位，不包括代理企业。填报该单位的信用代码及名称。

11. 监管方式

海关对不同贸易方式设定了不同的监管方式。申报人需要依照监管方式代码表，结合贸易方式进行准确填报。本栏只允许填报一种监管方式。

12. 征免性质

征免性质指对该货物如何征税或减免税。正常应税货物填写"照章征税"。

13. 许可证号

本栏仅限出口限制出口货物时填报。本栏只允许填报一个许可证号。

14. 合同协议号

填报交易所涉及合同的编号。正式的国际贸易合同都必须有自己的编号，为了申报和引用的方便，编号中不能使用特殊符号。

15. 贸易国（地区）

填报货物出口的国家（地区）及代码。

16. 运抵国（地区）

填报货物到达贸易国前发生最后一次交易所在国家（地区）及代码。

17. 指运港

填写目的港及海关港口代码表中指定的代码。

18. 离境口岸

海洋运输下，离境口岸一般指货物的装运港。如果货物在内陆港报关出境，则应填写该内陆口岸的名称及代码。

19. 包装种类

依据海关的包装种类代码表，填写规定的名称及相应代码。

20. 件数

按运输单据中的件数进行填写。件数一般为运输包装的数量、集装箱数或托盘数。无包装的货物填报"1"。

21. 毛重和净重

根据2024年海关新规，按"千克"填报毛重和净重。不足一千克的保留两位小数。

22. 成交方式

根据海关的成交方式代码表进行填报。成交方式与选择的贸易术语相关，但又不同于贸易术语。

23. 运费

运费主要指报关后国际运输的费用。出口货物以FOB价格进行贸易统计和确定完税价格，因此，凡是货物总价中包含运费的，必须填报本栏。填报时，申报人可选择单价、总值或运费率三种方法之一填报。

24. 保费

保费主要指货运保险的费用。货物总价中包含保险费的，必须填报本栏。也可选择上述三种方法之一填报。

25. 杂费

杂费主要指其他应在计算完税价格时扣减的项目。以杂费率或总价进行填报。

26. 随附单证及编号

本栏主要填报该货物出口所需的除许可证号以外的监管证件及号码，以及依法必须随附的单证名称及号码。如优惠贸易协定代码及相应的原产地证书编号等。

27. 标记唛头及备注

唛头仅填报文字及数字信息。备注信息涉及多个方面，需要根据交易细节，并仔细阅读填制规范，认真填报。

28. 项号

第一行填写商品顺序号。第二行主要用于填写海关特殊监管货物的备案号。

29. 商品编号

填写8位税号，外加2位监管编号。

30. 商品名称及规格型号

第一行填写与单证相符并规范的货物名称。第二行填写货物的规格等信息。

31. 数量及单位

第一行填写货物法定第一计量单位的数量及单位名称；如果存在法定第二计量单位，则将其数量及单位填写于第二行。合同交易使用的计量单位及数量填写于第三行。

32. 单价、总价和币制

填报货物的实际单位价格和总价格，并依据海关的货币代码表填报币制及代码。

33. 原产国（地区）

依据《进出口货物原产地条例》以及海关规章等，确定货物原产地，使用规范的国家（地区）名称及代码并进行填报。

34. 最终目的国（地区）

填报已知的货物最终去向国（地区）及代码。

35. 境内货源地

填报货物的实际产地。

36. 征免

根据海关的征减免税方式代码表进行填报。一般贸易填写"照章征税"。

三、进口货物报关单

(一) 进口货物报关单样单

根据中国海关进口货物报关单的输出格式，模拟制作进口货物报关单如下：

外贸单证与实务操作

样单 6-2 进口货物报关单

中华人民共和国海关进口货物报关单

预录入编号： 　　　海关编号： 　　　仅供核对用 　　　页码／页数：1/1

境内收货人	进境关别	进口日期		申报日期	备案号	
境外发货人	运输方式	运输工具名称及航次号		提运单号	货物存放地点	
消费使用单位	监管方式	征免性质		许可证号	启运港	
合同协议号	贸易国（地区）	启运国（地区）		经停港	入境口岸	
包装种类	件数	毛重	净重	成交方式	运费	保费	杂费

随附单证及编号
标记唛码及备注

项号	商品编号	商品名称及规格型号	数量及单位	单价/总价/币制	原产国（地区）	最终目的国（地区）	境内目的地	征免

特殊关系确认：否	价格影响确认：否	支付特许权使用费确认：否		自报自缴：否
报关人员　　报关人员证号 电话 申报单位		兹申明对以上内容承担如实 申报、依法纳税之法律责任 申报单位（签章）	海关批注及签章	

（二）主要栏目及缮制规范

在利用申报平台填报进口货物报关单各栏目时，需要严格遵守中国海关下发的各类最新填报规范。由于内容较为繁杂，下面仅对基本的填报规范进行说明。

第六章　非结汇单证

1. 预录入编号与海关编号

由系统按规则生成，分别表示海关代码、年份、进出口分类以及顺序号等。

2. 境内收货人

本栏填报收货人的统一社会信用代码及营业执照中的中文名称。

3. 进境关别

本栏要填写申报进境口岸的关区代码及中文名称。

4. 进口日期和申报日期

两栏内容均免予申报。对于进口日期，后期系统将调用承运工具申报进境的具体日期。申报日期为系统接收申报信息的具体日期。两栏内容均按8位数字填报。

5. 备案号

一般贸易免予填报。此栏主要用于加工贸易、征免税业务等需要备案的情形。

6. 境外发货人

一般为卖方或其指定的人。

7. 运输方式

按照海关运输方式代码表，填报运输方式及相应的代码。海洋运输应填写水路运输。

8. 运输工具名称及航次号

申报时须严格依据承运人提供的运输工具信息，系统将与承运人申报的信息进行比对。

9. 提运单号

本栏只允许填报一个号码。如果有多个号码，需要分别填报。

10. 货物存放地点

按实际情况填写货物进境后的存放地点。

11. 消费使用单位

消费使用单位指最终消费或使用该票货物的单位，不包括代理企业。填报该单位的信用代码及名称。

12. 监管方式

海关对不同贸易方式设定了不同的监管方式。申报人需要依据监管方式代码表，结合贸易方式进行准确填报。本栏只允许填报一种监管方式。

13. 征免性质

征免性质是指对该货物如何征税或减免税。正常应税货物填写"照章征税"。

14. 许可证号

本栏仅限进口限制进口货物时填报。本栏只允许填报一个许可证号。

15. 启运港

本栏填写装运港及海关港口代码表中对应的代码。

16. 合同协议号

本栏填报交易所涉及合同的编号。正式的国际贸易合同都必须有自己的编号，为了申报和引用的方便，编号中不能使用特殊符号。

17. 贸易国（地区）

本栏填报货物购自国所在的国家（地区）及代码。

18. 启运国（地区）

本栏填报货物进境前发生最后一次交易所在国家（地区）及代码。

19. 经停港

本栏填报货物进境前最后的装运港口名称及代码。

20. 入境口岸

海洋运输时，入境口岸一般指货物的目的港。如果货物在内陆交货，则应填写该内陆口岸的名称及代码。

21. 包装种类

依据海关包装种类代码表，填写规定的名称及相应代码。

22. 件数

按运输单据中的件数填写。一般为运输包装的数量、集装箱数或托盘数。无包装的货物填报"1"。

23. 毛重和净重

根据2024年海关新规,按千克填报毛重和净重。不足1千克的保留2位小数。

24. 成交方式

本栏根据海关成交方式代码表填报。成交方式与选择的贸易术语相关,但又不同于贸易术语,请注意甄别。

25. 运费

运费主要指对方报关后国际运输的费用。进口货物以CIF价格进行贸易统计和确定完税价格,因此,凡是货物总价中不包含运费的,必须填报本栏。填报时,申报人可选择单价、总值、运费率三种方法之一填报。

26. 保费

保费主要指货运保险的费用。货物总价中不包含保险费的,必须填报本栏。也可选择上述三种方法之一填报。

27. 杂费

杂费主要指其他应在计算完税价格时扣减的项目。申请人可以杂费率或总价进行填报。

28. 随附单证及编号

本栏主要填报该货物进口所需的除许可证号以外的监管证件及号码,以及依法必须随附的单证名称及号码,如优惠贸易协定代码及相应的原产地证书编号等。

29. 标记唛头及备注

唛头仅填报文字及数字信息。备注信息涉及多个方面,申请人需要根据交易细节,并仔细阅读填制规范,认真填报。

30. 项号

第一行填写商品顺序号。第二行主要用于填写海关特殊监管货物的备案号。

31. 商品编号

本栏填写8位税号,外加2位监管编号。

32. 商品名称及规格型号

第一行填写与单证相符并规范的货物名称。第二行填写货物的规格等信息。

33. 数量及单位

第一行填写货物法定第一计量单位的数量及单位名称；如果存在法定第二计量单位，则将其数量及单位填写于第二行。合同交易使用的计量单位及数量填写于第三行。

34. 单价、总价和币制

申请人填报货物的实际单位价格和总价格，并依据海关货币代码表填报币制及代码。

35. 原产国（地区）

依据《进出口货物原产地条例》以及海关规章等，确定货物原产地，使用规范的国家（地区）名称及代码并进行填报。

36. 最终目的国（地区）

本栏填报已知的货物最终去向国（地区）及代码。

37. 境内目的地

本栏填报已知的货物最终目的地及代码。

38. 征免

根据海关征减免税方式代码表进行填报。一般贸易填写"照章征税"。

第二节　检验检疫证书

一、概述

检验检疫证书是法定机构（中国海关）依据国际条约或协定，对涉及国家安全、人类健康、国境卫生、生态环境等社会利益和企业经济利益的进出口货物、包装和承载工具进行检验、检疫，并执行国家法定监督管理后签发的各种书面或电子文件。这些证书，既包括特定货物进出口通关的必备证书，如出境货物换证凭单、电子底账等；又包括海关根据当事人申请而签发的品质证书、重量证书等。因此，该类证书有的属于非结汇单证，有的属于结汇单证。其申领程序相同，在此一并进行阐述。

自2023年，除危险化学品包装等事项外，中国海关全面实施属地查检业务，并在"国际贸易单一窗口""互联网＋海关"等平台，对检验检疫证书实施了云签发。根据企业在该平台的申报，海关通过联网审核，利用电子签章，可为企业提供20余种证书的签发业务，大幅提升了办事效率。

首先，企业应在"国际贸易单一窗口"的"预约通关"模块，发起"预约查检"业务，在"货物申报"栏目的"属地查验"模块进行"电子底账申请"，系统将列出可签发的检验检疫证书列表，申请人勾选本次交易所需要的证书种类。其次，货物产地或所在地海关接收系统发送的企业申报信息，依法对货物进行现场查验与处置，出具该货物的检验检疫编号。再次，申请人登录平台"拟证出证"模块，进入"证单界面"，输入属地海关提供的上述编号，系统将调用电子底账的相关信息，自动填充检验检疫证书的对应栏目。最后，申请人再补齐其他必需信息，选定所需单证，并进行提交。海关复审相关证单并通过后，申请人即可打印选定的检验检疫证书。

二、出境货物检验检疫申请

在上述报检业务操作中，如果当事人选择"电子底账"证书，当海关复审通过后，即可打印出已填列相关信息的"出境货物检验检疫申请"。根据第五章案例，结合海关"出境货物检验检疫申请"的格式，模拟制作的样单如下：

外贸单证与实务操作

样单 6-3 出境货物检验检疫申请

中华人民共和国海关
出境货物检验检疫申请

221820240E88888888

电子底账数据号：221820240E22222222

申请单位（加盖公章）：上海福仕海运代理有限公司　　*编号：221820240E88888888

申请单位登记号：90044242　　联系人：刘艳华　　电话：021-8016169　　申请日期：2024 年 08 月 19 日

发货人	（中文）上海新希望贸易有限公司					
	（外文）***					
收货人	（中文）***					
	（外文）FITTER BUSINESS S.A.					
货物名称（中/外文）	H.S. 编码	产地	数/重量	货物总值	包装种类及数量	
防砸工作鞋	6402910000（M/N）	北京市怀柔区	4800 双 3920 千克	66240.00 美元	纸箱 /400	
运输工具名称号码	水路运输		贸易方式	一般贸易	货物存放地点	
合同号	NH2024052601		信用证号		用途	劳保用品
发货日期	***	输往国家（地区）	比利时		许可证/审批号	***
启运地	上海	到达口岸	安特卫普（比利时）		生产单位注册号	
集装箱规格、数量及号码						

合同、信用证订立的检验检疫条款或特殊要求	标记及号码	随附单据（划"√"或补填）	
无纸化通关/留存	FBSA ANTWERP NH2024052601 NOS.1-400	☑合同 ☐信用证 ☑发票 ☐换证凭单 ☑装箱单 ☐厂检单	☐包装性能结果单 ☑许可/审批文件 ☑代理报关委托书 ☑其他单据 ☐

需要证单名称（划"√"或补填）				*检验检疫费	
☐品质证书	___正___副	☐植物检疫证书	___正___副	总金额	
☐重量证书	___正___副	☐熏蒸/消毒证书	___正___副	（人民币/元）	
☐数量证书	___正___副	☐出境货物换证凭单	___正___副		
☐兽医卫生证书	___正___副	☑电子底账	1 正___副	计费人	
☐健康证书	___正___副				
☐卫生证书	___正___副			收费人	
☐动物卫生证书	___正___副				

申请人郑重声明：	领取证单
1. 本人被授权申请检验检疫。 2. 上列填写内容正确属实，货物无伪造或冒用他人的厂名、标志、认证标志、并承担货物质量责任。 签名：_____	日期 签名

第六章　非结汇单证

第三节　进出口许可证

一、概述

为维护国内市场秩序、保障人类健康、确保生态安全以及履行国际承诺，国家对所有货物进出境实行分类管理。货物种类包括自由进出口货物、限制进出口货物和禁止进出口货物三类。其中，在国际市场流通的大部分货物属于自由进出口货物。这类货物只需正常履行报关手续，海关查验无误后，即可通关放行。对于禁止进出口货物，任何单位不得经营进出口。对于限制进出口货物，在进出口通关前，当事人必须申领商务部或其他主管部门的许可证件，满足法定通关条件后，海关才会通关放行。

进出口货物许可证是国家对限制进出口货物进行批准管理的最重要形式，包括出口许可证和进口许可证。商务部及其授权的商务部驻地方特派员办事处、省级商务主管部门为许可证的颁发机构。目前，企业可通过网上商务部业务系统统一平台或线下渠道申领进出口许可证。

二、出口许可证

根据商务部、海关总署的公告，2024年实行许可证管理的出口货物共43种，包括活牛、活猪、活鸡、牛肉、猪肉、鸡肉、小麦、玉米、大米、小麦粉、玉米粉、大米粉、药料用人工种植麻黄草、甘草及甘草制品、蔺草及蔺草制品、天然砂、矾土、磷矿石、镁砂、滑石块（粉）、萤石（氟石）、稀土、锡及锡制品、钨及钨制品、钼及钼制品、锑及锑制品、煤炭、焦炭、原油、成品油、石蜡、部分金属及制品、硫酸二钠、碳化硅、消耗臭氧层物质等。其中，有些货物需要首先取得相关主管部门配额证明文件后，才能申领出口许可证。

企业在申请不同种类出口许可证时，需要提交的材料不同。其中，共同材料包括：出口许可证申请表；营业执照；出口贸易合同；申领单打印件等。其余材料主要

外贸单证与实务操作

与行业有关。如申请汽车产品出口许可证,还需要提交符合申领汽车/摩托车出口许可证条件的企业申请表,企业境外售后维修服务网点总体建设及变动情况等。

商务部在受理企业申请之日起,需要在 30 日内作出决定。如果符合条件,予以免费签发许可证。如果不符合条件,不予签发许可证,并应书面告知相关理由。一般情况下,出口许可证有效期 6 个月,且不超过公历年年底。

样单 6-4　出口许可证企业申请表

(摩托车、全地形车等参照此样表填写)

企业名称			××汽车有限责任公司		
申报类别〔包括:乘用车(不含轿车)、轿车、大中型客车、载货车、低速汽车〕			载货车		
企业海关注册编码			61******24		
企业进出口经营权代码			91**************1		
是否具有底盘生产资格			是		
企业性质(国有、民营、合资、外商独资)			民营		
上年度出口情况	出口数量(辆)		1,000	增长率(%)	13.2%
	出口金额(万美元)		12,000	增长率(%)	3.6%
	其中:自营出口数量(辆)		850	自营出口金额(万美元)	90,000
	拥有哪些国外注册自主品牌		ABC	自主品牌出口比例	85%
境外销售维修服务网点数量(个)			10	其中,境外售后维修服务网点数量(个)	7
下一年度授权出口企业名单	序号	企业名称	企业海关注册编码	进出口经营权代码	
	1	××国际商贸有限公司	61******63	91**************A	
	2	××汽车进出口有限公司	37******76	91**************P	
	3	××工贸有限公司	42******08	91**************7	
法人代表签字 年　月　日			企业盖章 年　月　日		

联系人:　　　　　　　　　　联系电话:

(此表参考商务部网站相关文件)

第六章　非结汇单证

三、进口许可证

根据商务部、海关总署公告，2024 年，实行进口许可证管理的货物为特定旧机电产品和消耗臭氧层物质。其中，旧机电产品主要包括：工程机械、化工设备、起重运输设备、造纸设备、食品加工及包装设备、印刷机械、金属冶炼设备、农业机械、纺织机械、电力电气设备、船舶、硒鼓等。

企业申请旧机电产品进口许可证，应提交的材料包括：营业执照；产品进口申请表；旧机电产品的制造年限证明材料；设备状况说明；产品用途说明。消耗臭氧层物质实行进口审批单管理。申请企业需要提交：营业执照；危险化学品生产、使用、经营许可证或登记证；消耗臭氧层物质进出口申请书；对外贸易合同；消耗臭氧层物质生产单位供货证明等。

商务部在受理企业申请之日起，需要在 20 日内作出决定。如果符合条件，予以免费签发许可证。商务部作出相关许可的决定后，申请企业可在商务部统一业务平台查询相关结果。

样单 6-5　机电产品进口申请表

（重点旧机电产品进口许可申请表样表）

IMPORT APPLICATION FORM OF MECHANICAL AND ELECTRONIC PRODUCTS

1. 进口商 Importer 北京某某进出口有限公司	3. 经办人（进口用户签章）陈某 Name of Operator（Stamp of consignee） 电话 024-×××××××× Telephone
2. 进口用户 Consignee 沈阳某机械制造有限公司	4. 进口用户所在地区（部门） Area/Department of Consignee 辽宁省 2023 年 11 月 25 日 Year　Month　Date
5. 贸易方式 Terms of trade 一般贸易	8. 贸易国（地区） Country/Region of trading 法国

6. 外汇来源 Terms of foreign exchange 银行购汇		9. 原产地国（地区） Country/Region of origin 法国		
7. 报关口岸 Place of clearance 北京海关		10. 商品用途 Use of goods 自用		
A. 项目类型：□基建项目□技改项目□其他项目　　项目行业：□□				
11. 商品名称 Description of goods 8515219900　旧	商品编码（H.S） Code of goods	设备状态 Status of equipment	电阻焊接机（旧）	
12. 规格、型号 Specification	13. 单位 Unit	14. 数量 Quantity	15. 单价（美元） Unit price	16. 总值（美元） Amount	17. 总值折美元 Amount in USD
DEF（2015年）	台	2	15,000	30,000	30,000
18. 总计 Total					
19. 备注 Supplementary details 非一批一证	进口用户所在地区（部门）意见：（签章） Area/Department of Consignee's Notion（stamp）				
	受理日期 Date				

说明：申请进口"单机"不需要填写第 A 项

（此表参考商务部网站相关文件）

案例分析与讨论

1. 某企业在对出口货物报关时，由于报关人员在上传数据时没有仔细核对，把货物单价 7.8236 美元误写成了 782.36 美元，导致该批货物总价从实际的 2.3 万美元变成 230 万美元。货物离境后 20 天，该企业在核对相关业务、计划办理出口退税时发现了该问题。因此，该企业在并未实际申请出口退税的情况下，主

第六章 非结汇单证

续表

动向海关提交了情况说明，同时还向税务部门申请出具该错误不影响出口退税的书面材料。然而，海关在经过认真调查与论证后，根据《海关行政处罚实施条例》的规定，对上述企业作出了罚款25万元的处罚决定。

请结合上述案例，分析应汲取的经验与教训是什么？

2. 2024年年初，深圳某外贸企业计划在年内向澳大利亚出口一批商品编码为7608100000的中国原产的铝制管材。该企业不确定到底RCEP证书还是中澳自由贸易协定原产地证书能为进口方争取到更低的进口税率，于是向某贸促会咨询申领优惠性原产地证问题。

假如你是该贸促会的接待人员，你打算如何回复？

课后测试

一、判断题

1. 向中国海关申报进出口必须填写纸质报关单。（   ）

2. 自由进出口货物也必须向海关申报，才能通关。（   ）

3. 报关单必须由报关公司或报关行的专职人员填写。（   ）

4. 所有货物必须在报检后才能通关放行。（   ）

5. 所有商品的进口都必须填报进口许可证。（   ）

6. 商务部受理企业进口许可证申请，需要在20日内作出决定。（   ）

7. 进出口许可证的发证机关是商务部，其下属机构无权签发。（   ）

二、单项选择题

1. 进口货物应在承载该货物的实际运输工具申报进境之日起（   ）日内向进境口岸的海关申报。

  A.14   B.15

  C.30   D.60

2. 商务部在受理企业出口许可证申请之日起，需要在（　　）日内做出决定。

A. 20　　　　　　　　　　B. 30

C. 45　　　　　　　　　　D. 60

3. 2024年，实行进口许可证管理的货物为特定旧机电产品和（　　）。

A. 消耗臭氧层物质　　　　B. 运输设备

C. 电子产品　　　　　　　D. 通信设备

4. 企业可申领进出口许可证的平台是（　　）。

A. 国际贸易单一窗口　　　B. 中国电子口岸

C. 互联网+海关　　　　　D. 商务部业务系统统一平台

5. 自2023年起，除危险化学品包装等事项外，中国海关全面实施（　　）查检业务。

A. 属地　　　　　　　　　B. 报关地

C. 装运港　　　　　　　　D. 装货后

三、论述题

1. 试述进出口报关单的填制规范。

2. 如何进行出口货物报检业务？

3. 试述进出口许可证的适用产品范围。

附　录

"案例分析与讨论"及"课后测试"答案要点

请扫码阅读

参考文献

[1] 黎孝先,石玉川.国际贸易实务[M].6版.北京:对外经济贸易大学出版社,2016.

[2] 姚大伟.国际商务单证理论与实务[M].4版.上海:上海交通大学出版社,2014.

[3] 孙继红,瞿启平.国际贸易单证实务[M].北京:清华大学出版社,2009.

[4] 联合国国际贸易法委员会.联合国国际货物买卖合同公约[Z].1988.

[5] 国际商会.跟单信用证统一惯例（2007年修订本）[Z].2007.

[6] 国际商会.国际贸易术语解释通则（2020）[Z].2019.

[7] 中华人民共和国海关总署.[EB/OL].[2025-03-25].http://www.customs.gov.cn/.

[8] 中华人民共和国商务部.[EB/OL].[2025-03-25].https://www.mofcom.gov.cn/.

[9] 中国国际贸易促进委员会.[EB/OL].[2025-03-25].https://www.ccpit.org/.

图书在版编目（CIP）数据

外贸单证与实务操作 / 张宗良，田艳敏主编；王铭海，刘文莱，武兰玉副主编 .-- 北京：中国传媒大学出版社，2025.7.--ISBN 978-7-5657-3883-8

Ⅰ.F740.44

中国国家版本馆 CIP 数据核字第 2025AF5367 号

外贸单证与实务操作
WAIMAO DANZHENG YU SHIWU CAOZUO

主　　编	张宗良　田艳敏
副 主 编	王铭海　刘文莱　武兰玉
策划编辑	李明远
责任编辑	李明远
封面设计	晴晨时代
责任印制	秦　英

出版发行	中国传媒大学出版社			
地　　址	北京市朝阳区定福庄东街 1 号	邮　编	100024	
电　　话	86-10-65450528　65450532	传　真	65779405	
网　　址	http://cucp.cuc.edu.cn			
经　　销	全国新华书店			
印　　刷	唐山玺诚印务有限公司			
开　　本	710mm×1000mm　　1/16			
印　　张	17.75			
字　　数	290 千字			
版　　次	2025 年 7 月第 1 版			
印　　次	2025 年 7 月第 1 次印刷			
书　　号	ISBN 978-7-5657-3883-8	定　价	55.00 元	

本社法律顾问：北京嘉润律师事务所　郭建平